U0960368

浙江省2021年职业院校产学合作协同育人项目
《高职院校公共体育课课程思政数字资源库开发与建设》(浙教办职成〔2021〕60号)

大学体育与健康教程

主编　朱双双

副主编　阮红芳　张春平　刘德权

天津大学出版社
TIANJIN UNIVERSITY PRESS

图书在版编目(CIP)数据

大学体育与健康教程 / 朱双双主编；阮红芳，张春平，刘德权副主编. -- 天津：天津大学出版社，2024.5
ISBN 978-7-5618-7718-0

Ⅰ. ①大… Ⅱ. ①朱… ②阮… ③张… ④刘… Ⅲ. ①体育－高等学校－教材②健康教育－高等学校－教材 Ⅳ. ①G807.4②G647.9

中国国家版本馆CIP数据核字(2024)第090123号

出版发行	天津大学出版社
地　　址	天津市卫津路92号天津大学内（邮编:300072）
电　　话	发行部:022-27403647
网　　址	www.tjupress.com.cn
印　　刷	北京虎彩文化传播有限公司
经　　销	全国各地新华书店
开　　本	787mm×1092mm　1/16
印　　张	14.75
字　　数	306千
版　　次	2024年5月第1版
印　　次	2024年5月第1次
定　　价	48.00元

本书编委会

主　编　朱双双

副主编　阮红芳　张春平　刘德权

编　委　蒋健保　白　真　霍　磊　陈福运　程　超
吴尔婷　王　琦　王　帅　李　振　楼格林
沈　逸　王瑞卿　孙帅斌　朱晓洁　查振宇
卫凌婕

前　言

过去十年，从中央到部委，从地方教育体育主管部门到学校管理执行主体，无论是体育教育发展方向的领导者，还是体育教育理论的研究者，抑或是奋战在一线的体育教育实践者，各级管理部门和从业者都表达出发展体育事业和学校体育的意志和决心，以及对青少年学生群体健康成长的关注与关心。2012 年，国务院办公厅以国办发〔2012〕53 号印发了教育部等部门《关于进一步加强学校体育工作的若干意见》；2013 年，党的十八届三中全会通过的《中共中央关于全面深化改革若干重大问题的决定》提出，“强化体育课和课外锻炼，促进青少年身心健康、体魄强健”；2014 年，《教育部关于印发〈学生体质健康监测评价办法〉等三个文件的通知》（教体艺〔2014〕3 号）将《学生体质健康监测评价办法》《中小学校体育工作评估办法》《学校体育工作年度报告办法》正式下发；2015 年，《教育部等 6 部门关于加快发展青少年校园足球的实施意见》（教体艺〔2015〕6 号）发布；2016 年，《国务院办公厅关于强化学校体育促进学生身心健康全面发展的意见》（国办发〔2016〕27 号）印发；2018 年，在北京召开的全国教育大会上，习近平总书记发表重要讲话，指出“要努力构建德智体美劳全面培养的教育体系，形成更高水平的人才培养体系”，“要树立健康第一的教育理念，开齐开足体育课，帮助学生在体育锻炼中享受乐趣、增强体质、健全人格、锤炼意志”；2020 年，国家体育总局、教育部联合印发了《关于深化体教融合 促进青少年健康发展的意见》；同年，中共中央办公厅、国务院办公厅印发了《关于全面加强和改进新时代学校体育工作的意见》。确实，在这过去的 10 年间，奋斗在一线的体育实践者为学校体育的发展作出巨大贡献。因此，在总结梳理各级部门政策文件和具体实践内容的基础上，以《全国普通高等学校体育课程教学指导纲要》和《国家学生体质健康标准》为理论依据，以新时代习近平总书记关于教育的重要论述为指引，牢固树立“健康第一”的教育理念，始终坚持教育性、知识性、健康性、安全性、发展性、实用性的原则，并结合编者所在院校体育课程教学改革的实际情况与教学特点，完成大学体育与健康教程的编撰。

本书内容主要分为三篇。第一篇是基础理论篇，系统论述了体育与健康、体育锻炼的原则与方法、运动健身的合理营养、体育文化等基础理论，为广大学生进行体育实践活动提供了理论依据；第二篇是运动技能篇，选取了田径运动、球类运动、形体健美运动、游泳、武术和部分民族传统体育等六类项目作为体育教学的教材与内容，讲解了各个项目的技术要领以及比赛规则，旨在培养大学生对体育锻炼的兴趣与习惯，帮助大学生逐渐掌握相应的运动技能；第三篇是休闲保健篇，先后介绍了轮滑、高尔夫球、攀岩运动、定向运动等四种休闲运动，以及体适能与养生运动，同时还论述了如何科学合理地预防与处理常规性运动损伤，不断拓展大学生进行体育实践活动的选择和范围。通过对本教程的教学实践与学习，可以帮助大学生树立正确的体育观、健康观，为他们强健自我、强健体魄打下坚实的基础。

根据大学生的身心发展规律及特点，本教程从体育教学实际需求出发，理论联系实际，与《国家学生体质健康标准》相辅相成。全书结构合理、实用性强、图文并茂、通俗易懂，不仅可以作为教学用书，还可以作为日常体育锻炼与健身的参考用书，为广大读者树立终身体育观念奠定基础。

《大学体育与健康教程》一书由朱双双老师（浙江同济科技职业学院通识教育学院）担任主编，阮红芳、张春平、刘德权三位老师担任副主编，在编写过程中编者参阅了大量相关书籍以及文献资料，得到了各级领导的支持与鼓励，在此向有关作者及领导表示衷心的感谢！

由于编写时间仓促，教材内容难免有疏漏和错误之处，恳请同行与读者批评指正！

编者

2023 年 6 月于杭州

目　　录

基础理论篇

运动技能篇

休闲保健篇

基础理论篇

第一章　体育与健康概述

第一节　健康的概念

一、现代健康观

1984 年，世界卫生组织（WHO）在宪章中明确指出，“健康不仅仅是免于疾病和衰弱，而应该是保持身体上、精神上和社会适应能力方面的完好状态”，从而将人类的健康与生理的、心理的以及社会的因素联系在一起。这个定义包括三层含义：一是躯体健康，指躯体的结构完好，功能正常，躯体与环境之间保持相对平衡的状态；二是心理健康或精神健康，指人的心理处于完好状态，包括正确地认识自我、正确地认识环境、及时适应环境；三是社会适应能力良好，指个人的能力在社会系统内得到充分发挥，个体能有效地扮演与其身份相适应的角色，个人的行为与社会规范和谐一致。

1989 年，世界卫生组织对健康的概念进行了重新定义，提出健康应包括躯体健康、心理健康、社会适应良好和道德良好，这就是所谓的四维健康观念。而继四维健康观之后，美利坚大学的国家健康中心提出了一个与其类似的健康定义，即健康是人对环境适应后所达到的一种生命质量，个体只有在身体、情绪、智力、精神、社会各方面达到完美状态才称得上真正的健康，这种健康观又称健康五要素。这种观念将人们对健康的认识提高到一个崭新的高度，并为世界各国学者广泛接受。健康五要素的内涵如下。

（1）身体健康。不仅包括无病，而且包括体能。体能是一种能满足生活需要和有足够能量完成各种活动的能力。具备这种能力，就可以预防疾病，提高生活质量。

（2）情绪健康。情绪涉及我们对自己和他人的感受。情绪健康的主要标志是情绪的稳定性，所谓稳定性是指个体应对日常生活中人际关系和环境压力的能力。当然，生活中偶尔有些情绪波动均属正常，关键是生活的大部分时间要保持情绪稳定。

（3）智力健康。指在长期的学习和生活中，大脑始终保持活跃状态。

（4）精神健康。指理解生活基本目的的能力，以及关心和尊重所有生命的能力。对不同宗教、文化、国家的人来说，精神健康的内容也有所不同。

（5）社会健康。指个体与他人及社会环境相互作用形成的和谐的人际关系和社会角色的能力。此能力将使人们在人际交往中充满自信和安全感，进而减少烦恼，保持心情愉快。

健康的五要素相互联系、相互影响。例如，身体不健康会导致情绪不健康，心理不健康会导致身体、情绪、智力的不健康。因此，只有每一个健康要素平衡地发展，人们才能真正健康，才能幸福地生活。

二、健康的标准

（一）世界卫生组织提出的健康标准

（1）精力充沛，能从容不迫地应付日常生活和工作。

（2）处事乐观，态度积极，乐于承担任务，不挑剔。

（3）善于休息，睡眠良好。

（4）应变能力强，能适应各种环境的各种变化。

（5）对一般感冒和传染病有一定抵抗力。

（6）体重适当，体形匀称，头、臂、臀比例协调。

（7）眼睛明亮，反应敏锐，眼睑不发炎。

（8）牙齿清洁，无缺损，无病痛，齿根颜色正常，无出血。

（9）头发有光泽，无头屑。

（10）肌肉、皮肤富有弹性，走路轻松。

（二）世界卫生组织提出的身心健康新标准

1."五快"（生理的健康标准）

（1）快食。快食是指胃口好，不挑食，吃得迅速，说明人体内脏功能正常。

（2）快便。快便是指大小便通畅，便时无痛苦，便后感舒服，说明人的肠胃功能良好。

（3）快眠。快眠是指入睡快，睡眠质量高，睡醒后精神状况好，说明人体中枢神经系统的兴奋、抑制功能协调，内脏无病理信息干扰。

（4）快语。快语是指说话流利，语言表达准确，说明思维敏捷，心肺功能正常。

（5）快走。快走是指行动自如，步伐轻捷，说明精力充沛，身体状况良好。

2."三良好"（心理的健康标准）

（1）良好的个性。良好的个性是指心地善良，处世乐观，为人谦和，正直无私，情绪稳定。

（2）良好的处世能力。良好的处世能力是指沉浮自如，客观观察问题，有良好的自控能力，能较好地适应复杂的环境变化。

（3）良好的人际关系。好的人际关系是指待人接物宽和，不过分计较小事，能助人为乐，与人为善。

（三）医学专家提出的健康状况综合自测标准

（1）1 个月内体重增减在 3 kg 之内。

（2）每天的体温波动保持在 1 ℃以内。

（3）脉搏 72 次/min 左右。

（4）每一天的进餐量稳定在 11.5 kg，超过平常量的 3 倍或少于 1/3 为不正常。

（5）大便定时，每天 1~2 次。

（6）一昼夜尿量 1 500 mL 左右，多于 2 500 mL 或少于 500 mL 为不正常。

（7）每晚睡眠 6~8 h，不足 4 h 或嗜睡则为不正常。

以上 7 项标准中若有一项不正常者，应向医生咨询；若有两项不正常者，可能患有某种疾病；一旦有 3 项或 3 项以上不正常者则肯定患有某种疾病。据有关研究报道，按上述的健康标准进行评价，只有15%的人达到健康的要求，而15%的人有病，大部分人是介于健康与疾病之间的一种亚健康状态。

三、健康的影响因素

（一）遗传因素

人们是否达到健康目标，在一定程度上取决于遗传控制。遗传是决定或限制健康表现的直接原因，许多人健康与否就是由各自的遗传潜力决定的。然而，遗传对健康的制约作用到底有多大，目前无法推断。不过，遗传常会引起许多疾病，如血友病、色盲和其他家族遗传疾病等。

（二）心理因素

消极的心理因素能引起多种疾病。我们的祖先2 000多年前就发现了情绪对身心健康的影响。《黄帝内经》中曾多处提到了“怒伤肝”“喜伤心”“悲伤脾”“恐伤肾”。现代医学心理学的研究也证明了许多疾病的发生、发展与心理因素有关，如心血管病、高血压、肿瘤等。大量的临床实践证明，消极的情绪（如悲伤、恐惧、紧张、愤怒、焦虑等）能引起人体各器官系统的功能失调，导致失眠、心动过速、血压升高、尿急、月经失调等症状。

（三）环境因素

环境因素可在不同程度上影响遗传所赋予健康潜力的发挥，并最终决定健康程度。但是，许多环境对健康产生负面影响。例如，长期处于污染的环境里，会造成许多致病微生物（病毒、细菌、病原体）直接侵入人体，引发各种不可预知的疾病。

（四）体育运动因素

由于劳动方式和生活方式的改变，运动缺乏成为威胁人类健康的一个重要因素。同时，科学运动的健康价值日益凸显，人们越来越关注体育在其生活中的位置，体育对人类健康的作用和意义也是关注的重点和核心。体育是一种复杂的社会现象，它以身体与智力活动为基本手段，根据人体生长发育、技能形成、技能提高等规律，达到促进全面发育、提高身体素质和全面教育水平、增强体质与提高运动能力、改善生活方式与提高生活质量等目的，是一种有意识、有目的、有组织的社会活动。从这个含义中可以看出，体育具有生物性和社会性两种属性。1978年，联合国教科文组织颁布的《体育运动国际宪章》中明确体育是一种人权，确认体育是提高生活质量的手段，体育能培养人类的价值观念，说明体育对人类的生存和发展具有重要的影响。从体育的含义中可以看出，体育对促进健康具有广泛的作用，特别是在改善生活方式与提高生活质量方面，体育展示了其独特的作用和魅力。

（五）营养因素

合理的营养是保证人类健康的重要因素。营养过剩或不足都有损于健康。评价居民营养状况包括居民摄入热量及食物的营养结构。前者衡量人群摄入的食物是否能维持基本生命功能，后者则分析摄入食物中各种营养素比例的合理性。

评价居民营养与健康的另一方面，即摄入的营养素是否合理，是否有利于防止疾病、促进健康。根据食物提供的热量计算，人均蛋白质、脂肪、糖类（碳水化合物）三大营养素摄入的合适比例为3∶4∶13。其中蛋白质以动物蛋白质及植物蛋白质各占50%为宜。这种标准既保证了机体对各种营养素的需要，又有利于预防常见的慢性病，如心血管疾病等。目前，发达国家居民膳食中，动物蛋白质及脂肪含量比例偏高；而发展中国家及不发达国家居民膳食中蛋白质及脂肪含量比例偏低。此外，膳食中各种微量元素是否足够，比例是否合理，与一些地方病及营养缺乏病的发生有着密切的关系。

（六）生活行为和方式因素

在诸多环境因素中，现代社会发展带给人们许多无法回避的问题。如工作条件改善使越来越多的人习惯于久坐的工作，严重运动不足，吸烟、酗酒等不良嗜好，以及过分控制饮食、忽视健康教育等都是严重影响健康的主要因素。所以，个人生活方式和态度是造成个体健康状态显著下降的主要因素。因此，要获得理想健康，主要挑战在于如何改善个体生活行为和方式，提高生活质量，这样才能降低健康危险因子，最终实现身心健康。

四、健康促进

（一）健康促进的概念

“健康促进”（health promotion）是指以教育、组织、法律（政策）和经济的手段干预那些对健康有害的生活方式、行为和环境，以促进健康。《中国健康教育》（1993）世界卫生组织专栏登载了首届国际健康促进大会发表的著名纲领《渥太华宪章》。近20年时间过去了，健康促进在全球掀起巨大浪潮，也成为目前国际上最热门的话题。其目标在于通过倡导健康，使任何有损健康的因素都变成有利于健康的条件。促使人们提高控制和改善健康的全过程，以至达到身体的、精神的、社会的完美状态，确保个人或群体能确定和实现自己的愿望，满足自己的需求，改变或处理周围环境。倡导身体健康是促进社会经济及个人发展最重要的资源，也是提高生活质量的一个重要方面。

（二）体育运动与健康促进

体育运动是改变身体健康状态的关键，1994年，世界卫生组织召开了“健康促进与体育”国际会议。世界卫生组织认为，虽然个人健康责任很大程度上要由个人和家庭承担，但政府必须采取行动创造一个使公民形成和保持体育生活方式的社会大环境。大会敦促各国政府把推动大众体育的发展作为公共健康与社会政策的组成部分，并明确提出“使体育成为健康生活方式的基石”等7项中心任务。1997年，在日内瓦第47届世界健康促进大会上，世界卫生组织与国际奥委会召开了联席会议，会议宣布加强两个组织之间的合作，在世界范围内推动“积极生活——体育为健康”运动的观点。1997年7月，在印度尼西亚首都雅加达举行的世界卫生组织第四届健康促进大会上，提出要进一步深入研究运动促进健康的科学基础。建立科学、实用、有效的检测和评估指标，开展人群和临床研究，特别需要统计体力活动对健康和疾病长期影响的数据；发展和评估社区资源，就如何制定政策、改变行为模式、设立适当设施等方面进行部门间的合作；加强信息的交流，充分利用各种传播媒体的作用，使从临床医师到普通老百姓都知道运动促进健康的最新科学进展。

第二节 体育与生理健康

一、有助于运动系统的发展

运动系统是大学生正常生活、工作、劳动、运动不可缺少的系统。运动生理学研究表明，进行体育活动有助于人体骨骼的发育和生长；有助于关节的灵活，增大动作的幅度；有助于增大肌肉的体积和力量。

人的身高主要与骨骼的发育水平有关。大学生在经历了青春发育的高峰期后，骨骼发展进入了缓慢的发展阶段，但骨化过程尚未结束，身高的变化仍存在着相当大的可塑性。因此，经常参加体育活动，可有效刺激和促进人体的新陈代谢水平，使骨骼的新陈代谢加强，血液供应充分，骨细胞生长能力增强，从而使骨的长度增加，骨密质增多，骨变粗，骨组织的排列更加整齐有规律，机械稳定性加强。影响身高增长的因素除体育活动之外，还有营养、作息、遗传、卫生等因素。

关节是构成人体形态、连接骨骼的组织结构。运动时，韧带和肌腕的柔韧性和力量都得到增强，关节的稳定性得到加强，关节的活动范围增大，从而使动作舒展大方、优美协调。

肌肉是人体运动的动力组织，也是构成健美体形的外在组成部分。俄国诗人马雅可夫斯基曾这样赞美："世界上没有任何一件衣裳比健康的皮肤和发达的肌肉更美丽。"大学生的肌肉发展特点是肌纤维由纵向发展转向横向发展。体育锻炼中，肌肉的不断伸缩可使肌球蛋白不断增加；可使肌肉贮存水分的能力增加而有利于肌肉的氧化反应；可使肌纤维的供能中心线粒体数量增加，不易产生疲劳；可使肌肉结缔组织增厚，肌纤维的数量增加和横断面增大，肌肉的力量增大，肌肉更结实丰满。研究表明，经过长期运动，人体肌肉的重量可由占体重的 40%左右改变为 50%左右，可以明显地改善身体的形态结构。

二、提高心血管系统机能

人的心血管系统是由心脏、血管和血液三部分组成的，它担负着人体内新陈代谢过程的运输任务。心脏是血液循环的总动力中心。成年人的心脏重量 300~400 g，心脏容积 240~250 mL，心跳频率每分钟 65~75 次，血液总量占体重的 7%~8%。大学生的心脏在形态结构和功能上，均已接近成人的水平。体育锻炼中，心脏毛细血管开放的数最增多，心肌的血液供应和新陈代谢加快，增加了心肌中蛋白质和糖原的贮备，心肌纤维变粗，心肌增厚，心脏的形态发生良好的变化。随着心肌收缩力量增大，心脏容量也得以增加。心脏每搏输出量和每分钟输出量也会增加。有资料表明，每搏输出量一般人为 70~90 mL，经常锻炼的人为 100~120 mL。安静时一般人心率为 70~80 次/min，经常锻炼的人可减少到 50~60 次/min；剧烈运动时，一般人的心率只能达到 180 次/min，而经常锻炼者的心率可达 200 次/min。这些变化都是心血管系统机能增强的表现。

此外，经常参加体育活动还会影响血管壁的结构，改变血管在器官中的分布状态，使冠状动脉口径变粗、心肌毛细血管的数目增加，因而也是预防一些心血管系统疾病、保护心脏健康的积极手段。

三、提高呼吸系统的机能

人体的呼吸系统是由呼吸道（包括鼻、喉、气管、支气管）和肺组成。呼吸道是呼吸时气体的通道，肺是进行气体交换的场所。大学生肺的结构和机能迅速生长发育，呼吸肌力量逐渐加强，呼吸差、肺活量已接近成人。呼吸频率逐渐减慢，一般约为 16 次/min，呼吸深度相应增加，呼吸系统已经达到健全程度。

经常参加体育活动可使呼吸系统的机能得到改善。因为运动可保持肺组织弹性，改进胸廓活动范围，使呼吸深度加大，肺活量增加。一般成年男子肺活量为 3 500 mL，女子为 2 500 mL，而经常锻炼的成年男子肺活量可达到 4 000~7 000 mL，女子可达到 3 500 mL。运动也使呼吸系统的通气和换气功能得以增强。安静时一般人的呼吸频率为 12 次/min，肺通气量 4~7 升，经常锻炼的人呼吸频率仅 8~10 次/min 就可达到同样的肺通气量。在定量工作时，呼吸机能还能表现出节省化现象，能较长时间地保持高效率工作，能适应和满足较大运动负荷对呼吸系统的要求。

四、改善神经系统的机能

神经系统包括中枢神经系统和周围神经系统。中枢神经系统负责整个机体的活动。周围神经系统散布于机体各处，上连中枢神经，下连各器官、系统，把各种刺激传给中枢神经，也把中枢系统的指令传到人体的各部分。人体任何一个器官、系统的活动，都是在神经系统的调节、控制下完成的。大学生的神经系统处于脑细胞建立联系的上升期，大脑神经细胞的分化机能迅速发展，大脑皮质的结构和功能发生着巨大变化。

经常参加体育活动可以使人的头脑清醒、思维敏捷。因为大脑虽然只占人体重的 2%，但它所需要的氧气要由心脏总血流量的 20%来供应，比肌肉工作时所需的血流量还要多。进行体育活动，特别是到大自然中去活动，可以改善大脑供血、供氧状况，促使大脑皮层兴奋性增强。

另外，进行体育活动是调节大脑皮质兴奋和抑制过程的有效措施，因为，人体神经系统的活动就是兴奋和抑制过程的相互转换。人体进行运动的过程，需要肌肉不停地做出收缩和放松的反应，这一过程本身就是对神经系统兴奋与抑制机能很好的锻炼，从而使人的动作敏捷，反应灵敏，思维灵活，同时也改善神经系统对心血管系统、呼吸系统、运动系统等器官系统的调节功能，从而更好地保证大学生在校期间的学习。

第三节　体育与心理健康

一、有助于改善情绪状态

在繁重的学习压力下，有些大学生经常会产生忧郁、紧张、压抑等情绪反应，经常参加体育活动可以转变个体不愉快的意识和情绪。这是因为运动能提高人的情绪唤醒水平。唤醒水平是指一个人情绪兴奋的水平，当达到一定的运动负荷时就会导致唤醒水平的提高，使人精神振奋，乐观自信，充满活力。

二、有助于培养意志品质

意志品质指一个人的果断性、坚韧性、自制力，以及勇敢顽强和主动独立等精神。意志品质既是在克服困难的过程中表现出来的，又是在克服困难的过程中培养起来的。在体育活动过程中需要不断克服各种客观困难（如气候条件的变化、动作的难度、运动损伤等）和主观困难（如惰性、胆怯、畏惧、疲劳等），坚持参加体育活动可以培养坚强的意志品质，并能迁移到学习、生活和其他活动中去。

三、有助于培养人际交往能力

人际交往是指在社会活动中人与人之间进行信息交流和情感沟通的联系过程。人际交往能力强是一个人心理健康的重要标志之一，经常参加体育活动有助于培养学生的人际交往能力。因为体育活动增加了人与人接触和交往的机会，很多体育运动项目是以集体参与的方式表现出来的。参加运动的过程就是一个与他人紧密协作和配合的过程。

四、有助于防治心理卫生问题和心理障碍

体育锻炼被公认为一种有效的心理治疗方法。美国的一项调查中，1 750 名心理医生中，80%的人认为体育锻炼是治疗抑郁症的有效手段之一，60%的人认为应将体育锻炼作为一种治疗方式来消除焦虑症。由于学习压力和其他方面的挫折因素，导致焦虑症和抑郁症成为大学生常见的心理疾病，而通过体育运动可以减缓和消除这些心理疾病。

第四节　体育锻炼与社会适应能力

社会适应是现代社会对人的要求，通过体育锻炼能培养人的社会适应能力。

一、社会适应能力

社会适应能力的形成过程，是自然人的社会化过程。人的社会化进程从婴幼儿期就已开始，是一个逐步实现的过程。除了一些先天的因素外，主要是环境和教育的作用。体育锻炼作为一种体育文化现象，也是一种教育活动，在培养青少年的社会适应能力的过程中有其特有的功能。

社会是人类共同生活的大集体。社会适应能力是指人适应社会环境的调节功能。体育锻炼能促使人们达到对社会环境适应方面的良好状态。良好的社会适应状态是指一个人的外显行为和内在行为都能适应复杂的环境变化，能为他人所理解，为社会所接受，行为符合社会身份，因而能保持正常的人际关系。社会环境是人类在自然环境的基础上有目的、有计划地创造而成的人工环境，人工环境是人类物质文明和精神文明的发展标志。

适应与发展被视为人生发展的两个基本课题，适应意味着个体通过不断的身心调整，与环境保持着一种和谐的状态，并有效地完成某些任务，社会适应能力是个体心理健康水平的重要标志之一。

二、体育锻炼对大学生社会适应能力的影响

(一)体育锻炼能提高人体适应外界环境的能力

体育活动、体育锻炼是提高人体适应自然环境的最佳方法之一。体育锻炼能促进人的体质与体能的全面发展。体育锻炼是以身体运动为基本形式，身体运动会对人体各器官系统施以一定的运动负荷，使人的身体在形态结构、生理机能、运动素质等方面发生一系列积极的适应性反应。另外，体育锻炼往往要承受外界环境对身体的各种刺激，如冷、热、刮风、下雨等自然因素，这些外界因素在客观上又提高了人体对外界的适应和耐受能力。

长期进行体育锻炼，强壮了身体，增进了健康，身体的各个组织、系统在中枢神经支配

下，承受外界刺激和协调各组织系统的能力都将得到增强，从而促进了人体的健康与体质的增强，为现代人在紧张繁忙的社会生活中的竞争与生存奠定坚实的健康基础。

（二）体育锻炼能促进社会交往和增进友谊

体育锻炼是一种社会活动，人们在体育运动过程中，不仅能锻炼身体，而且在各种体育锻炼活动中可以促进社会交往和增进友谊。人际交往是现代人适应社会生活的重要内容。参与社会群体及其活动是大学生增强社会适应性的根本途径和实践形式。体育锻炼作为校园体育文化活动的重要内容之一，是大学生一种基本的学习、生活、娱乐形式。在体育锻炼活动中的人群既有多样性，又有复杂性，增加了学生在体育活动人群中的交往，扩大了学生交往的范围及其与周围的联系，进而也增大了个人从外界获得各种有意义信息的机会，这无疑有助于人格的全面发展。体育群体活动能使学生直接克服个人独立于家庭之外步入社会的焦虑和不安全感。体育锻炼尤其是群体的体育活动，有陶冶学生情操的作用，活泼欢快的集体游戏具有明显的心理保健和情绪调节功能，也是增进学生对集体生活适应性的良好手段，从而使他们得到各种交往的情感体验，建立起良好的人际关系，提高社会适应性。

（三）体育锻炼能培养人际交往能力

从一定意义上说，社会适应最重要的就是人际交往和人际关系的适应。现代社会是人际交往频繁的社会，处处需要与他人建立关系。人际关系的冲突是现代人心理适应中最常见的问题。和谐的人际关系有心理保健的功能，给人以支持的力量，同时满足人的归属感、安全感、自尊、自信等多种心理需要。学习人际交往的技能，以诚待人，乐于助人，善于协调人际关系，是生活美满、事业成功的重要保证。

体育锻炼活动，大多是在教师与学生、学生与学生的相互交往、沟通、交流中进行的，大多数体育锻炼和竞赛活动是在群体中展开的，人际间的互动十分频繁。在多种形式、内容的活动中，人们通过语言、行动、情绪相互作用、相互影响。再加上体育活动中的人际互动是在开放的环境里，在非功利性、平等、友好的情境下进行的，因而它更能促进学生间的沟通和交流，在相互学习、合作、竞争的气氛中建立友好关系，增强人际交往的情感体验，培养与人和谐相处的意识和能力。所以，体育活动在培养学生人际交往能力方面具有其他一些活动所无法替代的特殊作用。

体育锻炼、比赛等体育活动，能改变、调整、强化人际交往。人际关系最重要的特点是具有情感因素，也就是说，人际关系是在人们相互间通过交往而产生的一定的情感基础上形成的。人际关系的各种类型都清楚地反映出人们彼此间的满意和不满意、吸引和排斥的过程。彼此是否能满足对方需要，如果得到满足就互相吸引，否则就相互排斥。引起彼此之间需要的满足，产生互为吸引，受外貌、距离、个性等因素影响，体育活动能对这些因素起到积极作用。例如，外貌是引发“第一印象”的最直观的因素，娇美的外貌、矫健的身材能使人感到轻松愉快，构成一种精神欣赏，内心产生一种“容易接近，容易交往”的第一印象，从而渴望与其交往。然而事实上，第一形象突出者并不多，但通过体育锻炼、体育比赛等体育活动可以弥补外表的不足。如足球比赛中高超的球技、精彩的配合、矫健的身姿，都给人们留下了美的第一印象，给人际交往增加了无形的情感成分。另外，集体性的体育锻炼活动，往往能缩短人际交往的距离，并在运动中表现出个性、能力以及相互之间类似的兴趣爱好，为进一步的互相交往打下良好基础。

但是，通过体育锻炼等活动促进人际关系的发展，必须建立在相互之间诚实守信、互相尊重、平等交往、严于律己、宽以待人、团结友爱、互相帮助的基础上，坚持“友谊第一，比赛第二”的原则，才能起到正面的效果，否则也会成为人际关系失和的因素之一。

（四）体育锻炼能增强规范意识

在人际互动中，由于个体或群体间有不同的偏好及价值观，因此就容易发生兴趣上或利益上的冲突及不协调问题。为避免矛盾激化，使互动能够进行，人们发明了一套社会文化规范，如社会角色规范、社会公平规范、社会道德规范等来协调彼此的行为。在人的社会化过程中，对规范的认识和遵守是必不可少的。遵守规范的意识也是人的社会适应性的基本内容。

体育竞赛是建立在平等、公平原则基础上的，它尊重每个参与者在公开的场合进行公平竞争的权利，因此在培养学生竞争意识的同时，也增强了平等、公平意识。要参与社会竞争，必须具有公平竞争意识，只有依靠真正的实力才能立于不败之地。

（五）体育锻炼能提高合作、竞争的意识和能力

在竞争激烈的现代社会中，现代人有强烈的个人效能感，对人和社会的能力充满信心，讲求办事效率。在体育锻炼过程中，始终贯穿着竞争与奋发向上的精神，即使在简单的体育游戏中，也充满着你追我赶、争强取胜的竞争意识。随着现代社会竞争越来越激烈，竞争意识已成为现代人的一种重要的基本素质。因此，经常从事体育锻炼可增强人们的竞争意识和进取精神。

（六）体育锻炼能培养意志品质，增强对挫折的承受能力

高度的社会适应能力还表现为，在竞争失败后有一种健康的心态和适时调节自己情绪的能力，即承受挫折的能力。对挫折的不良反应，常常是导致心理疾病的主要原因。有了对挫折的耐受能力，就可以应付各种挫折环境，及时疏导消极情绪，减轻和排除精神压力，防止心理失调。

当今的学生从小在赞美和宠爱中长大，无论感情、意志都表现得很脆弱，因而具有强烈的依赖心理，缺乏一定的竞争意识，特别是在困难和逆境中缺乏必要的磨炼，一旦遇上不顺心的事，就会无所适从、消极颓废，产生过大的心理压力，不利于他们对社会生活的适应。意志的脆弱与心理的虚荣必然造成心理承受能力的降低，在困难面前往往会表现得很软弱，缺少适应社会的相应能力。

体育锻炼中的身体练习能磨炼人的意志，增强自信。进行体育锻炼都必须承受一定的生理负荷与心理负荷，都必须不断地克服自身内部的身心障碍和外部阻力，每前进一步，都是对人的磨炼与考验，都要付出极大的意志努力。

经常坚持体育锻炼，特别是竞赛，能有效培养青少年吃苦耐劳、坚韧不拔的意志品质，为青少年学生日后走出校门、走向社会，投身于激烈的社会竞争，在心理上做好准备。

第二章　体育锻炼的原则与方法

第一节　体育锻炼的基本原则

体育锻炼的原则即体育健身原则，是人类从古至今所积累的身体锻炼和养生经验的概括和总结，是人们科学从事身体锻炼所必须遵循的准则。作为体育健身学的重要组成部分，它也是对体育健身活动进行科学指导的依据。

历史表明，人们在改造客观世界的同时，也在不断改造着自身。人们为了追求健康生存和益寿延年的积极效果，总是不断地摸索其规律并身体力行，体育健身原则正是这些体育健身成功经验的总结和概括。成功的体育健身过程，总是在自觉不自觉地遵循这些原则。反之，如果违背这些原则而盲目锻炼，就会事倍功半而事与愿违。在体育运动中，为了达到促进健康的目的，提高运动效果，我们应遵循以下八条基本原则。

一、自觉积极性原则

自觉积极性原则要求锻炼者在充分理解体育健身的目的、意义的基础上，自愿、主动、积极地进行体育健身。健身体育不同于人们劳动和日常生活中的一般躯体活动，更区别于动物所具有的走、跑、跳、攀登等自然的本能动作。人们所从事的健身体育是有一定的目的和意识的身体活动过程，因此，尤其需要发挥自觉积极的主观能动性。

现代社会，人们越来越关注健身体育，对体育运动本身和健康的要求越来越高。与竞技体育相比，健身体育已不再把夺取优异成绩作为主导目标，而是为了谋求人类自身健康的完善和身体潜能的开发。因此，健身体育对个体而言就要求有十分明确的身体完善方案。单纯以消遣娱乐或打发闲暇时光为目的和动机，就不可能形成积极有效的健身锻炼活动。

自觉积极性原则要求锻炼时首先要有明确的健身目标，懂得“生命在于运动”的道理，树立起锻炼有益于学习、工作和生活的信念。如果能把个人的切身需要和体育健身的功效与民族体质、人口质量以及国家的兴旺发达结合起来，这样就能更好地激发自己锻炼的热情。在这个基础上，还应认真选择适宜的身体锻炼的内容和方法，以及安排适宜的运动负荷，使自己在锻炼之后能获得一种精神上的满足，感到有乐趣、心情舒畅，实现身心的统一。总之，体育健身的效果与锻炼者的信心和兴趣三者是相辅相成的，只有密切配合才能做到自觉积极地进行体育健身。

另外，定期检测健身锻炼的效果可以使自己经常看到锻炼的进步，增强自信心，克服盲目性，提高针对性，从而有助于不断巩固和提高自觉健身锻炼的积极性。在健身锻炼中，还可以通过医务检测、素质和成绩监测、定量符合检测、自我感觉、参加比赛等多种形式，对锻炼效果加以评价。对于各项检测结果，要运用体育专门知识和科学态度进行正确的分析、客观的评价。要注意总结个人锻炼中的经验教训，摸索适合自身特点的锻炼内容、负荷、手段、方法。

二、超量恢复原则

超量恢复原则是指在进行体育锻炼时，身体或特定肌肉受到的刺激程度强于不锻炼时或已适应的刺激程度。在进行体育锻炼时只有遵循超负荷原则，身体健康素质才能逐渐得到提高。要提高有氧耐力水平，可以通过增加每周的练习次数、延长每次练习的持续时间和加大每次练习的强度来达到超负荷锻炼的目的。发展肌肉力量练习的超负荷，可通过增加器械的重量、增加练习的次数或组数，以及缩短每组超量恢复练习的间歇时间来实现。超量恢复原则同样适用于发展关节和肌肉的柔韧性练习，可通过增加肌肉的拉伸长度、延长拉伸持续的时间和加大关节活动的幅度来实现。虽然按照超量恢复原则进行锻炼可以使身体健康素质逐渐得到提高，但这并不意味着每次必须练得筋疲力尽。事实上，即使不进行超负荷的练习，一般性的锻炼也能保持和提高身体健康水平，只不过要花更多的时间进行锻炼才能取得良好的锻炼效果。

三、区别对待原则

每个参加体育锻炼的人的主客观条件不同，如性别、年龄、职业、运动基础、身体状况、生活条件、锻炼目的等千差万别，因此，在选择锻炼内容、方法、运动负荷时要因人而异、量力而行，特别要注意运动负荷的适量掌握。

掌握适宜的运动量，一般可采用靶心率来控制，或者用接近极限运动量的心率（一般假定每分钟 200 次）减去安静时心率（这里假定每分钟 60 次）后乘以 70%，再加上安静时心率基数 60 次，即运动时的心率为：

$$(200-60)\times 70\%+60=98+60=158\ 次/min$$

这是对身体影响最佳的运动强度。

当然，以上两种计算方法只是相对的，适宜的运动负荷还要根据锻炼时和锻炼后的感觉来判断。如果运动后主观感觉食欲良好、睡眠颇佳、周身轻松、精力旺盛，就证明所选取的运动项目、所进行运动的强度和密度、运动的一次持续时间与个人的身体状况吻合，是适宜的；反之，如运动后出现食欲减退，周身酸痛乏力，以至恶心、头晕等，就证明所选取的运动项目，或者运动的强度、密度，或者一次运动持续的时间与个人的身体状况不吻合，是不适宜的，需要加以调整。

贯彻区别对待原则，还要注意从以下四方面的要求出发。

（一）要注意锻炼者的性别特点

男女的身体差异是十分明显的。男子肌肉发达，肌肉质量占体重的 42%左右，而女子只占 36%左右，故男子运动负荷应比女子大，适于完成力量、速度、跳跃等动作，女子则适于完成平衡、柔韧等动作。从心理上看，女子偏爱轻盈、优美、富于韵律的动作，男子则偏爱刚健有力、对抗性强、有一定冒险性的动作。指导时要注意因势利导。

（二）要注意锻炼者的性格特点

现实生活中，有些人缺乏正常人所拥有的心理调节和适应能力，或是表现出明显的性格缺陷和情感缺陷。体育心理学研究表明，不同的项目对心理所起的作用不同。通过有针对性的适当运动，可以弥补性格缺陷，改善心理和精神状态。随着全民健身运动的开展，投入体育运动中的人越来越多，选择什么样的健身方式最适合，除了考虑年龄、职业、生活环境等因素外，将个人的性格因素考虑进去，将会取得事半功倍的效果。

（1）紧张型的人缺少锻炼，应多参加竞争激烈的运动项目，如足球、篮球、排球等，因为这些项目场上形势多变，紧张激烈，只有冷静沉着地应对，才能取得优势，若能经常在这种激烈的场合中接受考验，遇事就不会过于紧张，更不会惊慌失措，从而给工作和学习带来好处。

（2）胆怯型的人天性胆小，动辄害羞脸红，性格腼腆，这些人应多参加游泳、滑冰、拳击、单双杠、跳马等项目，因为这些项目要求人们不断地克服胆怯心理，以勇敢、无畏的精神去战胜困难，越过障碍。

（3）孤僻型的人性格内向、孤僻不合群，不善于与人交往，缺少竞争力，应选择足球、篮球、排球及接力跑、拔河等团队运动项目，通过坚持参加这些集体项目的锻炼，增强自身活力和与人合作精神。

（4）多疑型的人对他人缺乏信任，处理事情不果断，可选择乒乓球、网球、羽毛球、跳高、跳远、击剑等项目，因为这些项目要求运动者头脑冷静、思维敏捷、判断准确、当机立断，长期从事这些活动有助于走出多疑的思维模式。

（5）虚荣型的人虚荣心强，遇事好逞强，可选择一些难度较大或动作较复杂的运动项目，如跳水、马拉松等，也可找一些实力水平超过自己的对手下棋、打乒乓球或羽毛球等，以不断地提醒自己，万万不能骄傲。

（6）急躁型的人处世不够冷静沉着，易冲动急躁，可选择下象棋、打太极拳、练习健身气功、长距离散步、游泳等静态、单独运动的项目。

（三）要注意锻炼者的身体和健康状况

身体和健康状况是确定身体锻炼内容、方法、负荷的主要依据。锻炼前要通过体质检测、医学诊断或病史检查等手段，掌握锻炼者的健康情况和水平。高血压、冠心病等患有心血管系统疾病的人，应在医生指导和严格监督下进行锻炼。其他疾病患者也应了解其病患部位和程度，以便“对症下药”，也可采取专门性练习，或根据病情安排适当的练习。

（四）注意地域和季节特点

我国幅员辽阔，不同地区的地理气候条件差异较大，体育的地区特色较为明显。我国居民进行身体锻炼多在室外进行，受季节气候的制约较大，因此，要强调因地制宜，从各地实际情况出发，有针对性地安排体育健身活动，并不断调整和变更锻炼计划和锻炼活动。

四、循序渐进原则

循序渐进原则是指体育锻炼必须根据人体身心发展规律和个人的实际情况，在锻炼的内容、方法、运动负荷等方面逐步提高，使机体功能不断得到改善。

循序渐进是人体适应环境的基本规律，人体对内外环境变化的适应是一个缓慢的由量变到质变的过程，只有遵循这个规律，才能取得良好的锻炼效果。否则，非但不能增强体质，还会引起机体损伤和运动性疾患，损害身体健康。青年人争强好胜，常常因一时情绪激动而鲁莽从事，易违背体育健身的渐进规律，使机体超负荷运转。年轻时生命力旺盛，可能暂时看不到什么异常反应，但久而久之就会留下隐患。因此，进行体育健身不能急于求成。坚持循序渐进原则要做到以下四点。

（一）选择合理的锻炼内容

在锻炼内容上，根据个人的身体状况合理选择，体质不同锻炼起点也不同。体质较好的人，可选择比较剧烈的运动方式，如各种竞技运动项目；体质较弱的人，开始锻炼时可选择比较缓和的运动，如慢跑、徒手操、武术、乒乓球等，当体质逐渐变好时，锻炼内容也可逐步由缓和变为较为剧烈的运动；患慢性疾病的人，可选择保健体育的一些内容，如太极拳、散步等。

（二）运动量逐步加大

如果运动量长期停留在一个水平上，机体的反应就会越来越小。机体机能的提高是按照刺激—适应—再刺激—再适应的规律有节奏地上升的，运动量也应按照这种节奏来安排。病后或中断锻炼后再进行锻炼，尤其要注意循序渐进，以免发生意外。

对青少年来说，锻炼负荷应呈逐渐增加的趋势。如果总是维持同一种负荷，这种负荷就是“习惯性负荷”，锻炼效果不佳。要达到体育健身之效，必须经常变换负荷的性质和强度，循序渐进地增加负荷。

（1）渐进式。即运动负荷呈逐渐而缓慢增加的趋势，量的增加稍快，强度增加极为谨慎。它适合于青少年和一般锻炼者。

（2）波浪式。是将增加负荷与减少负荷结合起来，负荷的量与强度发生规律性变化，波浪式负荷方式呈上升趋势，但更为自由，适应性强。它适合于迅速增加体力的一般锻炼者。

（3）潮汐式。在负荷强度和性质上，要依据年度周期和各个季节的变化而不断交替，每年一个循环，周而复始，不追求增加负荷，量与强度成波浪式发展。它适合于一般成年锻炼者。

我们可以运用“百分之十原则”增加锻炼负荷。“百分之十原则”是指导锻炼者既增加练习负荷，又避免因锻炼过度而导致运动损伤的一种监控方法。其含义是每一次的运动强度或持续时间的增加不得超过前一周的10%。例如，本周坚持游泳20 min，下一周要增加练习负荷，游泳的持续时间就不应该超过22 min。在从事其他的运动锻炼时也应遵循这个原则。

（三）每次锻炼过程也要循序渐进

为了防止在锻炼过程中身体的某些部位受伤，每次锻炼前要做准备活动，如原地慢跑几分钟或做一做伸展运动等，锻炼后要做好整理活动。

（四）要不断更新和完善锻炼内容和方法

健身锻炼的动作，属于运动性条件反射，反复练习对巩固动作技术是有好处的，但简单重复的动作又较为枯燥。健身锻炼需要新异刺激，锻炼内容要丰富多样，锻炼方法也要不断推陈出新，形成不断更新和完善的动态锻炼系统。但内容和方法的更新与完善要根据身体条件和实际情况，循序渐进地进行。

五、持之以恒原则

持之以恒原则是指体育锻炼必须持续地系统地进行，使之成为作息制度和日常生活中不可缺少的内容。

从生物学角度看，人的体质的增强是一个不断积累、逐步提高的过程，不可能一劳永逸。人体机能水平的提高和发展、各种运动素质的强化和巩固、运动技能的完善和更新，都有赖于较长时期的经常性锻炼。这样才能使机体在解剖形态、生理机能、生化过程等方面产生一系列的适应性变化。人体结构和技能的变化都是通过机体活动反复多次的强化来实现的。

从社会发展角度看，现代人越来越需要健身运动。在现代生活中，由于电气化、机械化、自动化已进入了人们的工作环境和家庭，与上几代人相比，我们大约可少消耗 1/3 的体力，加之休闲时光和娱乐方式已经被电子游戏机、电脑、电视、网上生活所占据，人们就更缺乏应有的运动。随着现代化程度的不断提高，生活方式和工作方式的改变，缺乏体力劳动和体育运动的现象将会更加严重，人们的健康将受到很大威胁。

缺乏运动可使人体新陈代谢功能下降，此类人患肥胖症、糖尿病、高血压、心脏病的可能性要比坚持合理运动的人高出 5~8 倍；心脏功能要早衰 10 年以上；动脉硬化、肾病、胆石症、骨质疏松症、癌症、精神抑郁症的发病率也明显升高。医学研究表明，常年采用静坐体位生活和工作的人，其死亡率明显高于保持运动的人；身体总是保持相对静止状态对健康的危害，相当于每天吸一包烟。作为明智的现代人，如果意识到自己缺乏相应的运动量，就应给自己加一项任务，每天抽出 30~60 min，用来进行适合于自身的体育运动。

如果一个人想要健康、精力充沛地生活和工作，想要推迟衰老、延长寿命，想要充分享受生命，那么就要在自己的日常生活中，加入运动这一任务。

由于锻炼效应具有不稳定性，当锻炼的系统性和连续性遭到破坏而出现间断或停顿时，已获得的锻炼效应（机能水平的提高和发展、各种运动素质的强化和巩固、运动技能的完善和更新等）就会逐渐消退以至完全丧失，体质也会逐渐下降。因此，在人们体力劳动缺乏、脑力劳动过多、生活各方面的压力越来越大的现代社会中，要保证从体育锻炼中获得有益于健康的锻炼效果，就有必要坚持持之以恒的原则。为了贯彻这项锻炼原则，应注意以下 2 点。

（1）坚持安排合理的锻炼间隔时间。锻炼间隔时间长，锻炼的效果就不明显，因此，每次锻炼的间隔时间安排要合理。显然，要有长期计划、短期安排，计划安排要根据身体适应运动负荷的能力而定。

（2）锻炼要有恒心。持久锻炼、日积月累可使锻炼兴趣逐渐产生，健身益心的效果显著，进而养成经常锻炼的习惯。

六、全面锻炼与发展原则

全面锻炼与发展原则是指体育锻炼应全面发展身体的各个部位和各个器官的机能，提高各种身体素质和基本活动能力，从而达到身心全面和谐发展。

人们对体育锻炼的崇尚与其对身体全面发展的追求紧密相连。古希腊雕塑家米隆的作品——“掷铁饼者”，以其身体全面协调、线条清晰、垒块分明征服了一代又一代的体育锻炼者，这与现代社会的审美理念相吻合。身体的全面锻炼和发展正是健身体育锻炼所追求的终极目标。

人体是在大脑皮层调节下的有机统一的整体，人体各部位、各器官系统的机能，各种身体素质和基本活动能力之间相互联系、相互制约。身体素质是人体在运动过程中所表现出来的力量、速度、耐力、柔韧、灵敏等机能能力，它们通过肌肉活动表现出来，同时反映着内脏器官机能、肌肉工作供能情况，以及运动器官与内脏器官活动的配合、协调状况。

对处在生长发育关键时期的青少年来说,全面发展尤为重要。因为各个运动项目对身体发展都有其独特的锻炼作用,但同时也有一定的侧重性,如长跑锻炼有益于发展心血管系统和呼吸系统,能很好地加强中枢神经系统的调节功能,所以可结合自己的兴趣爱好,选择一两个项目作为每天必练的主要内容,同时加强其他项目的锻炼,以弥补主项之不足。全面锻炼的过程中还应注意心理素质的发展,如群体意识、个性的发展等等。

各种身体锻炼手段都能对人产生某种特定的影响,但同时又具有一定的局限性。例如,长跑练习对内脏器官和下肢的锻炼效果稍差,这就要求在选择锻炼内容时统筹安排,全面照顾。一方面要注意选择那些对身体各方面有全面影响的项目,发挥其全面锻炼效能;另一方面,也可将某些锻炼项目加以组合搭配,发挥其互补作用,保证身体的全面锻炼;此外,还可根据一年的不同季节,交替采用某些运动项目,促进身体全面发展。例如,在冬春季节从事滑冰、打球、长跑等,夏秋季节进行游泳、体操等。

七、安全第一原则

安全第一原则是进行体育锻炼的前提和先决条件。它要求在体育锻炼的过程中,要始终注意保护自己,做到安全第一。

安全第一原则的主要内容包括:一是在制订或实施锻炼计划前,一定要进行体检,得到医生的许可;如果患有某种疾病或有家族遗传病史,就需要找医生咨询,按照医生的建议进行锻炼。二是有条件的情况下,请运动医学专家根据个人的体质健康状况开出运动处方,用于指导自己有目的、有计划、安全地进行锻炼。三是每次锻炼前必须做好充分的准备活动,以克服内脏器官的生理惰性,防止出现运动损伤。四是饭后、饥饿或疲劳时应暂缓锻炼,疾病初愈不宜进行较大强度的锻炼。五是每次锻炼后,要注意做好整理、放松活动,以利于促进身体的恢复。六是在锻炼过程中不要大量饮水,以免加重心脏的负担或引起肠胃不适,运动后也不宜立刻洗冷水澡。

八、环境监控原则

环境对体育锻炼影响很大,加强环境监控对体育锻炼至关重要。实施环境监控原则,应做好以下五方面的工作。

(一)对太阳射线的监控

在体育锻炼时,强烈阳光中的紫外线和红外线会对暴露在外的皮肤造成很大的伤害。紫外线可使局部皮肤毛细血管扩张充血,使表皮细胞遭到破坏,导致皮肤发红、水肿,出现红斑;过量紫外线照射还可引起光照性皮炎、眼炎、白内障、头痛、头晕、体温升高及精神异常等症状。红外线的穿透力较强,常用于消炎、镇痛,改善局部营养状况,治疗运动创伤、神经痛和某些皮肤病。但是,过强的红外线照射对机体是有害的,它会使局部组织温度过高,甚至造成灼伤。当头部受强烈阳光照射时,红外线会使脑组织的温度上升而引起全身机能失调。因此,要尽量避免在强烈的阳光下进行体育锻炼,同时还应选择在反射率低的场地进行锻炼。

(二)对热环境的监控

人体运动时,不管外界的温度如何,体内产热量都会大幅度增加,剧烈运动时的产热量比平时增加 100 倍以上。体内产生如此多的热量,在高温环境下很难在短时间内向外散发,于是便会蓄积在体内,使体温升高,引起一系列的机能失调,甚至导致死亡。因此,应尽量避免在高温下锻炼。如在热环境下锻炼,要控制练习的强度和时间,并及时补充水分,通过增加排汗量来促进体内热量的散发,以防止热病的发生。

(三)对冷环境的监控

在寒冷的环境条件下进行锻炼可以提高人体对外界环境变化的适应能力和对疾病的抵抗能力。但是,冷环境可使肌肉的黏滞性增大,伸展性和弹性降低,工作能力下降,容易出现运动损伤。为了避免冷环境给运动带来不利影响,运动前一定要做好准备活动并延长其时间,保证体温逐步升高;运动中不要张大嘴呼吸,避免冷空气直接刺激喉咙而引起呼吸道感染和咳嗽等。注意耳、手、足的保温,防止这些部位被冻伤。另外,在运动时不要穿太厚的服装,以免在运动中出汗较多,导致运动后感冒。在运动后要及时穿好衣服保持体温。

(四)对湿度的监控

在气温适中时,空气的湿度对人体的影响不大,而在高温或低温时,较大的湿度对人体十分不利。湿度越大,人体通过蒸发散热的途径就越容易受到阻碍,人体产热和散热的平衡就越容易被打破,机体的正常功能就越来越多地受到不良的影响。在一般情况下,进行体育锻炼的适宜湿度为 40%~60%。在气温过高或过低的情况下,空气湿度越低越好;当气温高于 25 ℃时,空气湿度以 30%为宜。

(五)对空气污染的监控

大气污染物的种类很多,其中对人类有较大威胁的是烟雾尘、硫化物、氧化物、氮化物、卤化物和有机物等。大气中的污染物一般通过呼吸系统进入人体,也可以通过接触(皮肤、黏膜、结膜等)危害人体。大气中的臭氧和一氧化碳是影响体育锻炼效果的两种主要污染物,它们可导致胸腔发闷、咳嗽、头痛、眩晕、视力下降等,严重的还会导致支气管哮喘。当空气中的臭氧含量达到 400~1 500 μg/m^2 时,不应再进行户外锻炼。一氧化碳可减少血液中血红蛋白的数量,降低血液运输氧的能力,从而直接影响锻炼效果。汽车排放的尾气中含有大量的一氧化碳,因此,应避免到车流量大的马路边散步或跑步。出现沙尘暴、可吸入颗粒物较多或大雾天气时,也应停止户外锻炼。

第二节 体育锻炼的科学方法

体育健身非常强调通过正确的体育锻炼方法来实现机体的健康,体育健身不仅要遵循体育锻炼的基本原则,还应掌握正确的锻炼方法。体育健身的方法是指在身体锻炼过程中,为达到预期效果而运用的体育健身的途径和方式。

体育健身方法一般是在明确了身体锻炼的目标和任务,安排好锻炼内容之后确定的。普通的体育锻炼者往往对锻炼内容和手段的选择十分关注,而对方法的选择不太重视。事实上,方法选择正确与否,直接关系到锻炼内容的实施和健身目标的实现。许多健身手段本身对人体具有多种功能,但由于方法运用不当,也可能达不到应有的效果,有时甚至带来危险。特别是在组织一定规模的群众性体育健身活动时,方法的选择和运用具有影响全局的作用。

从历史上看,人们在找寻体育健身手段时,从来没有放松对锻炼方法的探索,从而产生出了许多传统的健身方法。这些方法又和传统健身手段密切结合在一起，如导引术和太极拳，既是一种传统的健身手段，又是特殊的体育健身方法。在现代，既有与锻炼手段日益分野的专门性的锻炼方法，也有与其他手段融合在一起的锻炼方法，选用体育健身方法要考虑多种因素：首先，它要以健身目的和任务为前提；其次，要考虑锻炼者自身的特点；再次，锻炼者所处的环境条件，也是运用健身方法时必须考虑的物质条件；最后，要根据健身锻炼的项目特点和要求选择相应的方法。总之，健身有法，但无定法，贵在灵活运用。

一、重复锻炼法

在运动锻炼的过程中，多次重复同一练习，两次（组）练习间安排相对充分的休息，从而增加负荷的锻炼方法叫重复锻炼法。这种方法适合于：第一，运动负荷较小、用时较短的项目，重复练习可增加练习强度和时间，有助于提高练习效果；第二，动作技术比较复杂、难于掌握的项目，通过反复练习，有助于学习和巩固动作技术；第三，运动负荷安排较大、难以一次完成的练习。例如，健美锻炼中举哑铃 300 次，可分解为几组反复进行，每组间歇中安排一定的休息，就可以保证锻炼计划能很好地得到落实。

重复锻炼法的关键是一次练习完毕后，应当有充分的间歇时间，这样可有效地提高锻炼者的无氧、有氧混合代谢能力，提高各种技术应用的熟练性与机体的耐久性。重复次数的多少不同，对身体的作用就不同，重复次数越多，身体对运动反应的负荷量就越大。但如果重复次数不断地增加，可能使身体承受的负荷达到极点，以至破坏机体的正常状态而造成伤害。

重复锻炼是从增强体质的目标出发来锻炼身体，为追求必要的负荷而去一次又一次地反复做动作的过程。这个过程中主要是负荷强度，而不在于改正错误动作。因此，运用重复锻炼法的关键是掌握好负荷的有效价值范围（最有锻炼价值负荷量下的心率），并据此调节重复次数。在重复锻炼中，对负荷量如何控制和怎样去重复才能达到理想效果的负荷强度，应视实际情况而定。通常认为，普通大学生的负荷心率在 130~170 次/min 的范围内是较适宜的。在这个范围内，心室血液充盈，每搏输出量以及氧气的运输量等均达到最佳状态，并可以持续地运动，心率低于 130 次/min 则健身效果不大，应增加重复次数。超过 170 次/min 则须减少重复次数或安排足够的间歇时间。

运用重复锻炼方法时应注意以下 3 点。

（1）合理确定重复练习的要素。其中包括：重复练习的总次数、每次重复练习的时间、每次重复练习的强度（速度或质量等）、各次重复练习的间歇时间等。

（2）切实保证每次重复练习的质量。不能因为重复次数多而降低动作要求等，也不能因为出现疲劳而减少计划所规定的练习数量。

（3）要克服单纯重复所造成的枯燥感。在采用这一方法时，一是加强意志锻炼，克服厌烦情绪；二是可安排调整措施，在练习前后穿插轻松活泼的辅助练习。

二、间歇锻炼法

间歇锻炼法是指在两次练习之间，有一个严格规定的休息时间，在锻炼者机体尚未完全恢复的情况下，接着进行下一次练习的方法。该方法的关键是严格控制间歇时间，使机体处于不完全恢复状态，但每次练习的负荷强度要适中。人们过去认为体质增强的过程是在运动中实现的，其实，体质内部的增强过程主要是在间歇中实现的，在休息过程中取得了“超量恢复”。若是离开在休息中取得的“超量恢复”，运动就变成对增强体质毫无意义的事，甚至起不了作用。间歇对增强体质的作用并不亚于运动本身，人类已清楚地认识到在间歇时间内机体的各种变化，认识了保持同化优势的重要性，故把间歇作为一种健身的基本方法。该方法可使锻炼者的心脏功能明显增强，通过调节负荷强度，可使机体各机能产生与锻炼项目相匹配的适应性变化，提高有氧代谢供能能力，改善体质。

间歇锻炼法与重复锻炼法的区别在于两次练习之间有无严格规定的时间间歇。间歇锻炼法由于练习之间的休息时间较短，机体尚未完全恢复，后一次练习在前一次锻炼的痕迹上进行，故对提高机体运动负荷起到了助推作用，使人更经济地达到个人适宜的负荷，能够有效地提高人体机能，故对青少年锻炼者最为适宜。

同重复锻炼法一样，间歇的时间也要依据负荷的有效价值标准去调节。一般说来，当负荷反应指标（心率）低于有效价值标准时应缩短间歇时间，而在高于有效价值标准时则可延长间歇时间。总之，通过适当的间歇，应把负荷量调节到负荷有效价值范围以追求良好的锻炼效果。实践中，一般心率在 130 次/min 左右时，就应再次开始锻炼。间歇时，不要做静止休息，而应边活动边休息，如慢速走、放松手脚、伸伸腰或做深而慢的呼吸等。因为轻微活动可使肌肉对血管起到按摩作用，帮助静脉血流回心脏，排除代谢所产生的废物，保证机体的氧气供给等。

另外，由于间歇锻炼法对机体承担负荷的能力要求较高，所以应加强对负荷承担情况的监测，如有不适，可及时调整锻炼方案。

三、持续锻炼法

在运动锻炼的过程中，为了保持有价值的负荷量而不间断地连续进行运动的方法叫持续锻炼法。该方法要求负荷强度较低、负荷时间较长、无间断地连续进行运动。从增强体质出发，需要间歇就停一会儿，需要连续就接二连三地进行下去，所以不能仅讲究间歇，还要讲究连续，连续、间歇、重复都是在整个锻炼过程中实现的。连续、间歇、重复等因素各有其特有的作用，连续的作用在于负荷持续不下降而维持在一定的水平上，使身体充分地受到运动的作用。

持续锻炼时间的长短同样要根据负荷的有效价值范围来确定，通常认为在 140 次/min 左右心率下连续锻炼 20~30 min，可使机体的各个部位都长时间地获得充足的血液和氧的供应，从而有效地发展有氧代谢能力和耐力素质。实践中，用于持续锻炼的内容主要是那些比较容易并已为锻炼者所熟悉的运动，如跑步、游泳，也可以是跳迪斯科舞等。持续锻炼法的特点是：第一，运动持续时间长，一般至少应持续 20~30 min；第二，运动强度较小，一般控制在最大强度的 50%~60%（心率控制在 110~135 次/min）；第三，锻炼过程中一般无间歇时间，练习密度较大，对身体的持续锻炼效果较好。因此，该练习方法主要用于增强锻炼者的体力，发展一般耐力，提高有氧代谢能力。常用持续锻炼法的运动项目有：散步、慢跑、自行车、游泳、舞蹈、健美操、爬山等。

采用持续锻炼法应注意：所选择的锻炼项目要考虑锻炼者的年龄、生理特点和体质基础，例如，中青年可选择有一点技术难度、强度可大可小的游泳、舞蹈、健美操等项目，老年人则优先选择慢跑、散步等；初次锻炼者或体弱者，练习的持续时间不宜过长，开始可以每次15~20 min，持续锻炼一段时间后，等体力有明显提高，再延长练习时间，提高到40~60 min，待适应后还可增加练习量。

四、循环锻炼法

循环锻炼法由几个不同的练习点（或称作业站）组成，练习者按照既定顺序和线路，依次完成每点练习任务，即一个点上的练习一经完成，练习者就迅速转移到下一个点，下一个练习者依次跟上，练习者完成了各个点上的练习，就算完成了一次循环。循环锻炼法的结构因素有：每点的练习内容、每点的运动负荷、练习点的安排顺序、练习点之间的间歇、每次循环之间的间歇、练习的点数与循环练习的组数。

循环锻炼法既是一种练习方法，又是一种教学组织形式。循环锻炼法的特点是：第一，练习手段多样化，对身体影响全面；第二，练习交替依次进行，符合学生的心理特点，能够激发学生的学习兴趣，增加练习量而不至于过度疲劳；第三，练习独立进行，能培养学生的独立锻炼能力。

循环锻炼法对技术的要求不高，且各项目都采用比较轻度的负荷练习，因此练起来简单有趣，可有效提高不同层次和水平的练习者的运动情绪和积极性；可以合理地增大锻炼过程的练习密度；可以随时根据具体情况因人制宜地加以调整，做到区别对待；可以防止局部负担过重，延缓疲劳产生，交替刺激不同身体部位，有利于综合锻炼，从而达到全面发展的效果。

运用循环锻炼法时，关键是要按照全面性原则去搭配项目。就大学生而言，锻炼时既要发展四肢，也要发展躯干；既要运动胸背部，又要运动腰腹部；既要追求形态的健美，也须注意机能、素质的全面发展。为此，就必须科学地搭配项目。根据已有的经验，一般选择6~12个已为锻炼者掌握的简单易行的项目。搭配时注意上肢动作与下肢动作、剧烈的跑跳练习与静力憋气动作之间的合理交替。在健身锻炼中，可根据锻炼项目安排循环练习的各练习点，还可分队比赛，增加竞争性，以提高练习兴趣。

采用循环锻炼法时，要根据身体锻炼的任务，选定练习组合的各项内容，使之互相配合，取长补短；要合理确定各项练习的数量和次序。

五、变换锻炼法

通过不断变换运动负荷、练习内容、练习形式以及条件，以此提高锻炼者的积极性、适应性、应变能力的方法称作变换锻炼法。此法可以有效地调节生理负荷，提高兴奋性，强化锻炼意识，克服疲劳和厌倦情绪，以达到提高锻炼效果的目的。

如刚参加锻炼时，可多做些诱导性练习和辅助性练习。随着锻炼水平的提高，应加大练习的难度，如用越野跑代替在田径场的长跑等。由于锻炼条件的变化，可使锻炼者的大脑皮质不断地产生新异刺激，提高兴奋性，激发锻炼的兴趣，从而提高机体对负荷的承受能力，增强锻炼效果。另外，不断地对锻炼的内容、时间、动作速率等提出新的要求，可有效地调节生理负荷，使机体不断产生适应性变化而达到更好的锻炼身体的目的。有下列情况之一时，一般应采用变换锻炼法。

（1）出于某种需要（如参加比赛）改进和提高技术时，或为尽快掌握技术要领而有必要调整练习要素（如降低速度、减少负荷）时。

（2）精神饱满、体力充沛或健康欠佳、疲劳累积，而需要调整锻炼计划或调节体力时。

（3）连续采用同一锻炼内容，长期在同一地点锻炼，有单调、乏味的感觉。

六、负重锻炼法

负重锻炼法是使用杠铃、哑铃、沙袋等重物来锻炼身体、增强体质的方法。负重的方法既适用于为增强体质而锻炼身体的普通人，又适用于进行各项身体训练的运动员，还适用于寻求康复的身患疾病者。

为一般人增强体质进行负重锻炼，应该采用最大摄氧量和最大心血输出量以下的负荷，因为过大的负荷可能给心血管和呼吸系统带来不良的影响。为了保证这种锻炼方法对身体的良好作用，在运动负荷价值阈范围内可以多次重复或连续练习。

第三节 适宜运动强度设计的新方法

一、运动强度的概念

运动强度是指单位时间移动的距离或速度，或肌肉单位时间所做的功，它与运动时间的成绩构成运动负荷。运动强度可分为绝对强度和相对强度，前者是指机体所承受的物理负荷量，即物理负荷强度；后者是指生理负荷强度，可用个体最大摄氧量百分比来表示。

在运动健身中，运动强度是指身体练习对人体生理刺激的程度。除了最大摄氧量百分比外，还可以用最大心率百分比、最大储备心率、自我劳累分级等生理指标来表达。

利用相对强度设计和监控运动健身处方能更科学地区分运动者的个体差异，使运动处方符合运动者的健康状况和体能水平，具有更好的安全性。它是决定运动效果的最重要核心要素之一，也是运动健身的设计和执行中最难以把握的环节。

二、运动强度对实现健身目标的核心作用

运动健身对促进健康有良好的作用。目前，大多数人已经接受运动健身有益健康的理念，而且有相当多的人群愿意或正在进行健身运动，但并不是所有的人都可以获得理想的健康效益。这是因为不同的运动强度和运动方式对于个体器官系统的功能有不同的影响作用。运动强度过大，超过人体机能能力将对机体造成损害；而运动强度不足，不仅会影响健身效果，而且会造成运动器官的无谓磨损。

运动健身改善体质的生理机制之一是通过一定负荷实现人体结构与机能的破坏——重建过程。但运动停止进入恢复期时，如果机体所承受的生理刺激是在适宜的范围内，运动中的消耗和损伤不仅都可以得到恢复，而且修复后的肌纤维会增粗，骨密度会增大，可以产生更大的收缩力量，可以承受更大的负荷，这在生理学上称作“结构重建”，此时身体机能也随之发生良性改变，出现“机能重建”。在运动后一段时间内，运动中消耗的能源物质和所降低的身体机能不仅恢复到原有水平，而且出现超过原有水平的现象称作“超量恢复”。但如果运动强度过大，超过了生理范围，这就是所谓的“过度疲劳”。因此，这就是运动能够健身的原因，首先是运动给予人机体一定的刺激而产生的，如果我们能够保持这种刺激足以引起

"机能重建",而又在适宜的生理刺激范围内,将实现理想的"超量恢复",这也是运动提升体质的重要机制。那么,确定运动强度成为影响健身效果的核心要素。

安全和有效是运动健身所追求的,但其实它们之间是一对矛盾。比如,运动强度较小不利于身体机能的提升,而在接近最大有氧能力强度下的体育运动,可引起显著的心血管系统的适应性变化,成为可推荐的心血管功能锻炼的强度设计依据。

因此,我们已经寻找到运动增强体质的基本方法,如所倡导的"有氧运动"解读为:中低强度、较长时间、全身主要大肌群参与,对健身的运动强度进行了重要注释。但即使在"有氧运动"范围内的,也可区分出较低、中等、较高强度的区域,在改善体质中起着不同的作用和使实践的人们收获着不同的效果。通常将较低强度的有氧运动公认为更有利于减掉脂肪、降低或维持血糖的稳定;较高强度的有氧运动更有利于提升心血管机能,以及中等强度的有氧运动适合维持健康者的心肺机能等。

三、运动强度设计的新方法

运动强度是影响健身效果和保证运动安全性的重要因素,以往的研究已经有相对成熟的强度设计与监控方法。如人们比较认可健身锻炼的强度是 50%~85% HRmax 或 VO^2 max 之间。其下限为健身锻炼的有效界限,上限为运动的安全界限。最大心率的计算一般选用"220-年龄(岁)=最大心率(次/min)"的计算方法。为更好地区别个体差异,人们还认为使用心率储备百分数来控制运动强度比用最大心率的百分数更可靠,最大储备心率通过计算最大心率与安静时心率之差得出。

(一)最大脂肪氧化强度运动

最大脂肪氧化强度主要用于运动减重。肥胖症多发是全球性的健康问题,运动干预已被认为是防治肥胖的首选方法,但目前尚未达到人们期望的成功率,这与运动强度掌握不当有关。但有关部门仍在继续研究中,可以值得肯定的是,运动强度会显著影响脂肪氧化程度及运动干预肥胖的效果。运动强度过低,机体不能被充分动员消耗更多的能量;运动强度过高则糖酵解供能比例增加,其结果是造成乳酸堆积,增加运动的风险性并且可能不利于脂肪的消耗。理论上,在安全范围内通过运动的方式达到最大的脂肪代谢是获取最佳减肥效果的关键。

(二)有氧高强度间歇运动

传统观点认为,各种形式的运动都会增加脂肪的氧化,长时间中低强度有氧运动中脂肪供能的比例最大。但是,长时间的运动无论对正常体重还是肥胖者都有一定的精神和体力要求,他们会因为运动枯燥、时间长半途而废,以致影响运动效果。

有研究学者提出, HIIT 可能是一种更有效的运动,尤其是用于减重。它是一种高强度运动间有适当间歇的运动方式。其可能的机制是大强度运动后过量氧耗显著高于中低强度运动,过量氧耗与游离脂肪密切相关,更有利于脂肪代谢。与持续运动相比,减肥者间歇运动能完成更高强度的负荷,可能更有利于脂肪代谢。近些年又有研究者对此进行实践,如 Jason L.Talanian 等人研究发现:年轻女性在进行 2 周 HIIT 运动后,有氧工作能力和脂肪氧化率都显著提高。国内有研究者利用 HIIT 强度简谱运动对超重的年轻女性进行减重干预,获得了显著的效果,并证实与中等强度的持续性运动相比, HIIT 强度运动在获得相同减重效果的基础上，受试者可以获得更好的心肺功能的改善，而且较短时间的运动方式更有利于减肥的坚持性，也验证了利用 HIIT 强度用于青年女性的安全性。

（三）乳酸无氧阈强度运动

20 世纪 60 年代初期，Wasserman 首次提出的“无氧阈”概念，其理论基础是肌肉组织因缺氧导致乳酸的产生，乳酸“拐点”的出现，表明机体由有氧代谢供能向无氧代谢供能的过渡或转折。人体从事渐增负荷运动时，机体能量的供给是从有氧代谢供能为主过渡到无氧代谢供能为主的连续过程。随着运动强度的增加，有氧代谢产生的能量满足不了机体需要时，糖酵解供能的比例增大，而使血乳酸浓度明显增加，从而出现乳酸阈。乳酸阈则反映人体在渐增负荷运动中血乳酸开始积累时的 VO^2 max 百分利用率，其阈值的高低是反映人体有氧工作能力的重要生理指标。乳酸阈值越高，其有氧工作能力就越强，在同样的渐增负荷运动中动用乳酸供能则越晚。即在较高的运动负荷时，可以最大限度地利用有氧代谢而不过早积累乳酸。

一般认为小于该强度的运动以有氧代谢为主，大于该强度的运动是以无氧代谢逐渐增加为主。因此乳酸阈值临界强度被认为是最大的有氧运动，对于提升人体有氧工作能力效果显著，因此可视为健身锻炼的安全界限。为方便起见，在实际中人们采取乳酸阈所对应的心率作为监测运动强度的指标，也可以选用乳酸阈对应的速度作为走、跑、自行车骑行等周期性运动的参考。

利用乳酸阈强度进行锻炼提升心肺工作能力已被很多研究者的实验证实，包括在一些青年人、儿童、幼儿的减重研究中都有所应用。

四、常见的运动处方

这里主要介绍两种常见的运动处方的制定模式，即提高有氧运动能力和发展肌肉力量的运动处方。同学们可根据自己的需要掌握运动处方制定的基本步骤和基本要素。

（一）提高有氧运动能力的运动处方

1. 运动项目

运动项目（方式）的选择最好结合自己的兴趣爱好，选择最感兴趣的，并且能够长期坚持的运动项目。常见的有氧运动项目有骑自行车、散步、慢跑、步行、游泳、健身操、太极拳等。

2. 运动频度

最好每隔一天进行一次，一周 3 次，每次 20~45 min 就可以促进有氧运动能力提高，但是随着负荷和运动持续时间的增加，要继续改善有氧运动能力，运动频度需有所增加，一周 3~5 次为佳。

3. 运动强度

强度的控制需要结合个人的主观感觉进行判断，也可以结合运动适宜心率表格进行确定。一般运动强度以达到最大心率的 70%~85%或最大吸氧量的 50%~70%为目标心率范围。

4. 运动持续时间

运动时间取决于运动强度，低强度的运动每次活动时间必须超过 30 min；而高强度的运动，至少需要持续 20 min 甚至更长的时间。

5. 运动处方的实施

每次开始活动前需要做好充分的准备活动，以减少肌肉酸痛、防止受伤。锻炼后期，随着有氧运动能力的增强，处方也需要进行适当的调整，如改变处方的强度、持续时间、频率等。

（二）发展肌肉力量的运动处方

1. 运动项目

不同的锻炼目的采取的练习方式也有所不同。发展腹肌力量需要采取的练习方式有仰卧起坐、悬垂摆腿或抬腿、仰卧抬腿、俯卧撑、杠铃提放等。发展背肌力量的练习方式有背屈、仰卧抬腿、侧屈等。发展腿部肌肉力量的练习方式有负重下蹲、负重跳台阶、仰卧屈小腿、仰卧上下摆腿、立姿屈小腿等。

2. 运动频率和运动持续时间

每周锻炼 3~5 次，每次锻炼时间为 1 h 左右。

3. 运动强度

每次练习可以选取 2~3 个动作，每个动作练习 4~6 组，每组练习 15~20 次，组与组的间歇时间一般为 30~40 s，最多不超过 50 s。

4. 运动处方的实施

每次运动前需要做好充分的准备活动，避免肌肉或韧带的拉伤。刚开始练习时，负荷量不一定大，随着练习时间推移，可以逐渐增加负荷量和练习强度。

5. 注意事项

锻炼时需要注意将局部锻炼和全身锻炼相结合、力量锻炼和耐力锻炼相配合，使得全身各部位的肌肉都能够得到锻炼和提高；同时，还需要在锻炼的过程中加强营养，保证充足的休息和睡眠，避免机体出现过度疲劳。

第四节　科学健身

一、科学运动的必备知识

（一）运动过程中人体的变化

人在静态、常态时的技能水平状态与运动时相比存在着较大差异，人体的能量代谢、呼吸与心血管机能等在静态与运动时的变化情况见表 2-1 所示。人体活动时的机能水平状态变化有一个逐步提高的准备活动过程，如运动前心率为 60~70 次/min，不是刚运动立即就会提高到 160~180 次/min，而是经准备活动、运动量和强度逐渐加大并逐步达到机能水平较高的竞技状态。因此，不做准备活动，在身体机能水平较低时就剧烈活动，不仅人体机能水平较低、运动能力差，而且易引起各种运动伤病的发生，甚至会危害到身体的健康。

表 2-1 不同状态呼吸与心血管循环机能部分指标变化情况表

人体不同状态	摄氧量（mL/min）	搏出量（L/min）	心排血量（L/min）	毛细血管开率（%）	心率（次/min）
安静时	252	0.07	5	20%	60
最大运动（普通）	3 276	0.12	15~20	100%	195
最大运动（运动员）	4 413	0.156	35~40	90%~100%	185

（二）人体运动时的能量供给

1. 人体的三大供能系统

（1）磷酸原供能系统（ATP-CP）。

磷酸原供能系统供能最快，且不需要氧，也不会产生乳酸，但磷酸原供能系统供能时间较短，仅能维持几秒，一瞬间的跳跃、投掷、50 m 快跑就是 ATP-CP 系统供能，100 m 快跑也是 ATP-CP 系统供能，因 100 m 快跑能量需求率小于 ATP-CP 供给的速率，所以 ATP-CP 供能系统能满足运动的需要。

（2）糖酵解供能系统。

糖酵解供能系统，又称乳酸能系统。当人体强度运动超过 100 m，运动时间持续增长，ATP-CP 供能系统不能完全满足运动的供能需求，这时人体供能的特点为 ATP-CP 系统和糖酵解系统混合供能。糖原供能在缺氧时要产生乳酸，乳酸在氧充足时，一部分产生能量后分解成糖和水；另一部分则合成肝糖原。

（3）有氧供能系统。

在运动强度不大供氧充足的情况下，机体利用糖和脂肪分解供能，生成水和二氧化碳。有氧供能系统持续时间长，距离超过 1 500 m 的游泳、越野跑的供能主要是以有氧供能为主。

2. 人体能量的供能方式

（1）有氧代谢。

有氧代谢是指人体在氧供充足时，糖、脂肪、蛋白质分解和乳酸有氧分解供能。一般运动强度较小的运动、大强度运动时的运动时间超过 10 min 以上，以有氧代谢供能为主。

（2）无氧代谢。

无氧代谢是指人体大强度运动开始阶段磷酸原系统和糖酵解供能系统供能。一般在大强度运动时的前 2 min 以无氧代谢供能为主。

（3）混合供能。

混合供能是指有氧和无氧两种代谢形式混合的供能形式。人体运动供能，不存在单独一种供能形式，一般都是以某种供能方式为主的混合供能形式。

（三）运动后的机体恢复

人体机能储备的能量经运动消耗后，通过营养物质的摄入和物质代谢过程可以恢复。运动后人体运动消耗的恢复不仅可达到运动前的水平，而且可以超过运动前的水平，称为超量恢复。恢复过程为：人体消耗储备能量的同时就开始恢复补充，由于消耗大于补充，人体储备的能量物下降；运动结束后人体的能量消耗减少，而恢复还在不断进行，运动中消耗的能量物得到进一步补充，直到恢复至等于运动前的能量储备水平；虽然消耗减少人体能量恢复到运动前水平，但恢复仍在继续进行，这以后人体储备的能量超过运动前水平，此称为“超量恢复”。由于人体代谢耗能，过一段时间人体能量又回到运动前水平。在超量恢复阶段，合理的身体活动可进一步提高运动能力和恢复水平。

二、科学运动促进健康

现代人类健康最大的威胁来源于不良生活方式，这些病的预防、防治也离不开运动。运动者作为有效治疗生活方式病的方法，疗效明显、确切，花费更少。而且运动防治生活方式病的作用是任何药物、营养物质无法替代的。

为什么能把运动比作良药呢？因为运动预防治疗疾病的作用特点、作用效果与药物治疗有很强的可比性。

首先，任何药物都有治疗目的，就像心脏病的药物不能用于感冒治疗一样，体育锻炼治疗疾病一样有针对性、有目的性。比如，希望增强心肺功能，选择柔韧性锻炼，效果就不好，应该选择有氧运动。就像吃药之前要研究药物使用说明书一样，锻炼之前应该掌握基础体育锻炼知识，在了解不同体育锻炼的效果后进行针对性的锻炼，才有可能从锻炼中获得最大的健康效益。

其次，任何药物不正确服用都有副作用，而运动如果没有科学锻炼指导，不仅难以达到理想效果，而且有受伤的风险。因此运动后比普通人更容易发生低血糖，很多糖尿病人锻炼后夜间或凌晨睡眠中发生低血糖，甚至最终导致猝死。即使不发生猝死，低血糖也会使糖尿病伴发心血管病的病人发生更多的心血管危险，如心绞痛、心律失常、心衰等等。因此，要充分了解不同疾病患者运动的各种禁忌证和注意事项，才能避免运动的风险。

第三章　运动健身的合理营养

第一节　营养与身体健康的关系

一、运动健身需要营养支撑

营养是人类进行运动的重要物质基础。人体的各种生理活动和体力活动，乃至人体生命的存在，都离不开营养。随着体育科学的发展，人们不仅可以用科学的营养方法保持健身人群的身体健康和良好的体能，而且能根据不同运动项目的特点，科学利用营养来促进运动水平的提高。

人体在运动时，能量消耗增加，机体的代谢速度相比安静时也大大加快。不同的运动项目和运动性质，其运动过程中的能源物质不同，并且可以使不同的代谢系统供能能力得到发展。另外，机体对营养物质利用的水平越高和不同系统的代谢机能越旺盛，人体生命活动的能力就越强，运动的层次就越高。因此，营养与运动互为促进，是发展和完善人体健康的重要因素。

合理的营养与运动对于保持人体健康、预防疾病、促进养生长寿等十分重要。营养素的吸收、利用与机体健康、运动能力、体力适应与恢复、运动性疾病等有着密切的关系。只有给机体提供足够的营养物质，身体才能正常工作，抵抗疾病的侵袭。营养摄入不良或者不合理，运动不足或者不科学，将导致人体的生长发育受阻，机体的免疫能力下降，人体的各种机能下降，生命力不旺盛，甚至影响遗传、健身、健美以及养生与长寿。可见，健康、健美的机体与良好的营养和科学的健身运动分不开。总之，营养与健身是构建身体健康的两大基础。

营养素和运动健身都是维持和促进人体健康不可缺少的因素，两者相辅相成。运动健身可增强机体的代谢机能，促进血液循环，将各种营养更快地输送到人体各个组织。如果只注重营养而不进行运动健身，摄入的营养物质不能良好地代谢、转化，会导致肥胖与其他疾病。而良好的运动能力更离不开营养的合理供给，如果只注重运动而不注意合理的营养补充，则会影响机体的恢复和生长发育，危害健康。

（一）合理营养在运动健身中的作用

科学合理的营养除了保证人体正常的生长发育和身体健康以外，更重要的是可以维持人的脑力和体力活动。特别是人体在参加健身锻炼活动时，科学的营养摄入就显得更为重要。

健身运动人群具有能量代谢高的特点。人体在进行大强度运动时，机体的代谢更为旺盛，在短时间内可消耗大量的能量。此时，体内的细胞破坏和新生也相应增加，各能源物质的消耗以及水分、维生素和矿物质丢失增加，可能导致疲劳和代谢紊乱。可以说，健身活动对我们机体内的营养物质提出了更高的要求。

人体在参加健身锻炼时，运动项目与运动性质有所不同。因此，在摄入营养物质时，必须根据不同的特点进行，以适应体内代谢过程的需要，保持运动水平的提高和体质的增强。

(二)运动健身中营养不合理的健康危害

目前，健身爱好者普遍缺乏相关的运动营养知识，健身活动存在诸多误区和盲区。不科学、不合理的膳食不仅影响运动水平的提高，更重要的是影响身体健康。

1. 迷信药物减肥

药物减肥从药理作用上可分为以下几类：增强能量消耗的药物、抑制食欲的药物、阻止消化吸收的药物、影响脂肪代谢的药物。药物减肥对某些内分泌紊乱、代谢异常的肥胖病人而言，作用应当肯定。但对绝大多数单纯肥胖的人而言，药物减肥不能作为主要手段，只能作为运动减肥、饮食减肥的辅助手段来应用。

2. 大量补充含糖饮料

补充含糖饮料可让机体达到一种暂时的高血糖状态，会导致机体减少对其他营养物质的吸收。长期习惯性大量补充含糖饮料制约了氨基酸物质的摄入，肌肉的重建缺少原料，而且会导致其他营养元素的大量流失。

3. 减肥过程中吃的脂肪越少越好

膳食中保持适量的脂肪，对减肥有一定益处。这是因为脂肪可以抑制胰岛素和胰高血糖素的分泌，促进机体对脂肪的利用。脂肪在体内不完全氧化会产生一定量的胴体，它有抑制饥饿感的作用，当它被排出体外时，还可额外消耗一些能量。因此在减肥期间应多食新鲜水果、蔬菜及海产品，因富含纤维的食品有饱腹感而不能供给热能，同时还能减少热量的吸收。

4. 运动后饮酒

长期大量饮酒后使食欲下降，食物摄入减少，以致发生多种营养素缺乏。还影响叶酸的吸收，致使体内叶酸缺失，叶酸缺失可导致贫血。另外，大量饮酒会损害消化系统尤其是肝脏的健康，由于酒精的分解主要在肝脏进行，因此饮酒对肝脏的损害特别大。酒精刺激食道和胃黏膜，会引起消化道黏膜充血水肿，导致食道炎、胃癌、胃溃疡。此外还会增加患高血压和中风的危险，损害中枢神经系统。

5. 空腹运动无碍健康

运动时机体代谢旺盛，能量消耗增多。但是，体内能量只有转变成血糖才能被人体利用。若运动前饥饿，肝糖原储备不足，或运动时间过长，血糖大量消耗，得不到及时补给，导致血糖浓度迅速降低。胸部的储备很少，且神经组织几乎全靠氧化糖供能，所以当血糖降低时，首先出现脑和交感神经供能障碍的症状。

6. 运动时大量补水

运动前补充过量的水会滞留在胃中，运动时容易感到肠胃不适，妨碍运动，降低运动能力。运动中切忌一次大量补水，因为大量水分骤然进入血液，使血液稀释，血容量增加，加重心脏的负担。运动后也不应一次性大量补水，特别是在进餐前不要饮水过多，否则将稀释胃液、影响消化能力。运动时补水应遵循的原则是少量多次。

二、运动健身的营养基础

（一）不同类型健身的能量需求

1. 不同运动形式的能量消耗

不同的体力活动形式，机体消耗的能量不同。MET（Metabolic Equivalent Of Energy）指能量代谢当量，是以安静、坐位时的能量消耗为基础，表达各种活动时相对能量代谢水平的常用指标。每千克体重从事 1 min 运动，消耗 3.5 mL 的氧气，这样的运动强度为 1 MET。1 MET 的活动强度只比健康成年人的基础代谢稍高一些，相当于健康成年人安静坐着时的代谢水平。

2. 不同运动形式的营养补充

由于不同运动形式所动用的供能系统不同，所以营养物质的补充也不同，力量训练和健美运动需要增肌，对蛋白质的需求较多；短时间大强度的运动主要由糖酵解供能系统供能，运动后体内会有乳酸堆积，所以需要补充碱性食物；长时间较低强度的运动消耗大量肌糖原，对糖的需求量较大。

3. 不同体力活动人群的热量需求

极轻体力活动：37~40 Kcal/kg/d；轻体力活动：41~43 Kcal/kg/d；重体力活动：50 Kcal/kg/d 以上。

4. 不同锻炼目的人群的营养需求

（1）健美增肌的热量需求与合理比值。

蛋白质占 15%~20%，碳水化合物占 60%~65%，脂肪占 20%。

（2）减肥瘦身的热量需求与合理比值。

蛋白质占 20%~25%，碳水化合物占 55%~60%，脂肪占 15%。减肥者应减少总热量的摄入，且能量摄入要小于能量消耗。

（二）健身所需能量的营养来源

食物中对机体有生理功效，而且为机体正常代谢所必需的成分叫营养素。人体所需要的营养素有几十种，经典的分类法可概括为七大类：糖、蛋白质、脂肪、水、矿物质、维生素、膳食纤维。各种营养素有各自独特的功能，但在体内代谢过程中又密切联系。

1. 糖的来源与需要量

（1）糖的来源。

谷类、薯类、豆类富含淀粉，是糖类的主要来源。食糖几乎 100%是糖类。蔬菜水果除含少量果糖外还含纤维和果胶。

（2）糖的需要量。

运动人群摄取平衡的混合膳食中碳水化合物的供给量按其发热量计算为总能量的 60%左右；西方国家一般推荐至少应摄取 50%~55%总能量的糖，有些权威建议进行长时间运动应增加糖的摄入量至总能量的 65%，大强度耐力运动的碳水化合物供给量为总能量的 60%~70%，中等强度时为 50%~60%，无氧运动时为 65%~70%。但精制糖的摄入不要超过总能量的 10%为宜。

2. 蛋白质的来源与需要量

（1）蛋白质的来源。

蛋白质的食物来源分为动物性和植物性两大类。动物性蛋白质在进化和分类上更与人接近，其氨基酸比例的可用性更高。植物性蛋白质则相对比较差。粮谷类食物存在氨基酸比例不平衡和某些氨基酸含量过低而限制了此种蛋白质的营养价值。因此，动植物蛋白质混合食用可以提高食物的营养价值。

（2）蛋白质的需要量。

中国营养学会2000年修订的蛋白质参考摄入量标准是：成年人1.16 g/kg·d，儿童青少年1.68 g/kg·d，优质蛋白质应占蛋白质摄入总量的三分之一。蛋白质供给的热量应占一日膳食总量的11%~14%。儿童为13%~14%，成年人为11%~12%。

3. 脂类的来源与需要量

（1）脂类的来源。

膳食中脂肪的主要来源有两类：动物性食物和植物性食物。动物性食物包括动物油，如猪油、牛油、羊油等，骨髓以及肉类和蛋黄中的脂肪；植物性食物包括植物油，如花生油、芝麻油、菜籽油等，以及各种果仁和种子，如花生、核桃、松子、杏仁等含脂肪丰富的食物。此外，各种常见食物中都含有不同量的脂肪和类脂。

（2）脂类的需要量。

运动人群膳食中适宜的脂肪量应为总能量的25%~30%。饱和脂肪酸、单不饱和脂肪酸、多不饱和脂肪酸的比例应保持在1∶1∶1。脂肪摄入过多会影响蛋白质和铁等一些营养素的吸收，还常会带入外源性的胆固醇引起高脂血症，因此应当适量限制在运动员膳食中过多使用脂肪。如果摄入量过低，食物的质量和色香味受到影响，造成运动员的食物摄取量减少，而且运动员的膳食要求量少质精，发热量高，所以又不可能过多减少脂肪的供给量。

4. 维生素的来源与需要量

维生素是人体必不可少的营养素，是一种对维持身体健康，促进生长发育和调节生理机能有重大作用的低分子有机化合物。它的种类很多、化学性质不同、生理机能各异，虽不参与构成组织，也不供热能，而且人体对它的需要量比三大热源物质低得多，但对体内生物氧化等代谢过程有重要作用，能促进机体吸收大量能源和构成基本物质，调节物质代谢和能量转变等。

人体所需的维生素有10多种，按其溶解性质可分为脂溶性和水溶性两大类。脂溶性维生素有维生素A、D、E、K，该类维生素的特点是：体内排泄慢，可以在肝等器官蓄积，过量摄入可引起中毒。当膳食中短期摄入量不足或缺乏时，可通过动员储存部位的维生素来维持正常功能。

5. 矿物质的来源与需要量

矿物质又称无机盐，是构成人体组织和维持正常生理活动的重要物质。人体组织几乎含有自然界存在的所有元素，其中碳、氢、氧、氮四种元素主要组成蛋白质、脂肪、糖类等有机物，其余各种元素大部分以无机化合物形式在体内起作用。人体内除去碳氢氧氮以外的元素统称为矿物质。根据在人体的含量和日需要量分为必需宏量元素和必需微量元素。

6. 水的来源与需要量

（1）水的来源。

1）饮料水。每天饮料的摄入量可随运动或运动强度、气候、各种生理情况的不同而异。2）食物水。各种食物都含有水分，但含水量不同，因此，食物水的量因所摄入食物种类不同而有所差异。3）代谢水或体内氧化水。糖、脂肪和蛋白质营养物质在体内氧化时产生的水称为代谢水或体内氧化水。

（2）水的需要量。

水的需要量随体重、年龄、气候、运动、体力活动强度、膳食、代谢情况而异，变化较大。正常成年人每日需要量 2 400~4 000 mL。正常人的需要量随年龄阶段的不同而异，年龄越大，每 1 kg 体重需要水量相对较少，到成年后相对稳定。

7. 膳食纤维的来源与需要量

（1）膳食纤维的来源。

食物中的膳食纤维来自植物性食物，如水果、蔬菜、豆类、坚果、各种谷类。由于蔬菜和水果中的水分含量较高，而所含纤维的量较少，因而膳食中的纤维的主要来源是谷物。全豆类和麦麸等富含膳食纤维，而精加工的谷类食品则含量较少。

（2）膳食纤维的需要量。

我国成年人的推荐摄入量以 1999 年中国营养学会推出的《中国居民膳食指南及平衡膳食宝塔》为依据，低能量膳食为 25 g/d；中等能量膳食为 30 g/d；高能量膳食为 35 g/d。

但是，需要指出的是，过多的膳食纤维类制品的补充容易引起肠胃的不适，诸如肠胃气胀、胃疼等，这些症状通过饮食调节会减轻和消失。

第二节　如何进行合理营养的补充与健身

一、日常营养的合理补充与健身

（一）合理的营养搭配

所谓合理营养是指膳食营养在满足机体需要方面能够合乎相关的要求，即由膳食提供给人体的营养素种类齐全、数量充足，并且能够保证机体各种生理活动的需要。合理营养不仅能够增进健康，而且可作为防治疾病的手段。

我们通过现代营养学的相关研究内容可以得知，维持人体生命活动所需要的营养素主要包括蛋白质、脂肪、糖类、无机盐、维生素、膳食纤维这六大类。正常生理条件下，各种营养素在体内既相互配合，又相互制约。因此在平常的饮食中，对这些营养元素的摄取不仅要保质保量，而且要使不同营养素之间的比例合理，合理均衡营养，从而来保证我们机体所需要的各种营养素。

（二）健身过程中的合理营养补充

一般进行健身运动，膳食与平时无异，但是由于健身会消耗更多的物质和能量，所以要注意健身过程中的营养补充。

1. 糖(碳水化合物)

糖是最主要、经济、快速的能源物质，主要提供机体的热能。糖也有构成身体成分、调节脂肪酸代谢、节约蛋白质、保护肝脏的作用。所以在健身过程中一定要注意糖的补充。

一般短时间的或强度不大的健身运动不需要补糖，体内的糖储备足以满足运动的需要。如果进行 1 小时以上的持续性耐力运动，以及长时间的高强度间歇运动，如自行车、足球、网球等，则需要补糖。

2. 水

水是人体的重要组成成分，具有构成机体的重要组成成分、参与体内物质代谢、运输物质、调节体温等作用，一般占到人体体重的 50%~60%。人体水分的来源主要有三个途径。一是食物中含有的水分；二是糖类、脂肪、蛋白质三大营养物质代谢过程中产生的水分；三是饮料水提供的水分，其中饮料水是人体需要水的主要来源。水在运动中参与物质代谢，维持机体功能，运输营养物质提供运动需要，以及排泄废物。同时，水还具有润滑和缓冲的作用，维持脏器的形态和功能。人体在健身运动时由于身体热量升高，需要通过大量出汗保持体温的恒定，这就造成了体内水分和电解质的丢失，丢失过多就会引起运动性脱水，影响到正常的生理功能。

脱水对人体带来很大的危害，脱水的程度不同，症状和对运动能力的影响也不同。机体脱水时，不仅心血管负担加重和体温升高，还会导致肾缺血以及肾脏损害，出现少尿、无尿、血尿，还会引起泌尿结石的形成。脱水对呼吸系统也会产生一定的影响，可导致最大摄氧量的下降，维持最大摄氧量的时间缩短。

由此可见，无论是专业运动员还是大众健身，补水都相当重要，饮水量应该补足失去的水量，才能保证体内水的平衡。

3. 矿物质

矿物质是构成人体组织、维持生理生化功能和代谢所必需的物质，在平时膳食营养中保证有足够的摄入量。

关于健身运动中矿物质的补充，有两种不同的观点。第一种观点指出，在健身运动中不仅导致大量汗液流失，同时也伴随着矿物质和维生素的丢失，因此在健身运动过程中矿物质的补充是必要的。第二种观点却认为，运动时不必补充矿物质，因为汗液中的电解质浓度比血液低，属于低渗低盐溶液，而在运动中机体由于大量出汗导致脱水时，血液浓缩，血液和肌肉中电解质的浓度是较高的，处于相对高渗的状态。

二、运动健身中营养补充的误区

(一)营养搭配误区

目前运动健身人群普遍存在盲目性和保健知识匮乏的现象，这种状况严重影响人们身体健康。

1. 增肌健身人群多吃蛋白质，多限制脂肪摄入

缺少蛋白质，就无法强健肌肉。但是有研究发现，大量的高蛋白质饮食并没有转化为肌肉，而是被分解供能。这一点可以用血中蛋白质代谢产物，尿素氮水平的监测来反映。因此，过多的蛋白质会加重肝、肾的负担，且易造成钙丢失和脱水。另外，蛋白质的代谢产物为酸性，使血液酸化，从而易导致过早发生疲劳现象。

过多的脂肪摄入会引起肥胖，并且影响心血管系统健康。因此，脂肪成为增肌健身爱好者主要限制的营养素。许多健美爱好者常年采用无油饮食，这样的行为有以下不利影响：易造成不饱和脂肪酸和维生素E缺乏，并影响脂溶性维生素的吸收；影响睾酮水平，相关研究表明：减少膳食中脂肪的摄入，显著增加饮食中不饱和脂肪酸/饱和脂肪酸的比率，会减少血睾酮水平。

2. 减脂人群限制主食量

在健身人群中，有相当一部分是为了得到更好的身体曲线，减掉多余的体脂，通过饮食的改善以及适量的运动来达到减肥的效果。但是饮食不容易合理控制，大多数人群存在这样一个误区，想要减脂就要少吃主食。

这种减脂膳食方式有明显的副作用，会导致口臭，容易腹泻、疲劳、肌肉痉挛，更重要的是会增加患心血管疾病的危险，使糖尿病患者更容易发生并发症。

3. 营养搭配——食物相克

食物搭配不是一件简单的事情，搭配相宜会促进营养的吸收，对健康有益。搭配相克不仅会破坏营养价值、影响吸收，还会危害身体健康，严重者会引起中毒或导致不同疾病。不是所有的食物都可以同食，因为每一种食物都有其独特的成分、性味归经、功效，不同的食物搭配在一起会产生或好或坏两种截然不同的效果。

（二）三餐营养误区

一日三餐是一天能量的主要来源，因此合理的早中晚三餐的合理配比尤为重要。

1. 不重视早餐

早餐对于人体的健康极为重要，丰盛营养的早餐可使人上午精力充沛，学习工作效率提高。但是，许多人对吃好早餐并不那么重视，上班的工薪人为了节约时间，往往不吃早餐，或者马虎对待。研究表明：不吃早餐，会导致午餐和晚餐后血糖指数明显上升。长此以往，就会影响肠胃消化功能，易导致早衰、胆固醇增高、肥胖，并且容易患上消化道疾病、心肌梗死和中风等。

2. 运动后长时间不吃饭

健身后的一餐对身体恢复是至关重要的，健身运动以消耗糖原为主。糖原合成对时间很敏感，训练后是糖原合成的最活跃时期，由于运动后2 h糖原再合成速度会减少50%，因此补糖越早越好。

（三）补水存在的误区

1. 不渴不补

运动期间不能口渴才饮水，口渴的生理机制是体内丢失水多于失钠离子，细胞外渗透压增高，刺激口渴中枢，下丘脑的渗透压感受器受到刺激引起口渴感。口渴只是身体缺水的后期征兆之一，此时体内的水缺失已达到体重的2%~3%，即机体已处于轻度脱水的状态。因此，口渴感确定是轻度脱水并预防中度和重度脱水的一种自我掌控指标，而不能作为防止轻度脱水进行补液的指正，即出现口渴时已不是补水的最佳时机。当身体急剧脱水时，由于感觉机制已经衰弱，机体也不一定感到口渴。

根据口渴感补水已经达不到预防轻度脱水的目的，尤其对参加各种各类运动的人群来说，口渴感出现时可能已影响到了运动能力。运动健身者应有规律地饮水，而不是根据口渴感补充水，注意及时科学补水，以保证身体健康和正常的工作能力。

运动中正确的补水方式是少量多次，一次补充过多会造成胃部不适，同时注意水的温度不能过低，太凉会使胃黏膜的血管受到刺激而收缩，引起胃部痉挛，长期如此甚至会引起慢性胃病。

2. 补水时补充白水或碳酸饮料

健身运动时，机体内丢失的不仅是水，还有大量的矿物质。而仅仅补充白水是不能满足机体需要的。碳酸饮料含有甜味剂会危害机体健康，比那些常规含糖饮料更具有危害性，它会增加大脑患脑瘤和中风的概率。

3. 单纯补充白开水

由于汗液中含有一定量的电解质，所以如果运动时多出汗，则会有相当量的电解质从汗液中丢失。如果运动出汗后只饮用白开水，会造成血浆渗透压的降低，并使排尿量增加，反而会延缓身体的复水和体内电解质平衡过程，导致低渗性脱水，以致出现头疼、虚脱等。暴饮白开水还能稀释胃液，影响食欲和消化功能。

第三节 运动健身中营养补充的分类

一、健身控制体重的营养补充

控制体重包括减体重、维持体重、增体重三方面，而由于当下超重和肥胖已经成为大众关注的焦点，因此本节主要讨论关于健康和减重的营养补充问题。

肥胖是指由于机体能量摄入大于消耗而导致身体脂肪过多，使体重超出正常范围的一种慢性能量平衡失调状况。判断肥胖的标准有很多种，最简单的评价指标为目前社会上流行的对肥胖的判断标准：身体质量指数（BMI）。世界卫生组织（WHO）将 BMI≥25 kg/m^2 定义为超重，BMI≥30 kg/m^2 为肥胖。结合亚洲人群特点，中国人 BMI≥24 kg/m^2 为超重，BMI≥28 kg/m^2 为肥胖。

（一）健身对体脂的调节

人体体重由两部分组成：体重=脂肪重量+非脂肪重量（fat-free mass，简称 FFM），FFM 包括内脏、骨骼、肌肉、水等非脂肪组织，与体力、有氧能力及最大摄氧量呈正相关。脂肪重量变化反映体内脂肪含量的增减，去脂体重的变化反映肌肉含量的增减。

运动对体脂的调节作用主要体现在以下 5 方面。

（1）长期进行有氧运动可激活存在于内皮细胞内的脂蛋白脂肪酶系统，提高肌肉对脂肪的利用率，从而使体脂减少。

（2）运动可引起儿茶酚胺激素分泌增加，使脂肪组织的脂解作用增强。

（3）运动可减轻低脂和高脂饮食造成的脂肪正平衡，抑制过度进食造成的脂肪细胞数量增加，减少细胞体积增大。

（4）运动可以逆转肌细胞胰岛素受体结合力的下降，增加胰岛素的敏感性。

（5）运动可改善血脂异常。

（二）营养平衡与体重控制

如果一个人的体重长期保持不变，那么说明他摄入的能量和消耗的能量之间保持平衡，即摄取的食物中所含的能量与身体各系统所消耗的能量相等。而保持充分的体力活动和维持健康状态不仅要求机体处于平衡状态，而且要求摄入的营养素之间维持平衡。

减控体重的最基本原则是使人体长期持续处于负能量平衡状态，即能量摄取低于能量消耗。部分人未达到减体重的目的，往往会单纯追求低能量的摄入而忽视营养素的搭配。而当每日摄入的能量低于 800 千卡，甚至低于 200 千卡，轻则造成机体的营养不良，组织蛋白流失，静息代谢率下降，重则引发死亡风险。

部分减肥者盲目遵循低碳水化合物高蛋白减肥法，却不知这种方法极易加重肝肾负担，增加钙的流失，促进尿酸形成，增加高脂血等疾病的危险。对减重的人群来说，不应仅仅限制脂肪的摄入量，还应增加蛋白质的摄入量。正常情况下，糖、脂肪、蛋白质的供能比例分别是 55%~60%、20%~25%、15%~20%。

减重期间完全拒绝脂肪的摄入也是不科学的。适量的脂肪会使人产生饱腹感，使减肥者接受低热量的膳食而不觉得饥饿难耐。

（三）健身减体重的适宜强度

1. 肥胖判断标准

减体重者饮食和健身方案的制定依赖于自身体重和标准体重的差值。国际上流行计算标准体重的指标为身体质量指数（BMI），公式为 BMI=体重（kg）/身高（m）^{2}。目前认为对人体寿命及健康最有利的数值为 22，且与性别无关。我国常用计算标准体重的公式为：标准体重（kg）=身高（cm）-105，正常体重范围是标准体重 ±10%。

体脂含量并非越少越好。人体脂肪组织分为基础脂肪组织和储存脂肪组织，前者是包含在心脏、肝、肾、脾、神经组织、细胞膜、工作肌肉中的脂肪类物质，为人体维持正常功能所必需。其主要作用是储存和提供热量，维持体温，防震和隔热。

除了 BMI 和体脂百分比外，还可用腰臀比这一指标来评判肥胖。腰臀比就是腰围与臀围的比值。男性大于 0.85，女性大于 0.8 为偏胖；男性大于 0.9，女性大于 0.85，会有三高症的风险。

2. 减重适宜程度

计算出现有体重与标准体重的差值后，便可以确立减重计划。首先将自身体重与标准体重的差值折合成热量值。例如，某人目前体重 85 kg，其理想体重为 65 kg，差值为 20 kg，则消耗 20 kg 脂肪相当于亏空 154 000 Kcal 热量。

此外，健康的减肥应遵循“不腹泻、不厌食、不乏力”、每周减肥的重量控制在 0.5~1 kg 之间。否则，减去的体重将是体内宝贵的水分和肌肉组织。而且每天的膳食供应量不应低于 1 000 Kcal，这是可在较长时间内坚持的最低安全水平。

（四）控制体重的营养需求

减重期间，除减少总热量摄入外，三大供能物质的比例也应该适当调整，尤其要增加蛋白质的摄入量。此时三大供能物质比例：碳水化合物 60%~65%、脂肪 15%~20%、蛋白质 20%~25%。蛋白质的供给量每天应不少于 1.5 g/kg 体重。

减肥膳食结构的基本原则是：在低能量膳食基础上，摄入低脂肪、适量优质蛋白质、含复杂碳水化合物和较高比重的蔬菜、水果的膳食。

值得注意的是，当总热量摄入减少时，常伴有无机盐和维生素的摄入不足。因此在减肥期间应多食新鲜水果、蔬菜、海产品，必要时可进行一些维生素和矿物质制剂的补充。补水的环节也不容忽视，因为不顾健康盲目控制水的摄入，结果会给身体造成严重的损害。

（五）控体重的营养措施

低热量饮食减控体重期间，生活方式尤其是饮食习惯的改变与坚持很重要，尤其要习惯低脂肪、高膳食纤维的饮食。

二、健身增肌的营养补充

近年来，随着消费水平的提高和大众观念的变化，健身健美运动正逐渐走入人们的视线。对健身健美者来说，不仅需要科学合理的健身锻炼做基础，而且需要均衡有机的膳食营养做保障。俗话说“三分练，七分吃”，可见健身健美与膳食营养相结合的重要性。

（一）健身对骨骼肌代谢的调节

根据相关权威研究表明，不同类型的运动方式可使骨骼肌结构功能发生显著的适应性变化，如肌纤维体积改变、代谢酶活性改变、结缔组织增加、肌腱的抗张应力和抗断裂力量增强等。

1. 健身对骨骼肌形态结构的影响

运动健身可引起肌肉体积增大，其原因究竟是肌纤维增粗还是肌纤维数目的增加，目前尚有争议，多数学者认为是肌纤维增粗的结果。肌纤维增粗主要是由于肌细胞内含物的增多和周围组织的增大引起。

（1）肌红蛋白数目增加。

肌红蛋白是运输的载体，其含量增加可提高骨骼肌的氧储备，从而有利于肌肉在耗氧量很大的情况下持续工作。

（2）磷酸肌酸和肌糖原含量增加。

磷酸肌酸和肌糖原是肌纤维内重要的能源物质，其含量增加可以促进肌肉水合，增大肌纤维横断面积，同时也有利于为工作肌提供能量。

（3）线粒体数目增多，体积增大。

线粒体的作用主要是供给肌纤维收缩时所需的能量，其数目的增多和体积的增大一方面增加了肌肉的体积，另一方面也满足了肌肉有氧耐力的需要。此外，线粒体脊上有许多与氧化代谢有关的酶系统，运动可导致线粒体脊的增多，从而有利于能量的转换和积累，以适应运动的需要。

（4）肌纤维周围的结缔组织增厚。

研究表明，长期运动后单位体积肌纤维毛细血管表面积增大，表明机体对运动产生了适应性变化。毛细血管网的增生不仅增加了氧与营养物质的运输量，而且也缩短了氧向肌原纤维弥散的距离。而韧带和肌肉的增粗可保护肌肉和神经接点，使肌力增强。

总而言之，长期健身运动会使整个肌肉变得更为发达，力量也可以提高，从而达到塑造体形的目的。

2. 健身对骨骼肌酶活性的影响

运动与不运动,其骨骼中酶的活性有显著差异,而参加不同类型的运动,其骨骼肌酶活性也有不同。耐力性运动员使骨骼肌氧化酶活性增强,如柠檬酸合成酶、细胞色素氧化酶和琥珀脱氢酶活性上升,线粒体数目增多,从而提高了骨骼肌的有氧代谢能力。而以无氧代谢为主的大强度运动则使乳酸脱氢酶和磷酸化酶等酶的活性显著提高。

(二)健身增肌的营养需求与营养措施

很多健身增肌者往往认为蛋白质补充得越多越好。实际上,过多的蛋白质不仅不能帮助我们改善身体形态,反而会加重肝脏和肾脏的负担。只有在合理健身的基础上摄入充足的热量,并将三大供能物质比例调控在适宜的范围内,才能保证肌肉的生长。

1. 能量需求和营养素供能比例

在健身增肌期间,摄入充足的热量是必需的。每天所摄入的热量应以 50 Kcal/kg 体重以上为宜。肌肉增长需要蛋白质为原料,因此对健身增肌者来说应适当提高蛋白质的供能比例,同时控制脂肪摄入量。

2. 营养素需求量

(1)碳水化合物的补充。

健身增肌者每天应补充足够的糖。建议糖的摄入量女性为每天每千克体重 4.4~4.5 g,男性 5.5~7.7 g,且宜选择中低血糖指数的食物。摄入高血糖指数的食物一方面易引起血糖和胰岛素的波动,另一方面会导致胰高血糖素的升高,而胰高血糖素会促进机体分解代谢,不利于肌肉的合成。

应在健身前或早餐时摄入足量的碳水化合物,从而为机体提供充足的能源储备。此外,在运动前、中、后补充运动饮料也是补糖的方式之一。

(2)蛋白质的补充。

蛋白质的摄取量应为每天每千克体重 1.6~2 g,具体为:一般强度运动时每天 1~1.5 g,大强度运动时 1.5~2 g,休息日每天 1 g。蛋白质来源应多样化,从而提高其生物价值,以达到互补的作用。注意多补充优质蛋白,建议多吃食用奶类、蛋类、鱼、豆制品、禽类。此外,蛋白质的来源要丰富,以保证摄入的氨基酸种类齐全,以提高蛋白质的生物价值。

为避免过多脂肪的摄入,不宜单纯选择动物类蛋白质,要搭配摄入至少 1/2 的植物性食物蛋白,如大豆蛋白、谷类蛋白等。乳清蛋白既可控制脂肪摄入,又因含有丰富的氨基酸及合适的氨基酸组成而有利于人体吸收利用,因此可作为健身增肌者的良好蛋白来源。

(3)水的补充。

健身增肌者需水量比普通人多,因其摄入更多的营养素,而营养素的运输及代谢物的清除都需要水的参与。同时,在运动中随着排汗量的增加,身体会丢失较多的水分。且每次补充水量不宜过多,以免引起胃部不适。运动前 2 h 补充 250~500 mL 液体,运动前 15 min 补充 125~250 mL 液体,运动中,每隔 15~20 min 补充 120~250 mL 液体,运动后补液量应是体重丢失的 100%~150%。

(4)纤维素的补充。

增肌人群每天适宜摄入 30 g 左右的纤维素,纤维素可增加食物体积,同时可促进高密度食物的消化,还能帮助机体从同等体积的食物中吸收更多的营养物质。

3. 进餐次数

健身增肌者每日可进餐 5~7 次,任意两餐之间可加餐,以使机体获得足够的能量和营养素。但不宜过食,以免健身运动时引起胃肠道的不适。运动可选择在餐后 1.5~2 h 后,每次运动完休息 30 min 后再进餐。

4. 营养补剂的合理运用

营养补剂是科学膳食的一个重要组成部分,适当补充对人体有益,然而盲目摄入过多也会造成机体的负担,甚至会给身体带来危害。

(1)肌酸。

肌酸可有效增加运动员的肌肉体积、绝对力量、速度和爆发力,建议每日摄入量 3~5 g。同时,建议服用肌酸期的饮水量为每公斤体重 30 mL。此外,增加碳水化合物的摄入有利于肌酸的吸收利用。

(2)谷氨酰胺。

可防止肌肉分解,促进肌肉蛋白的合成,同时提高机体免疫力。建议 2 次/d, 10 g/次。可与运动饮料一起饮用。

(3)乳清蛋白粉。

可在两餐之间或上下午训练后摄入 20 g 乳清蛋白粉。

三、热环境下健身的营养补充

人体的温度必须保持相对恒定才能进行正常的机能活动,维持人体的温度恒定取决于产热和散热的平衡,而散热方式的变化取决于外界环境的变化。正常情况下,当外界温度低于体温时,机体的散热方式有辐射、传导、对流、蒸发等;而当外界温度高于或等于体温时,机体的散热方式则以蒸发为主,即以出汗的形式从体内散热。

(一)热环境下健身对人体的影响

机体在热环境中运动,首先产生应激,然后产生热适应。热适应可缓解热引起的生理紧张,提高热耐受力。然而人体对温度的调节能力是有限的:处于安静状态时,体温调节极限温度为 31 ℃(相对湿度 85%)、38 ℃(相对湿度 50%)和 40 ℃(相对湿度 30%)。在热环境中进行运动,体温调节的能力还会降低。因此,当机体热应激过度,就出现损伤,加之运动应激和心理应激共同作用相互加强,必然引起一系列的生理反应。

1. 对脑组织的影响

脑组织对温度及缺血极为敏感,而颅腔的解剖结构相对密闭,有利于储热而不利于散热。运动时,脑组织散热减少的同时伴随产热的增加,可在脑内逐渐形成热聚集而使脑温逐渐升高。同时肌肉工作产生的热通过脑循环引起脑温的快速升高,从而导致脑组织供能下降。除了脑组织温度外,脑血流也是影响脑组织功能的重要因素。在热环境下运动,皮肤和肌肉会优先占有血液。研究表明,常温环境下运动,受试者的脑血流量维持恒定,而热环境下运动,受试者的脑血流量下降 18%。

2. 对心血管系统的影响

热环境下进行运动健身比普通环境下同等负荷运动时心率更快。心率加快会导致体内耗氧量和产热量增加,进而加重心血管负担,同时能量代谢增强,更易引起运动疲劳。此时由于每搏输出量的大大降低,心排血量也显著下降。

3. 对水盐代谢的影响

常温下人体进出水量约为 2 L,而在高温环境中长时间运动时,排汗量会增至 3 L,甚至更多。出汗量的多少主要取决于热环境中的温度、湿度、运动强度、运动时间。研究发现,热应激合并机体脱水对机能的消极影响比单纯热应激或单纯脱水更明显。

(二)高温对健身的营养需求与营养措施

在热环境中运动会使机体丢失大量水分,并伴随机体各组织器官的相应变化。此时三大营养素的摄入比例可调整为碳水化合物 60%、蛋白质 25%、脂肪 15%。

由于热环境中机体蛋白质分解增加,消化吸收的能力减弱,因此蛋白质的需求也增加,各种水产品、蛋类、瘦肉类、禽类、奶制品和豆制品都能为机体提供优质的蛋白质。在出汗量大的情况下,体内无机盐也流失较多,可选用钾、钙、镁等含量丰富的食物。

四、冷环境下健身的营养补充

一般而言, 10 ℃是人体所感受的低温环境的上限,在中国的绝大部分地区深秋到初春季节的气温一般都在 10 ℃以下,所以在冬季进行室外运动健身以及在低温水中的游泳运动等都属于冷环境下的健身运动。

(一)冷环境下健身对人体的影响

在低温环境下健身,人的交感神经系统更加兴奋,甲状腺激素分泌增加,肾上腺皮质的活动也会增强,机体内胃液的分泌也变多导致胃液酸度变大,与此同时胃排空减慢,这使得食物在肠胃中的消化比较充分,消化能力增强,机体的食欲会因此增加。

低温环境导致血液中的儿茶酚胺水平升高,使得皮肤和肢体末梢的血管收缩,心率加快,心排血量增加,身体中心温度会通过血流传到皮肤而散出体外,同时皮肤的温度会逐渐降低并出现潮红、冷、胀、麻等症状,其敏感性也逐渐变弱。在冷环境下长时间运动会使产热增加来保持体温的平衡,但由于运动导致的血流量的增加使得身体热量过度散发超过机体对体温的调节控制能力,引起过低体温。过低的体温会导致呼吸道纤毛的运动减少,使气管和支气管的分泌物以及黏滞度增加,而人体体温低于 25 ℃时会出现肺气肿等疾病。

要注意的是,健身者如果不做好充分的准备活动或者不摄入足够的能量导致体温偏低,肌肉会在低温环境下变得僵硬,黏滞性提高,所以容易造成运动损伤,甚至出现暴露的身体部分被冻伤的情况。

(二)低温对健身的营养需求与营养措施

由于健身者在冷环境下需要消耗能量来抗御寒冷,并且人体在冷环境下出现寒战以及其他肌肉活动都会增加能量的消耗,因此总能量的补给需要提高,一般情况下提高10%~15%为宜。对于通过增加哪一种营养素来达到能量的提高,不同的健身项目有着不同的选择,但需要注意的是,由于糖原储备对于运动能力的影响较大,无论是水中健身还是其他健身都应当保持较高数量的碳水化合物摄入。

1. 碳水化合物

健身者在冷环境下时,首先利用糖原氧化产热供能,然后才动用脂肪氧化供能。然而,如果前者的储备不足时,疲劳的情况很容易出现,而这种情况在低温环境下都是非常危险的，所以健身者如果选择在冷环境下进行体育锻炼时应该每隔 20~30 min 补充 25 g 左右的糖，这样不仅能使运动效果更好，而且身体不容易疲劳，运动完了以后也更容易恢复。

2. 蛋白质

在蛋白质的补充上，应当多选用完全蛋白，即蛋白质含量较高、质量较好的动物性食物，从而增加蛋白质的利用率。如果由于条件限制使得完全蛋白质的比例难以提高，可以提高蛋白质的摄入量，一般占总摄入热量的 15%，其中完全蛋白质应当占摄入总蛋白质的 1/3。

3. 脂肪

在冷环境下，冷适应后由于脂肪的消耗增加，机体利用脂肪的能力明显提高，脂肪动员的反应速度加快。机体组织细胞脂肪氧化的比例提高是机体对冷环境的代谢适应，这可以节约大量糖原，对运动机体尤为重要。所以在冷环境下的健身者应注重对于脂肪摄入的增加，尤其是水中健身。健身者可以选择摄入一些动物性食物，这样不仅可以补充脂肪还可以提供完全蛋白质。

4. 水和无机盐

在冷环境下由于代谢的加强，尿液增多以及出汗等原因，机体的矿物质损失较大，一般钠和钙是最容易丢失的无机盐，因此，健身者可适当地增加食盐的摄入以及多食一些富含钙的食物，比如奶制品和虾皮。与此同时在冷环境下，由于人体的吸收和合成能力下降，血红蛋白的含量也会降低，所以人体要增强御寒能力就必须有足够的铁质储备，健身者可以适度多吃一些含铁较丰富的食品。在冷环境下健身时应注意以下 4 点。

（1）运动开始时，机体应当处于一个良好的水合状态，而且尿液的颜色应当较浅，如果尿液较少应当适当补充水分。

（2）适当补充一些运动饮料或是含有蜂蜜和少量盐的茶。

（3）健身者应当更加关注在平时健身运动中可能产生的脱水和低血糖的症状和体征；

（4）运动中和运动后的补液情况可以参照前文中的补充方法。

5. 维生素

健身者在冷环境下的维生素的供给量应当在平时的基础上再增加 30%~50%，其中包括与能量代谢有关的维生素 B1、B2、烟酸等，与抗寒冷有关的维生素 C、维生素 A、维生素 D 等，在特殊时候可以利用一些复合维生素制剂进行补给。

第四节　特殊人群健身的营养补充

一、糖尿病患者健身的营养补充

（一）健身对控制糖尿病的作用

长期从事有氧运动的人，除了达到以上急性效应外，还可以降低空腹胰岛素的浓度和稳定血糖。然而，运动一旦终止，锻炼的效果便开始降低。两个星期内不参加任何锻炼，效果将完全消失。有研究报道称：1~2 天不锻炼可使胰岛素的敏感性明显降低。这就是为什么糖尿病的运动治疗强调连续性的原因。长期的有规律的锻炼对糖尿病的治疗有积极作用，它主要好处有以下 6 点。

（1）提高外周组织对胰岛素的敏感性。

胰岛素的作用不仅仅取决于它分泌的多少，还与组织对它的敏感性有关。糖尿病患者胰岛素敏感性降低，严重时成为胰岛素抵抗。胰岛素抵抗是导致肥胖、Ⅱ型糖尿病、心血管疾病的重要原因。运动可以使胰岛素的敏感性提高，因此，在胰岛素较低的情况下增加肌肉组织对葡萄糖的摄取，可以保持较正常的血糖水平。国内外大量研究都证实了运动增强胰岛素敏感性和降低空腹血糖及糖化血红蛋白的作用。

（2）减轻体重。

运动治疗可增加热能消耗，脂肪被充分利用，减轻体重，这对肥胖的Ⅱ型糖尿病患者尤为适用。减轻体重可使已肥大的脂肪细胞面积缩小，单位面积的胰岛素受体数目相应增加，肝脏、肌细胞、脂肪组织对胰岛素作用的敏感性也随之提高。胰岛素受体的亲和力增加，胰岛素抵抗出现了改善。

（3）改善糖代谢。

运动还将肌肉毛细血管密度和细胞内葡萄糖的代谢增加，促使细胞对糖的吸收，扩大肌细胞与胰岛素及血糖的接触面，从而降低血糖水平。另外，运动还可以增加有氧代谢酶的活性，促进了糖的分解。

（4）改善脂代谢。

Ⅱ型糖尿病患者经过锻炼后血甘油三酯和血清总胆固醇浓度下降，高密度脂蛋白水平升高。这些变化有利于预防或减缓动脉粥样硬化，有利于预防冠心病、脑血管病等并发症。

（5）改善心肺功能。

微血管和大血管并发症是Ⅱ型糖尿病患者致残和死亡的主要原因。高血糖能加速动脉粥样硬化的形成，还可以导致肺组织胶原蛋白发生改变造成肺组织弹性减弱，可能与限制性肺通气功能障碍有关。但是规律的运动能增加血管壁的弹性，改善心肺功能，降低死亡率。

（6）增强体质。

长期运动治疗可增强体质，增加机体抗病能力，减少感染的机会，改善机体及内脏功能，提高机体适应性。坚持长期运动的患者可获得心理功能的改善，有充沛的精力，自我感觉健康良好。

（二）糖尿病患者健身的营养需求与措施

糖尿病人的饮食控制原则主要有两条，第一是控制血糖，纠正代谢紊乱，防止出现各种并发症；第二是保证足够的营养物质，以维持机体生理功能、提高体力和延长寿命。这两者看起来是互相矛盾的，然而任何一方面都不可以偏废。因此，糖尿病人的饮食控制的关键在于要找到二者的平衡点，这样才能兼顾。

1. 合理控制总热量

合理控制总热量的目的是维持生理需要，维持正常体重。总热量的增加，体重上升，使胰岛素敏感性降低，不利于血糖控制和其他代谢的平衡，同时也会升高血糖，故应减轻体重。而消费者对疾病抵抗力降低，影响健康，应增加体重。三大营养素配比应合理，蛋白质占总能量的10%~15%，糖类占总能量的55%~65%，脂肪占总能量的25%~30%。糖尿病人总热量的摄入以能维持理想体重为宜。热量的需要应根据患者的体形和活动程度来决定。

2. 摄入适量碳水化合物

在日常饮食中以复合碳水化合物为供能量的来源，选择多种谷类混合食用，有助于改善糖耐量降低血糖。

3. 减少脂肪的摄入

人体糖代谢的紊乱会干扰脂代谢，因此糖尿病的早期就会存在比较明显的脂代谢紊乱。随着病程的进展，血脂紊乱越来越明显，Ⅱ型糖尿病患者更是如此。多数糖尿病患者都比较注意主食的控制，却忽视了脂肪摄入的过量。饮食中脂肪所供热能应减到总热能的25%，若按公斤体重计算，不宜超过1 g/kg体重。脂肪应以含多不饱和脂肪酸高的植物油为主，少食含饱和脂肪酸高的，容易导致低密度脂肪蛋白、胆固醇升高的植物油。胆固醇摄入量每日应少于300 mg。除了饮食上的控制以外，糖尿病患者要定期检查血脂，一定要通过药物和非药物治疗将血脂控制在良好水平。

4. 保证优质蛋白质的供应

糖尿病的典型症状是"三多一少"，这一少就是体重减少。体重下降的原因是糖尿病造成的代谢紊乱使机体内蛋白质分解加速、丢失过多，容易出现负氮平衡。因此，膳食中应补充足够含蛋白质丰富的食物，摄入量与正常人相当或稍高。

在保证蛋白质供应的同时，也要注意另一种倾向，即蛋白质补充过量。有的糖尿病患者误认为，要保持适当的体重，又不能吃糖，只好大量补充蛋白质，实际上过量的蛋白质在体内通过糖异生作用可以转换成糖的。所以过量补充蛋白质也会引起血糖的升高。

5. 补充维生素

由于糖尿病饮食限制主食的摄入量，往往造成维生素B1的来源不足，而引起神经系统疾病，如手脚麻木和多发性神经炎等。病情控制不好的患者，糖异生旺盛，B族维生素消耗增多，故应补充B族维生素。

6. 适当补充无机盐和微量元素

治疗饮食中钠盐不宜过多，高钠易诱发高血压和动脉粥样硬化。当血糖控制不好时，容易出现各种感染和酮症酸中毒，要注意适当补充无机盐，钠、钾、镁可以纠正电解质紊乱。铬是人体必需微量元素之一，是胰岛素生物活性剂，轻度缺乏时会使机体对胰岛素敏感性降低，严重缺乏时临床可发现空腹血糖升高，尿糖阳性。锌能协调葡萄糖在细胞上的转运，另外锌是胰岛素因子的组成成分，锌的供给不足会使胰岛素分泌减少。

二、骨质疏松患者健身的营养补充

（一）健身对改善骨量的作用

1. 调节性激素效应

性激素与骨代谢关系非常密切。睾酮与雌二醇能促进骨蛋白质合成，骨基质总量增加，使骨盐沉积、骨质增厚、骨骺融合，从而促进骨的生长发育，一旦二者分泌不足，骨密度就随之下降，导致骨质疏松。研究表明适度中等强度的运动训练，特别是各种力量训练课促进睾酮及雌激素的分泌，防治骨质疏松的发生。

2. 增加骨血流量效应

钙在酸环境下容易溶解，一旦骨内血流量降低使局部血液酸化，就会导致骨溶解和骨萎缩。运动时骨血流量的增加使骨内血液保持中性，可以防止骨溶解。

（二）骨质疏松患者健身的营养需求和措施

1. 合理补钙

多食用含钙、磷高的食品，但要注意两者之间的比例，一般比例为 1.5：2。

维持体内钙平衡所需要的钙，首先是从日常膳食的摄取中补充。如果人体从食物中摄取的钙不足以满足需要时，就要额外补充钙剂。目前我国钙的适宜摄入量的标准是：18~50 岁成年人每天 800 mg，50 岁以上的中老年人每天 1 000 mg，根据数据显示，中老年人的钙的最佳摄入量要高于目前的标准。缺乏雌激素的女性对钙的平均需要量为每天 1 500 mg。

目前，在与年龄有关骨质疏松的临床治疗中，常选用某些抗骨吸收的药物与钙剂联合治疗。事实证明，补钙能使抗骨质疏松的疗效最佳化。从不同部位骨骼的骨量变化来看，雌激素加钙剂的效果相当于只用雌激素效果的 25~52 倍。因此，通过膳食或钙剂进行钙的补充是与年龄相关的骨质疏松症的首选治疗方法之一。

2. 注意合理的膳食结构，保持膳食平衡，保持营养平衡

我国居民的膳食基本上属于贫钙膳食。其原因是：膳食结构主要以植物性食物为主，钙含量低；乳及乳制品的摄入量低；钙吸收的干扰因素较多。针对我国贫钙膳食的特点，应该依据我国膳食指南，增加乳制品等含钙量的食品。绝经后的妇女每天需要补钙 1 500 mg。老年妇女每天喝两杯牛奶再加至少一顿鱼虾、蔬菜或豆制品，补钙量就接近一天的正常所需。

饮食中的钙、磷、镁的摄入量及比例协调是极为关键的。其中钙是最重要的成分，它直接参与骨的形成，而磷和镁构成骨形成调节的重要成分。

3. 选用大豆植物雌激素

以往的研究表明，大豆中含有植物雌激素，可以减轻更年期的一些症状，而没有雌激素的副作用。日本科学家最近研究发现，在绝经期早期多次食用豆制品，骨骼就明显强壮于少吃这类食物的妇女。同时，发生腰痛和关节痛的可能性也较少，他们认为多吃大豆制品与更年期妇女的骨密度增加有很大的关系。

4. 补充维生素 D 和 A

在补钙的同时，也可以补充适量的维生素 D。除此之晚，户外活动接受日光中的紫外线照射，有利于人体皮肤合成维生素 D，促进食物中钙质的吸收及钙质在骨骼中的沉积，从而达到预防骨质疏松的作用。

5. 减少糖和盐的摄入

糖是酸性食物，酸性食物进入人体后要消耗大量的维生素 B 和钙元素。食盐过多会影响钙质在人体骨骼中的沉积，糖及盐会影响钙、磷的吸收。因此，少吃糖和盐可预防和减少骨质疏松的发生。

6. 养成良好的膳食习惯

坚持科学的饮食习惯，不挑食、不偏食、不吸烟，少喝咖啡、浓茶、含碳酸饮料。运动蛋白不宜摄入过多，因为蛋白过多使尿呈酸性，会增加钙的排泄。此外，有遗传基因的高危人群，应重点随访，早期治疗。

三、心血管疾病患者健身的营养补充

（1）限制高脂肪、高饱和脂肪酸、高胆固醇食物的摄入。

膳食总脂肪供能≤总能量的30%，饱和脂肪酸与反式脂肪酸供能之和≤总能量的10%，多不饱和脂肪酸供能≤总能量的10%，饱和脂肪酸、单不饱和脂肪酸、多不饱和脂肪酸的膳食比例为1∶1∶1。

（2）增加膳食纤维，多吃水果、蔬菜、谷物。

（3）适当补充蛋白质。

（4）限制膳食总热量，摄入的能量要与消耗保持平衡。

（5）增加维生素的补充，多吃富含维生素E和C的食物。

（6）适当补充钾和钙充足的微量营养素。

（7）限制食盐摄入。

（8）禁烟、限酒。

（9）选择合适的保健药品。

四、高血压患者健身的营养补充

（一）低脂饮食

在饮食中应保持较少的脂肪摄入，烹饪时减少食用油用量，尽量避免熏、酱、油炸食品。由于动物性油脂含有大量饱和脂肪酸，能使血胆固醇升高，而植物油含有大量不饱和脂肪酸，因此最好选择植物性油脂。

（二）优质蛋白

饮食中注意优质蛋白占总蛋白质摄入的一半以上，含有优质蛋白质的食物主要有肉类、豆及豆制品、奶及奶制品。但是，对于大部分肉类，在补充蛋白质的同时，也会带来较高的脂肪摄入，而高血压患者应保证低脂肪摄入，因此蛋白质最好选择大豆及豆制品、低脂奶制品或去皮鸡肉、鱼类食物。

（三）丰富的矿物质

蔬菜水果中含有丰富的矿物质，建议每天食用不少于500 g的蔬菜和200 g水果。钠的主要食物来源是盐，其次是酱油，饮食中要减少食盐的摄入量。适量增加含钙丰富的食物，最好保证每天一包低脂牛奶。

膳食因素对血压的影响是复杂的，由于人类并非食用单一的食物，对高血压患者来说，调整整体膳食结构是更好的方法。

第四章　体育文化

第一节　体育文化的概述

一、体育文化的内涵

体育文化的主体是人类，是人类特有的社会文化现象和文明成果，泛指人类在体育历史发展过程中所创造的物质和精神财富的总和。它是一切体育现象和体育生活中展现出来的一种特殊的文化现象，人们在体育生活和体育实践过程中，为谋求身心健康发展，通过竞技性、娱乐性、教育性等手段，以身体形态变化和动作技能所表现出来的具有运动属性的文化；是人类在体育生活和体育实践中创造出来的，并通过有形的身体形态、动作技能、运动器材，以及无形的与社会属性相关的意志、观念、时代精神反映出来，显现了各具特色的存在方式。体育文化和其他文化一样反映了一个时代、一个国家或民族的特征，并规范着人们的体育行为，也影响着人们的价值观念。

二、体育文化的特性

（一）民族性

人类文化的存在和发展，不仅有共性的一面，也有个性的一面。这种人类文化的差异性，就是民族性的表现。各个不同地域的人类，创造了不同类型、不同形态的文化，又塑造了具有不同文化特征的群体。任何形式的民族文化，都与本民族的形成、延续和发展密切相关，都与本民族的地理环境、人文特点、风土人情、经济条件、生产水平乃至社会结构相适应。

（二）时代性

时代在不断演化和发展，各个不同的历史时期有着不同的生产方式。人们总是生活在一个特定的环境中，这个生活环境对人类来说，产生了重大影响。人们在生活实践中所创造的文化，也都离不开这个环境的影响。因此，文化也具有特定的性质、特定的内容、特定的形态，表现出鲜明的时代性。

（三）社会性

文化的社会性，也称文化的群众性。这是因为任何文化都离不开大众，更不能离开社会。如果说人离开了文化，就不能成为真正的人，同样，社会离开了文化就会变成一个愚昧的社会。因此，人、文化、社会三者之间形成了相互关联、相互作用的复合体。

（四）差异性

文化的差异性既表现在一个地区、一个民族的行为习惯上，也表现在价值标准和价值观念上。例如，东方体育文化重礼节、求持中、重自身完善、求个人身心平衡的品格形式，表现了人的内在品质和言行相一致的东方色彩。而西方体育文化则表现出竞争、激进冒险的风格，人们常把身体健美的人视为崇拜偶像，表现了人的外在行为和言行开诚布公的西方特色。

（五）继承性

在养生学的发展中，东方人原先主张以静养生，后来有人主张以动养生，再后来主张动静结合。这是人们对体育文化延续和不断深化认识的过程。例如，中国传统体育文化以前注重于修身养性，后来泛化为强身健体，直到今天的自娱与休闲文化。同样，中国传统体育文化中舞龙、舞狮、气功、武术等等都已经成为风靡全球的运动项目。体育有三种含义，即身体教育、竞技运动、娱乐消遣活动。从广义上讲，体育是随着人类社会的发展而产生和发展的，是渗透在人类社会中的一个很复杂的社会文化现象。可以将体育理解为根据生产和生活的需要，遵循人体的生长发育规律和身体活动规律，以身体练习为基本手段，达到增强人的体质，促进人的全面发展，提高人的全面素质，提高运动技术水平，丰富社会文化生活。

三、体育文化的种类

根据体育的表现形式、参与人群、追求目标等的不同，我们把其产生的体育文化分为大众体育文化、竞技体育文化、校园体育文化、奥林匹克运动文化等。

（一）大众体育文化

在人类文明的进程中，出于人类的共同需要，对人类自身生存、发展、享受的追求和关注一刻也没有停止过，正是这种大众体育文化在教育全球化的浪潮中的推动力最大，影响最为广泛，也最为深刻。这是因为大众体育文化给人类带来快感和美感，并给社会带来健康和活力。无论中国的大众体育，还是西方的大众体育，都是以全面发展和和谐发展为根基。

（二）竞技体育文化

体育与人类的生存、发展紧密相连，人类创造了体育，也创造了体育文化。体育文化是一种竞技运动文化。正是人类对这一种竞技运动文化进行了改造，经济、文化才不断获得创新与发展。然而这些创新与发展，是在众人不断实践中完成的。

（三）校园体育文化

校园体育文化作为学校教育的重要组成部分，在德、智、体、美、劳全面发展的教育方针中，在培养身心健康、具有创新精神和实践能力的社会主义现代化合格人才中具有十分重要的作用。其宗旨主要是培养学生体育精神、体育意识、体育技能，提高体育文化素养，增进学生身心健康，并在此宗旨指导下开展多种多样的校园体育文化活动。

（四）奥林匹克运动文化

奥林匹克小镇位于希腊首都雅典西南，古希腊的伯罗奔尼撒半岛、伊利斯城邦南部的阿尔菲斯河和克拉德斯河汇合处，面向海洋，既是自然山川也是多种文明的汇聚点，山清水秀，有利于促进政治、经济、文化的交流，古希腊不但是西方文明的发祥地，同时也是奥林匹克运动的中心。

第二节　现代校园体育文化

一、校园体育文化的内涵

校园体育文化是学校教师和学生这个特定群体所具有的体育概念，是校园内所呈现的一种特定的体育文化内涵，是指在既定的现实社会大文化的背景下，在校园这一特定的人造环境中，为校园社会群体所共识、共有、共享的所有体育精神产品与物质产品的总和。它属于一种十分复杂而又特别的亚文化形态。校园体育文化的结构可以分为三个层次：表层、中层、深层。表层是以物质或物化的形态表现的，它是外显的，是看得见、摸得着、使人一目了然的，这种表层的校园体育文化也可以称为体育物质文化；中层是以人的行为活动或行为化的方式表现的，它不像表层校园体育文化那样外露，但也不像深层校园体育文化那样隐秘，虽然摸不着，但能看得见或听得见，这种中层的校园体育文化可称为体育行为文化；深层校园体育文化是以人的意识形态表现的，是无形、内隐且不易察觉的，它是蕴藏在人们头脑中的各种体育观念及信仰，是校园体育文化的核心层，这种深层体育文化也可称为校园体育意识文化。

二、校园体育文化的特征

校园体育文化是指以广大学生为主体，以课外体育文化活动为主要内容，以校园为主要空间，以校园精神为主要特征的一种群体文化。这种特定的文化氛围是和学校的培养目标、校风校纪、生活方式等内容相联系的。校园体育文化作为一种社会文化，是学校在长期的教学、科研、行政管理过程中逐步形成的，更是在广大学生直接参与和精心培养下发展起来的。校园体育文化从事于社会体育文化，具有社会体育文化的一般特征，但由于主体差异，使其在许多方面与社区体育文化、职团体育文化等其他群体体育文化存在差异，而具有鲜明的自身特点。

（一）全面教育性特征

校园体育文化是生存于这一特定环境中的一种文化现象，必须肩负教育人这一使命。学校体育在培养全面合格人才上具有其他教育所没有的独特功效。它包括提高学生身体素质和机能、增进健康；获得体育理论、卫生保健知识，掌握运动技术；培养终身体育意识、能力、习惯；促进思想品德和个性全面发展，对形成正确的世界观起着良好的、积极的作用。校园体育文化所创造的氛围能激发学生愉快地、自主地从事身体锻炼，促进学生的个性发展，培养学生的独立性、自主性、创造性、道德性等方面的能力，能充分挖掘学生的潜力去从事创造、享受体育运动，以求获得知识的满足感、技能提高的喜悦感以及失败后战胜困难的超越感、和他人共同参加体育运动的集体感、运动后的轻松愉快感、学生自我选择实现目标的成就感。因此，校园体育文化的教育性特征区别于其他教育文化，具有一种全方位的教育特征；也区别于其他体育文化，更多的是向学生展示体育文化的教育性。

（二）独立时空性

从时间看，现代社会每个人几乎要受到长达 20 年之久的校园体育文化熏陶，并在之后的人生中受到它的滞后作用的影响。校园体育文化不仅为人们提供了青春生命的聚合地与耗散场，而且极大地优化了人类生命的演化过程与人类未来的生活方式。从空间上来看，校园体育文化的对象几乎涵盖了地球上近 1/3 的人口，遍布世界凡有人类居住的每一个角落。校园体育文化的无处不在印证了“文化是人类对自然的超越”这一本质命题。因此，校园体育文化可以随时间的流逝有对象的更新，可以随地域的不同有类型的差异，可以随民族的习惯有色彩的变化，但现代人类社会不可能没有校园体育文化的烘托与装点。

（三）复杂性

校园体育文化的复杂性首先表现在其内容方面，它的三个层次具体内容涉及体育教材、体育课程、体育法规法令、课外体育、运动队伍建设、体育观念系统、体育风俗习惯、体育生活方式等方面，及其因为这些方面所带来的学生体质增强、精神焕发、运动技能提高等多种有形或无形的效果反映等。

三、校园体育文化的发展

校园体育文化的灵魂与核心就是校园精神，校园精神是深层次的群体意识，又是群体的向心力与凝聚力，是校园群体共同的价值认同、价值取向、心理特征、行为方式。校园体育文化以其高品位的内涵和深层次的底蕴，无可辩驳地以中坚先锋的形象在校园甚至于整个社会文化中独领风骚。

（一）强化校园体育文化的教育功能，树立发展校园体育意识文化的主导思想

学校教育作为一种社会活动过程，旨在进一步增进人的知识和技能，培养人的品德情操，改善人的身心健康。我们可以通过“大教育”的形式，培养学生对体育的兴趣，提高他们对体育的认知。应该认识到只有校园体育意识文化的发展和变迁，才能引起整个体育文化结构的变异。而体育意识文化的变迁，首先就是使学校及与之密切相关的每一个体对体育的价值及社会历史意义有笃实、长远的认识。

（二）加强研究，建立新型的学校体育行为文化范式

为了适应当前经济发展需要，学校体育行为文化必然要实现转轨。因此，这就要求学校体育界要加强研究。丰富的民族体育文化，以及适应我国学校的体育风格及体育生活制度，应当在校园中得到渲染、倡扬，并不断使之洋溢时代气息。这些研究要以体育教师为主力军，注重研究方法，拓宽研究领域，壮大研究队伍，不断提高研究水平。

（三）加大投入，确立物质文化的快速发展

体育是经济发展到一定程度才有可能快速发展的一项事业，因此学校体育目标的实现，在相当大的程度上直接依赖于物质条件的改善。由于我国学校受现实经济发展水平的影响和制约，增加投入的迫切性更加突出。同时，要注意加强管理，不断提高投资效益。

（四）校园体育文化建设应坚持现代化与民族化的发展方向

校园体育文化作为社会文化的文化形态，具有强烈的个性，它来源于社会大文化，以社会文化为背景，是滋生于社会而又不同于社会的一种特殊文化，是一种趋于传统文化的校园主导文化。校园体育文化作为不同于主导文化的亚文化，它又具有自己的特殊功能，即作为西方文化、先进文化融入传统文化的中介，引导时代文化的新潮流。放眼未来，亚太地区将成为带动世界发展的中心地带，而中国的地位将由此发生一个根本的转变。

（五）加强协作，实现校园体育文化与社会化接轨

校园体育文化只是社会大文化的一个分支，它离不开社会大环境，只有不断地从社会中吸取优秀成分，并实现信息互动，加强协作，才能得到健康快速发展。因此，要做好校内协作，处理好体育与其他学科的关系，以学生体育素质发展为基础，以全面发展为目标。同时，在社会整体上则要综合各方面力量，为维护、加强并净化各项体育文化工作做出贡献。

第三节 奥林匹克运动体系

一、奥林匹克运动的思想体系

在现代社会中，各种思潮风起云涌，引发社会运动，继而销声匿迹。而奥林匹克运动经历百年而愈加蓬勃兴旺，其重要原因之一就是它在发展过程中逐渐形成了以奥林匹克主义为核心的思想体系，使之有了一个比较坚实的思想基础，使各种运动项目有了明确的指导方针。从某种意义上讲，奥林匹克运动的思想体系构成了这一运动的灵魂，这一运动的一切活动都是由奥林匹克思想体系产生出来的，一切特征也都是基于奥林匹克思想体系而逐渐完备的。离开了对奥林匹克思想体系的了解，我们对它的认知会流于表浅。

(一)奥林匹克主义

1. 定义

现行的《奥林匹克宪章》对奥林匹克主义做了比较全面的表述："奥林匹克主义是将身、心和精神方面的各种品质均衡地结合起来，并使之得到提高的一种人生哲学。它将体育运动与文化和教育融为一体。奥林匹克主义所要建立的生活方式是一份大众所体验的乐趣、以优秀教育为榜样的价值观和对一般伦理基本原则的推动为基础的。"

2. 主要内容

(1)奥林匹克主义的中心思想是人的和谐发展。

人们对奥林匹克主义的理解虽然各有不同，但有一点是共同的，就是强调奥林匹克运动对人的全面发展的重要作用。由于现代社会中，人的片面发展在很大程度上是由于人们的生活方式造成的。因此，要使人的身、心得到全面的均衡发展，也必须从生活方式入手。通过切实可行的途径，改善人们的生活方式，从根本上解决问题。因此奥林匹克主义明确地宣布它是一种"人生哲学"，旨在创造一种使人全面发展的生活方式。

(2)体育运动是实现人的和谐发展的重要途径。

要使人得到全面的和谐发展，需要具体的途径，正如要过河必须有船和桥一样。奥林匹克主义选择的具体途径是体育运动。《奥林匹克宪章》明确指出："奥林匹克主义的宗旨是使体育运动为人的和谐发展服务，以促进建立一个维护人的尊严的、和平的社会。"

(3)体育运动必须与教育、文化相结合。

奥林匹克主义还总结到，要使体育发挥促进人全面发展的功能，实现其改造社会的目标，有两个前提条件必须满足，一是与教育融为一体，二是与文化紧密结合。为了取得更好的教育效果，奥林匹克主义主张竞技运动与文化紧密结合。正如萨马兰奇所说的"奥林匹克主义是超越竞技运动的，特别是在最广泛、最完全的意义上来讲，它是不能与教育分离的。它将身体活动、艺术和精神融为一体而趋向于一个完整的人"。

(4)奥林匹克选手榜样的作用。

奥林匹克运动的主要对象是全世界的青少年。青少年是社会中最活跃、具有最少保守思想，也是最不稳定的社会群体，他们是人类社会的未来。这一群体有着极大的可塑性和模仿力，他们羡慕英雄、崇拜英雄，而且渴望成为英雄。奥林匹克主义抓住了这两种特点，将树立“良好的榜样”，作为一种重要的教育方式，力图给全世界的青少年提供奥林匹克选手——这些活生生的现实中的英雄，让他们去模仿，去学习。通过向奥运会选手学习，取得教育效果。

（二）奥林匹克运动的宗旨

《奥林匹克宪章》以明确的语言表述了这项运动的宗旨是“通过没有任何歧视、具有奥林匹克精神——友谊、团结和公平竞争互相了解的体育活动来教育青年”，从而为建立一个和平的更美好的世界做出贡献。

自从人类进入文明社会以后，在长达数千年的历史中，国家之间政治矛盾、经济利益的冲突、意识形态的差异、民族文化的隔阂、宗教信仰的不同等种种因素，曾经驱使各个民族无数次在战场上兵戎相见。世界上所有的国家和民族，不分肤色与种族，不分国家与地域，大家要以诚相见。

（三）奥林匹克精神

1. 概念

《奥林匹克宪章》指出，奥林匹克精神就是相互了解、友谊、团结和公平竞争的精神。从奥林匹克思想体系的整个结构来看，奥林匹克精神是这一体系中不可缺少的组成部分。没有相互了解、友谊、团结和公平竞争的精神，奥林匹克主义就不可能得到贯彻，奥林匹克运动也无法实现其促进世界和平建立美好世界的目标。

2. 作用

奥林匹克精神强调相互了解、友谊、团结和公平竞争，其目的就在于它为奥林匹克运动提供了一种必不可少的文化氛围和精神境界。只有在这种氛围中，人们才有可能摆脱各自的文化带来的种种偏见，在不同文化的展现中得到的不是各种文化之间的差异、矛盾与冲突，而是人类文化百花齐放、千姿百态的壮丽景象。

（四）奥林匹克格言

1.“更快、更高、更强”

奥林匹克运动有一句著名的格言：“更快、更高、更强。”这句话充分表达了奥林匹克运动不断进取、永不满足的奋斗精神。虽然只有短短的六个字，而其中的含义却非常丰富。它既是在竞技场上，面对强手时，发扬大无畏的精神，敢于斗争，敢于胜利；也是使自己永不满足，不断地战胜自己，向新的极限冲击。

2.“更快、更高、更强”与重在参与的关系

奥林匹克运动还有一句流传的名言：“重要的是参与，而不是取胜。”这句话虽然不是格言，但是出现在许多届奥运会开幕式主会场的大屏幕上，具有广泛的影响。这句话来源于1908年在伦敦的圣·保罗大教堂一次宗教仪式上美国宾尼西法尼亚的大主教的一段话：“在奥林匹克运动会上，取胜不如参加那样重要。”主教的话引起了顾拜旦的深沉思考，后来他也用了主教的这句话并做了如下精辟解释：“正如在生活中最重要的事情不是胜利，而是奋斗，在奥林匹克运动会上，重要的是参与，而不是取胜。”

二、奥林匹克运动的组织体系

奥林匹克主义的思想体系能得到贯彻，奥林匹克运动的各种活动能付诸实施，是因为奥

林匹克运动有一个结构完备、功能齐全的组织体系。它是由国际奥委会、国际单项体育联合会和合格国家或地区的奥委会三部分组成。这三者通常被称为奥林匹克运动的三大支柱，他们互相配合，相辅相成，保证奥林匹克运动的正常运行。

（一）国际奥林匹克委员会

国际奥林匹克委员会简称国际奥委会，它是奥林匹克运动的最高权力机构。它是一个国际性的、非政府性、非营利的组织，是奥林匹克运动的指导者、捍卫者和仲裁人。国际奥委会具有法人地位，它的存在是无限期的。国际奥委会的任务是按照《宪章》领导奥林匹克运动。它根据《宪章》所做出的决定是最终决定。

（二）国际单项体育联合会

这是一个由各个国家或地区单项协会组成，其最高权力机构是定期召开的代表大会。每个正式成员协会有一票的表决权，在代表大会闭幕期间，由它的执行组织主持工作。国际单项体育联合会一般都设有各种技术专业委员会，来处理该项目的技术问题。

根据《宪章》规定，国家单项体育联合会在奥林匹克运动中的主要任务是负责它所管辖的运动项目的技术和行政管理方面的工作。其具体作用：制定并推行本运动项目的规则并保证该项目在全世界的开展；制定奥运会参赛标准；负责本项目的技术监督和指导。

（三）国家或地区奥林匹克委员会

国家奥林匹克委员会是按照《宪章》的规定建立起来，并得到国际奥委会承认，负责在一个国家或地区开展奥林匹克运动的组织。国家奥委会是奥林匹克运动的基本功能单位。国际奥委会和国际单项体育联合会组织的各种奥林匹克运动，最终都要由国家奥委会来承担、执行和完成。

运动技能篇

第五章　田径运动

第一节　田径运动概述

田径运动是在人类基本运动形式的基础上产生，在人类对它的不断认识中发展起来的。随着田径运动的日益普及，它的价值越来越受到重视，其特点也更加突出。

一、田径运动的价值

作为一项最基础的体育运动项目，田径运动不仅能全面地提高人体的运动能力和运动素质，而且能对培养人和塑造人起到重要作用。因此，其在学校体育、社会体育、竞技体育中均有显著地位。

（一）田径运动的教育价值

首先，田径运动的各项目都要求运动员在具有一定限制的条件下表现出最大的能力，要始终保持必胜的信心，要有克服一切困难和正视一切挑战去实现自己目标的勇气。因此，它能培养人的勇敢顽强、拼搏进取的意志品质。

其次，田径运动是在严密的组织下，按严格的规则和要求进行的。同时运动员要通过个人努力才能取得优异成绩，这一成绩与集体荣誉连在一起。因此，它能培养人遵守纪律，增进责任感和集体主义精神。

再次，田径运动主要是个人项目，运动员需要以不同的方式和方法不断完善自己，提高运动水平，更多地依靠自己独立地完成任务。在比赛中，要有应变能力、以自我情绪调控去排除各种干扰的能力。因此，它有助于个性的形成，有利于心理素质的培养。

最后，田径运动的技术变化小，单一重复的动作较多，尤其是训练期间，相对枯燥死板，训练量较大。因此，从事这项运动能培养吃苦耐劳、坚韧不拔的精神。

（二）田径运动的健身价值

田径运动的不同项目对提高身体的有关能力和相应的身体素质，对提高人的健康水平有明显作用。短距离跑是人体在无氧条件下进行的一种运动，它使有氧系统酶的活性增加，能提高人体的最大摄氧量，同时还有助于提高中枢神经系统兴奋和抑制的灵活性。它是发展快速运动能力和提高无氧代谢水平的重要手段。从事长距离跑和竞走能增进心脏和呼吸系统的工作能力。由于人体在有氧情况下进行运动，在运动中消耗的能量较大，能防止人体内脂肪储存过多，是提高心肺功能和发展人体耐久力的有效手段。

跳跃是人体在短时间、高强度神经活动和肌肉用力克服障碍的运动，能使人的感觉机能得到提高和加强。它是提高身体控制和集中用力能力，发展协调性、灵敏性的有效手段。投掷项目是表现人体力量的运动，能使人体肌肉发达，力量增强，改善人体灵活性。旋转类项目能使神经过程具有高度的均衡性，能使前庭分析器具有很高的稳定性，是提高肌肉力量、改善神经过程和发展力量素质的手段。

（三）田径运动的竞技价值

在竞技体育中，田径是公认的大项。它的奖牌最多，素有"得田径者得天下"之说。各种大型综合运动会，最后一项比赛一般都是田径项目比赛，往往在最后田径比赛的角逐中决出团体的胜负。田径训练一般要求的条件不高，选材面广，参加人数多，而且是个人项目，项目投资与奖牌比小，效益高，所以，田径项目一直被列为竞技体育中选择的重点。

田径运动在提高身体素质方面效果显著，很多竞技体育项目都把它作为发展全面身体素质的重要手段。为较客观地衡量身体训练水平，检验身体训练的效果，一般都选用田径的一些项目制定测验标准，并作为常规性测验指标。

二、田径运动的特点

田径运动除具有一般体育项目的特点外，它还具有其明显的特点。

（一）广泛的群众性

田径运动是最普及、参与人数最多的运动项目。在学校体育中，它是教学的重点内容；在群众体育中，它最受欢迎而且最容易被接受。其主要原因有3方面。

（1）针对性强，可选择余地大。它对提高人体健康水平和发展全面身体素质效果明显，参加田径运动的人可根据自己的兴趣和爱好去选择不同的项目，还可根据个人的身体状况和需求确定适合个人的项目。有计划、有目的地安排不同项目，可使人体健康水平得到全面发展。

（2）受条件限制因素少。从事田径运动通常只要在室外有一定的活动空间，如在田间、公路、公园等地，就可作为活动场所，而且受时间、气候影响小，可安排在任何闲暇时段进行。田径项目的器材比较简单，参加运动时可根据条件，因陋就简，还可自行制作。举行基层运动会可在各种非正规场地上进行，有些器材和设备可简化或用近似的器材和设备代替。

（3）可参与性强。田径运动适合不同年龄和性别的人，不同身体状况的人也都能够选择适应自己的项目。在运动中，可控制运动的量和强度，不易受伤害，不受参加人数的影响。大部分田径项目均可在短期训练后参加比赛。

（二）激烈的竞争性

田径运动竞赛是能力、技术、心理的较量，特别在高水平的比赛中更为明显，运动员的成绩越来越接近，你追我赶，相持不下，经常以微弱之差决定胜负。田赛项目的成败取决于瞬间运动员发挥的水平，而径赛项目运动员同在一条起跑线开始，进行全程的拼搏。因此，田径运动竞赛非常紧张而激烈，运动员不仅要精力高度集中，还要不畏强手，充分表现出自己的最高水平。田径运动的竞赛在实力的较量中，将激烈的竞争气氛贯穿全过程。

（三）严格的技术性

田径运动的项目有周期性和非周期性两种，就各项技术动作而言，与技巧性项目和其他一些直接对抗性的项目不同，田径运动技术相对稳定，动作结构也不是非常复杂，但是它对技术要求特别高。人的潜力在一定意义上讲是有限度的，要创造更好的成绩必须依靠先进的合理技术。所谓合理技术，应能充分发挥个人各运动环节的高度协调配合的能力，调动各运动器官的最大潜力，节约体能，在时间、空间、肌肉用力上达到高度统一。田径运动技术在短短一瞬间要达到高度准确，每一个动作，身体的每一个环节、每块肌肉或每个肌群的用力和放松的时间与顺序，构成了技术严密的统一体。在比赛中，往往因为一个动作的细节出现偏差就会导致成绩下降，甚至动作失败。因此田径训练中的技术训练内容贯穿运动员培养过程的始终，只有不断地细化个人技术，不断地使技术达到自动化程度，才能在任何场合表现出自己的最高水平。

（四）能力的多样性

田径运动的基本动作形式为走、跑、跳、投，有个人和集体项目，它们反映了人的速度、力量、耐力等方面的能力。每个项目都有本身的特点，突出地反映某一方面的能力，优秀运动员训练和比赛大多围绕一个专项。较全面地参加田径项目，可使人的运动能力普遍得到提高。不同运动能力形成运动员较大的形态差异。

三、田径运动的发展

（一）我国田径运动的发展

中华人民共和国成立后，自 1959 年举办第一届中华人民共和国全国运动会以来共举办过 14 届全运会，田径比赛是历届全运会的重要比赛项目。此外，我国田径运动员参加了几届奥运会和一些世界与洲际田径大赛。我国田径运动的发展主要包括 4 个阶段。（1）第一阶段，田径运动引进和开展的阶段（1910—1948 年）。由于当时经济十分落后，民不聊生，战事频繁，田径运动开展得很差，成绩很低。（2）第二阶段，田径运动迅速普及和提高的阶段（1949—1966 年）。中华人民共和国以后，中国田径运动获得了迅速普及与提高。国家和各省、市、自治区都为普及与提高田径运动竞技水平创造了各种条件。（3）第三阶段，田径运动遭受浩劫，运动水平显著下降阶段（1966—1976 年）。“文化大革命”开始后，许多省市田径队被解散，许多田径教师、教练员、科研人员遭到批判；否定和销毁了田径教材、论著，取消了裁判员、运动员等级制度，有些田径场馆变成了会场、田地，田径比赛几乎完全停止。（4）第四阶段，田径运动迅速恢复发展，开始冲出亚洲、走向世界的阶段（1977 年至今）。我国实行改革开放政策以来，广大田径工作者积极工作，青少年田径运动得到迅速恢复和开展，运动员刻苦训练，对科学训练的认识达到较高的水平，参加世界性、国际性比赛和学术交流的机会增多，我国田径运动开始冲出亚洲、走向世界。

（二）世界田径运动现状

（1）许多国家都重视开展群众性田径运动。许多国家定期举行职工、农民、军人和大、中学生田径运动会，有的国家还承办世界大学生运动会（包括田径赛）和伤残人田径运动会。有的国家还开展对田径运动健身内容与方法、终身田径运动的研究与实践。成千上万个大中小城市，利用各自的环境特点，定期地、纪念性地举行万人赛跑。

（2）比赛次数增多。比赛项目增加，比赛规模加大，高水平运动员训练周期中的准备期缩短，比赛期延长。

在每四年举行一届奥运会的基础上，1983 年国际田联又设立了每四年一届的世界田径锦标赛，1985 年开始又每年设立 15 场田径系列大奖赛。20 世纪 90 年代以来，又将四年一届的世界田径锦标赛改为每两年一届。此外还有每两年或每四年举行一届的各种洲际规模的比赛，如洲际田径锦标赛、欧洲杯赛、亚运会、东亚运动会以及世界室内田径赛等。世界与国际间大规模田径赛频繁，为各国高水平运动员提供了很多的比赛机会。

近几年来，女子三级跳远、撑竿跳高、链球和 2 000 m 障碍已开始训练和比赛，其中三级跳远和撑竿跳高已被列为正式比赛项目，承认这两项的世界纪录。高水平运动员为参加大赛，全年的准备期较短，比赛期延长。

（3）田径运动员的职业化，训练更加科学系统化，世界纪录不断更新。国际田联是业余的国际田径组织，参加比赛的运动员必须是业余选手。但是，随着体育运动的迅速发展和水平的提高，体育向商业化、职业化转变，许多运动员将田径运动竞赛等作为自己的职业，以此为生。他们收取出场费、奖金、训练补贴和辅导业余训练报酬等，实际上国际田联都予以认可。职业运动员能更自觉更集中精力地投入训练，保证训练的科学系统性。

现代田径训练充分利用科技手段，如用电脑控制负荷量的强度，用各种仪器测试运动员机能状况和身体素质发展水平，用高速摄影机和录像分析研究技术动作，用专门器械发展专门能力等，使训练更具有针对性、目的性。在中长跑、竞走和马拉松运动员训练中还科学地进行高原训练。运动员的职业化，训练的科学系统化，极大地提高了训练效果。

20 世纪 90 年代以来，田径水平迅速提高，世界大赛竞争激烈，世界纪录不断更新。在奥运会田径赛的 40 多个项目中，很多项目的世界纪录都被刷新。其特点是男子打破世界纪录较多，女子较少。女子在中长跑、400 m 栏以及竞走和新增设的三级跳远、撑竿跳高等少数几个项目上改写了世界纪录。大部分项目的纪录尚未受冲击，特别是女子投掷项目的整体水平比 80 年代尚有较大幅度的下降，这是很值得分析研究的。

（4）重视营养与恢复，加强兴奋剂检查。现代世界田径运动水平很高，运动员训练负荷和强度较大，体能消耗也很大，没有必要的营养补充和恢复手段是不行的。科学的营养搭配，用合理膳食和有针对性营养补剂快速补充体力和营养物质的消耗，增加肌肉内 ATP、ADP、CP 以及糖原的储备量等是很必要的。

通过按摩、牵拉、桑拿浴等各种手段加快代谢物质的消除过程，消解局部肌肉的僵硬或痉挛，使紧张收缩后的肌肉得以充分放松，听轻快优美的音乐以使神经系统和精神状态放松和恢复等，这些都成为大负荷的训练或比赛后所经常采用的一些措施。

在世界田径运动中，为了追逐名利，存在使用兴奋剂现象，甚至已达到泛滥的程度，屡禁不止。20 世纪 90 年代以来，国际田联采取了更加严厉的措施——赛外飞行检查，即在事先不通知的情况下，突然对运动员进行检查。飞检人数次数逐年增加，有些运动员一年内要接受 10~20 次检查，为制止兴奋剂泛滥起到很大作用。

（5）世界田径运动实力新格局的开端。20 世纪 90 年代前，美国、苏联和民主德国是世界三大田径强国，在世界田径大赛中长期处于三足鼎立的局面。但是苏联解体分成十几个共和国，有更多的运动员参加世界大赛，其中俄罗斯仍较强，乌克兰也有一定实力，但都不能与美国抗衡。德国统一，并未形成 1+1=2 的实力，反而弱于前民主德国的实力，也不能与美国抗衡。当今世界田径大赛中美国一枝独秀，俄罗斯、德国、肯尼亚、古巴、英国以及牙买加均处于二流位置。许多国家注重发展自己强项，其中肯尼亚、埃塞俄比亚可谓中长跑强国。在世界田径大赛中除美国能获得较多的金牌之外，许多国家运动员也能成为金牌得主，这有助于更广泛开展田径运动和迅速提高世界田径运动的水平。

四、田径运动发展趋势

(1)田径运动在更多的国家将更普及、更广泛地运用于健身。随着很多国家经济的迅速发展,人们生活水平的提高,周工作时、工作日的减少,以及工作效率的提高,将有更多的人参与不同项目的田径运动,以提高健康水平,改善生活质量。

(2)世界田径运动实力的格局将向多极化方向发展。美国在世界田径大赛中一枝独秀的局面将受到多国运动员的冲击。美国男子仍可保持金牌优势,女子田径夺金实力将会减弱,美国田径总体实力也会削弱。俄罗斯、德国将逐步恢复元气,尤其女子田径实力将变强,总体实力增强。中长跑项目优势将由一些发展中国家运动员占有。

(3)女子将争取到和男子比赛项目相同的权利,女子田径运动将进入崭新的阶段。有望在几年内增加女子链球和障碍跑比赛项目,国际田联将承认这两项的世界纪录。科学与实践都证明,男子从事的田径项目,女子也都能胜任,女子训练内容方法及其负荷等将更接近男性化。

(4)田径运动员职业化、训练科学化将会进一步发展。随着世界各国商品经济的发展,田径运动训练水平的迅速提高,夺冠军、获金牌难度的增加,比赛设立高额奖金、出场费等,使田径运动员职业化将进一步发展,这也有利于管理和训练工作。实际上也得到国际田联的承认和指引。世界田径水平的迅速提高,也要求采用更加先进的科技手段进行训练和研究工作。

(5)兴奋剂的检测手段将更加科学。服用兴奋剂的种类还会增加,方法更加隐蔽,兴奋剂的检测工作仍会很艰巨。

第二节　径赛类

一、竞走

竞走起源于英国。1867 年,英国举行了第一次竞走锦标赛。1908 年,奥运会正式将竞走列为比赛项目。女子竞走比赛始于 1932 年的捷克。

竞走是从日常行走的基础上发展出来的运动,规则规定支撑腿必须伸直,从单脚支撑过渡到双脚支撑,在摆动腿的脚跟接触地面前,后蹬腿的脚尖不得离开地面,以确保没有出现“腾空”的现象,而这也是竞走与跑步的主要分别。竞走的规则要求竞走时脚着地一瞬间膝关节必须伸直,后脚必须在前脚落地后才能离地,不允许身体腾空,所以,竞走具有步幅大、频率快、支撑时间短、速度快等显著的特点。

(一)竞走的技术要点

1. 腿部动作

腿部动作是竞走技术的主要环节,在一个周期里,单腿要经历着地缓冲、后蹬、前摆、准备着地 4 个阶段。

2. 上体和摆臂动作

竞走时上体正直与地面基本垂直,在后蹬阶段上体自然地稍有前倾,眼看前方,颈部肌肉放松，有些人上体稍有前后倾斜。稍前倾则有利于后蹬，但需要增加肌肉用力的程度。为了维持身体平衡和加强后蹬的效果，两肩与上体配合两腿的动作，沿着身体纵轴稍有转动。摆臂时两手半握拳，两臂屈肘约 90°，在体侧配合迈步动作并前后摆动。前摆时手接近胸骨，不超过身体中线，高度不超过下颌，后摆时稍向外，上臂几乎与肩平。在前摆和后摆结束时，臂弯曲的角度大于垂直时的角度。

3. 身体重心的移动

在竞走过程中，身体重心移动的轨迹基本上是一条直线。由于竞走频率快，双腿支撑时间较短，因此身体重心有较小的上下起伏。当身体在单腿支撑时身体重心达到最高点，双腿支撑时身体重心降到最低点。为了避免身体重心有较大的上下起伏和左右摆动，竞走时两脚不要落在靠近运动的中线。

（二）竞走的练习方法

1. 学习腿部动作和骨盆沿纵轴扭转技术

（1）沿直线练习普通的大步走（要求脚跟先着地）。

（2）两脚左右开立（约与肩宽），做骨盆回环转动。

2. 学习摆臂与腿部动作配合的技术

（1）原地摆臂配合骨盆沿纵轴转动腿，一屈一伸。

（2）行进间的臂与腿部动作配合练习。

3. 学习完整的竞走技术

（1）大步走过渡到竞走。

（2）由慢走过渡到中速走（逐渐加快频率）。

（三）练习竞走时应注意的事项

（1）要强调支撑腿在垂直时必须伸直，骨盆沿着身体垂直轴前后转动。

（2）练习时，动作自然放松，抓住腿部动作这个重点，但也要注意上体、摆臂、肩带动作的协调配合。

（3）根据掌握技术的程度，提高竞走的速度、增加竞走的距离。

二、跑

跑包括短跑、中长跑、接力跑和跨栏跑等。

（一）短跑

400 m 及以内的跑称为短跑，是短距离跑的简称，它是一项发展速度素质的典型运动项目，要求人体运动器官和内脏器官在大量缺氧的条件下，用最短的时间跑完所规定的距离，它属于“极限强度”的周期性运动。短跑项目包括 60 m（少年）、100 m、200 m、400 m 跑。

1. 100 m 跑各阶段技术

100 m 跑的技术可分为起跑、起跑后的加速跑、途中跑和终点冲刺跑 4 个部分。

（1）起跑。

短跑起跑一般采取蹬踞式起跑方法，这样做使身体迅速摆脱静止状态，获得向前的最大冲力，为加速跑创造有利的条件。

蹲踞式起跑动作包括：“各就各位”“预备”“鸣枪”三个过程。

"各就各位"。运动员听到"各就各位"口令后，做几次深呼吸，轻快地慢跑到起跑器前，两手撑地，两脚依次踏于前后抵足板口，有力腿在前，后膝触地。然后，两手收回，四指并拢与大拇指成"八"字形，两手拇指与肩同宽或稍宽，置于起跑线后，肩与起跑线平行，颈部放松、头微低，眼看起跑线前 40~50 cm 处，注意听"预备"口令。

"预备"。听到"预备"口令后，臀部平稳地抬起并略高于肩，重心逐渐前移，两脚贴紧起跑器，重心主要落在两臂和前腿上，头与躯干保持自然姿态，注意听枪声。

"鸣枪"。听到枪声后，两手迅速推离地面，两臂积极用力前后摆动，同时两腿快速有力蹬离起跑器。后腿迅速屈膝向前上方摆出，前腿充分蹬伸髋、膝、踝关节，身体保持较大的前倾。后腿前摆后，大腿积极下压，用前脚掌在身体重心投影点的后下方着地跑出第一步。

（2）起跑后的加速跑。

起跑后的加速跑是衔接起跑和途中跑的一个跑段。其任务是尽快地提高水平速度，这段距离一般为 20 m 左右。起跑后两腿快速交替用力蹬摆，两臂大幅度有力地前后摆动，随着速度的提高，上体逐渐抬起，两脚的落点逐渐吻合于一条直线上，步幅逐渐加大到正常步长时，应顺应惯性自然跑进几步，而后转入途中跑。

（3）途中跑。

途中跑是短跑全程中距离最长、最主要的部分。其任务是继续发挥和保持最大速度跑。途中跑段是从起跑后的加速跑结束后，经过 2~3 步顺惯性跑后进入途中跑的。在跑的动作周期中，包括后蹬、前摆、腾空、着地缓冲四个动作阶段。它是一个不可分割的整体，其中后蹬与前摆结合是推动人体前进的主要因素。

在途中跑的过程中，要求动作轻松有力，腿、臂和上体协调自然，幅度大，频率快，重心平稳，直线性好。同时要配合步频做短而快的呼吸，切不可屏气。

（4）终点冲刺。

终点冲刺是全程跑的最后一段距离。其任务是动员全身力量，以最快的速度冲过终点。跑的技术与途中跑技术基本相同，但要加强两腿后蹬的力量和加大摆臂的幅度。当身体离终点最后一两步时，上体迅速前倾，用胸或肩部冲撞终点线。跑过终点后，应随着跑的惯性逐步降低跑的速度。

2. 200 m 和 400 m 跑技术

由于在 200 m 和 400 m 跑时，有一半以上的距离是在弯道上进行的，运动员需要克服由于弯道跑产生的离心力的影响，因此跑的技术要有相应的变化。

首先，起跑器应安装在跑道的右侧正对弯道切线方向，起跑时左手置于起跑线后约 5~10 cm 处，身体正对切点，起跑后快速沿着切线跑进。跑至切点前，身体要逐渐向内倾斜，加大右腿的蹬地力量和摆动幅度，迅速进入弯跑道。

其次，为了克服惯性离心力的作用，在弯道跑时，整个身体要向左倾斜，右肩高于左肩，右臂摆动的幅度和力量，都应大于左臂。

3. 短跑的练习方法

（1）小步跑。

目的在于体会上下肢协调和腿的前摆"扒"地技术、发展频率。小步跑时上体稍前倾、大腿屈膝稍抬起后积极下压，膝关节放松，小腿顺惯性摆出，前脚掌积极着地向后"扒地"。

练习方法是先原地做脚尖不离地的提踵换步，过渡到行进间慢节奏小步跑；由快频率小步跑过渡到加速跑或高抬腿跑。

（2）高抬腿跑。

是增强抬腿肌群力量、发展频率的练习。跑时，上体正直或稍前倾，以髋带动大腿屈膝高抬与上体成直角，然后大腿积极下压，用前脚掌着地；支撑腿蹬地，髋、膝、踝三关节充分伸展向前送髋，两臂屈肘前后摆动，身体保持较高的姿势。练习方法是原地或支撑高抬腿跑；行进间高抬腿跑；高抬腿跑逐渐加快频率过渡到加速跑。

（3）后蹬跑。

体会后蹬跑时三关节用力顺序跟蹬摆动作配合，发展腿部力量，纠正后蹬不充分"坐着跑"等缺点。跑时上体稍前倾，蹬地腿三关节充分伸展，摆动腿以膝盖领先向前上方摆出，带动髋部迅速前移。然后腿积极下压，用前脚掌着地。两臂前后摆动，配合两腿动作。练习方法是手扶器械做后蹬、前摆腿练习；原地两腿交换跳，行进间小幅度后蹬跑；后蹬跑过渡到加速跑。

（二）中长跑

中长跑是中距离跑和长距离跑的简称。属 800 m 以上距离的田径运动项目。中长跑的项目有男子 800 m、1 500 m、3 000 m 和女子 800 m、1 500 m。中长跑运动是一项需要速度和耐力的综合性项目。其特点是：长时间的内脏器官工作和连续的肌肉活动，需要吸入更多的氧气。它有利于增强呼吸系统和循环系统的功能，是发展耐力的典型项目，也是一项身体负荷大、锻炼价值高的运动。为了适应长时间持续肌肉活动的要求，在跑的过程中，要轻松协调，重心平稳，节奏性强，直线性好。尽可能减少能量的消耗，保持一定跑速，提高跑的频率。

1. 中长跑技术

中长跑的项目较多，各种距离跑的动作结构基本相似，只是因距离、跑速、强度的不同，在技术细节上稍有差异。一般来讲，跑距越长，步子越短，后蹬前摆的用力程度就越小。

（1）起跑。

中长跑采用站立式或半蹲踞式起跑。田径规则规定 800 m 和 800 m 以上的项目，只喊"各就各位"，待运动员稳定后，即可鸣枪。

（2）起跑后的加速跑。

起跑后上体保持前倾，脚尖着地，腿的蹬地和前摆以及两臂的摆动都应快速积极，逐渐加大步伐和加快速度，随着加速段的延长，上体逐渐抬起，进入到途中跑。加速段距离的长短和速度，应根据个人特点、战术需求和临场情况而定。要尽快进入有节奏的途中跑。

（3）途中跑。

途中跑是中长跑的主要部分。其技术结构与短跑基本相同，但由于中长跑的距离比短跑长，体力消耗大，要求跑时动作更要放松、协调、平稳和节省体力。

中长跑有一半以上的距离是在弯道上跑。掌握正确的弯道跑技术对提高成绩有重要作用。弯道跑的动作幅度与用力程度均比短跑小。并且应靠近跑道的内沿跑，超越对手时，最好在直道上进行。

注意中长跑的呼吸采用鼻子和嘴同时呼吸，以嘴呼吸为主的方式进行。呼吸节奏应以个人的习惯和跑速而定，一般有三步一呼、三步一吸和两步一呼、两步一吸两种方法。呼吸要深长有力，才能保证所需的吸气量，跑起来就轻松有力。

（4）冲刺跑。

中长跑临近终点时的最后一段距离称冲刺跑。这时应加强后蹬，加快摆臂和加大上体前倾角度。冲刺跑的距离，要根据比赛项目的距离、个人体力、战术要求来确定。一般 800 m 跑可在最后 200~250 m、1 500 m 跑可在最后 300~400 m 处开始加速并逐步过渡到冲刺跑。最后冲刺距离要因人而异，一般在进入最后的直道时，应以顽强的意志全力冲过终点。

2. 中长跑的练习方法

（1）匀速跑。

是用均匀速度跑进的一种方法。主要培养速度感觉和进行一般耐力的练习，也可以用来改进和掌握途中跑技术。

（2）加速跑。

均匀地加大步幅，加快速度，在达到最高速度时，仍保持正确姿势顺惯性用最快速度跑一段距离。随着能力提高，逐渐加距离，一般为 60~100 m。

（3）走跑交替。

是发展一般耐力和掌握跑的技术的方法。开始跑一段距离，感到累了便走步，然后再跑，反复交替进行，逐步缩短走的距离。

（4）变速跑。

是用不同速度交替跑的一种方法。变速跑分有速度快慢交替和变换距离等形式。如用中速跑一段距离，再以较长距离慢跑相交替，主要发展一般耐力；用大强度或较大强度的快跑与短距离慢跑相交替的跑法，主要发展速度耐力。还可根据情况采用距离相等或距离不相等，直道上快、弯道上慢等形式的变速跑。

（5）越野跑。

是发展耐力的好方法。它不受场地条件的限制，跑的距离、时间可长可短。在跑的过程中可根据练习者的体力，用快跑与慢跑、跑与走交替进行；也可利用校内外各种自然地形地物，如绕过树林、跑台阶和斜坡、跨越障碍物等，来发展各种跑、跳能力和培养勇敢、顽强的意志品质。

（三）接力跑

接力跑是由短跑和传接接力棒组成的集体配合的项目。比赛项目有男、女 4×100 m 和 4×400 m 接力跑。还有一些传统性的项目，如 4×200 m 接力跑、迎面接力跑、不同距离团体接力跑、越野接力跑以及男女混合异程接力跑等。

接力跑的技术基本与短跑相同，所不同的就是要在快速跑的过程中，各队员间要互相配合完成传接棒的任务。

（1）起跑。

第一棒运动员的起跑方法基本同弯道蹲踞式起跑，主要区别在于接力跑时用右手中指、无名指和小指握住棒的末端，以拇指和食指分开撑地，接力棒不能触及起跑线和起跑线前的地面。

（2）传、接棒方法。

传、接棒方法一般有上挑式、下压式和混合式 3 种。

1)上挑式。接棒人的手臂向后自然伸出,掌心向后,虎口张开朝下。传棒人将棒由下向前上方送入接棒人手中。这种方法的优点是动作比较自然,容易掌握。缺点是接棒人接棒的位置越来越短,容易出现因移棒、换手而减慢跑速。

2)下压式。接棒人的手臂后伸,靠近身体,掌心向上,虎口朝后。传棒人将棒的前端由上向前下方送入接棒人手中。这种方法优点是每次接棒,都能接棒的前端,便于下次传接棒。缺点是接棒人手腕动作紧张,不自然,易出现掉棒现象。

3)混合式。第一、三棒队员右手持棒,沿跑道内侧跑,采用"上挑式"把棒传给第二、四棒的左手中。第二棒队员左手持棒沿跑道外侧跑,用"下压式"传给第三棒的右手中。这种方法综合了上述两种传、接棒方法的优点。

(3)传接棒的时机。

接棒队员站在预跑区内或接力区后端,当看到传棒队员跑到标志线时,便迅速起跑,当传棒队员跑到接力区内离接棒队员 1.5 m 左右时,立即发出传、接棒信号,接棒队员听到信号后迅速向后伸手接棒,同时,传棒队员将棒送到接棒队员手中。传棒队员完成传棒动作后逐渐减低跑速,待其他道次队员跑过后离开跑道。

接力跑的全程是由 4 名队员共同完成的,因此在安排各棒队员时,必须考虑发挥每个队员的特长。一般第一棒要安排起跑和弯道跑技术较好的队员;第二棒应是专项耐力好,传接棒技术熟练的队员;第三棒队员除具备第二棒队员条件外,还要善于跑弯道;第四棒应安排速度最快、意志品质和冲刺能力最强的队员。

(四)跨栏跑

跨栏跑是在快速奔跑途中设固定数量、固定距离、固定高度栏架的田径运动项目。男子有 110 m 栏、400 m 栏,女子有 100 m 栏、400 m 栏。

跨栏跑技术比较复杂。节奏性较强,具有跑跨结合的特点。跨栏跑的成绩,取决于运动员平跑速度、合理的过栏技术和跑与跨的衔接能力。跨栏跑完整技术可分为起跑至第一栏、跨栏步、栏间跑和终点冲刺撞线四个技术环节。

(1)起跑至第一栏。

起跑后准确跨过第一个栏是跑好全程的重要环节。跨栏的起跑技术与短跑基本相同,由于从起跑到第一栏的距离和跑的步数是固定的,所以起跑器安装位置更靠近起跑线一些,起跑的身体重心稍高于短跑,这样有利于起跑后的第一步的步长。从起跑至第一栏,一般采用 7~8 步,如跑 8 步则将起跨腿放在前面,跑 7 步则将摆动腿放在前面。起跑后的加速跑应发挥最大速度。上体逐渐抬起,动作轻松协调,积极向前,步幅有节奏地由小到大逐渐增长,准确地踏上起跨点,最后一步适当缩短,比倒数第二步短约 15~25 cm,为起跨上栏做好准备。

(2)跨栏步。

跨栏步是指腾空越过栏架的技术过程。它包括起跨攻栏、过栏和下栏着地 3 个阶段。

1)起跨攻栏。起跨腿脚的着地点应在身体重心投影线的稍前方,当身体重心移过支点时,迅速蹬伸。同时,摆动腿大小腿折叠积极向前上方摆起,起跨腿同侧手臂有力前伸。后蹬瞬间,髋、膝、踝三关节充分蹬直,躯干与蹬地腿基本成一直线,形成良好的"攻"栏姿势。起跨点距栏架一般在 2~2.2 m。

2)过栏。起跨腿蹬离地面后,身体处于腾空状态,摆动腿大腿随惯性继续高抬,膝关节放松,小腿向前伸长,脚尖稍勾起,准备向下向后做用力压栏动作。上体积极前倾,摆动腿异侧的手臂积极前伸。同时,起跨腿屈膝外展,勾起脚尖,收紧小腿,以大腿带动小腿经体侧向前提拉,摆动腿的异侧手臂自然屈肘向侧后方摆动。

3)下栏着地。摆动腿快要过栏时,大腿积极下压,小腿自然伸直用前脚掌积极向后下方做"扒地"动作。摆动腿下压的同时,上体与头部随之抬起。在摆动腿着地时,起跨腿已拉至体前,并继续上摆送髋,使重心尽快移过支点转入栏间跑。

(3)栏间跑。

栏间跑是从摆动腿下压着地起,到起跨腿踏上起跨点止的一个过程,其任务是尽快跑过栏间距离,为下一次跨栏创造条件,一般用三步跑完。跑的动作和短跑基本相同,但三步的步长不等。一般第一步约为 1.5~1.6 m,第二步约为 2~2.15 m,第三步约为 1.8~2 m。由于栏间距离是固定的,所以栏间跑要有一定节奏,三步的步长也应相对稳定。要提高栏间跑的速度,主要是加快三步频率和改进跑的节奏。要求跑得放松、协调、有弹性、重心平稳、直线性好、过栏衔接连贯。

(4)终点冲刺撞线。

当跨到最后两个栏时,便开始终点冲刺撞线。这时应保持原步长、步频和节奏,加强攻栏意识,加大躯干的前倾角度,保持水平速度。当跨最后一栏时,摆动腿压栏动作更要积极,起跨腿越过栏板后,应尽快向前落地奋力跑进。冲刺跑和撞线动作与短跑相同。

第三节　田赛类

田赛项目主要包括跳跃和投掷两大类。跳跃类项目包括跳远、三级跳远、跳高、撑竿跳。投掷类主要有铅球、标枪、铁饼、链球。

一、跳远

跳远是人体通过快速的助跑和积极的起跳,采用合理的姿势和动作,使身体腾越水平距离的运动项目。经常练习跳远能有效地发展速度、下肢力量、灵敏性、协调性等身体素质,增强内脏器官的功能,培养勇敢、顽强、果断等优良品质。跳远的完整技术动作由助跑、起跳、腾空、落地等四个紧密相连的阶段组成。

视频　跳远

1. 助跑

跳远助跑的任务就是获得最高的助跑速度,并为准确踏板和快而有力的起跳做好技术、身体和心理上的准备。

助跑的开始姿势有两种,一种是从静止状态开始,采用两脚左右平行站立的"半蹲式"或两脚前后分开的"站立式"。另一种是行进间开始,先走几步或跑几步踏上起点后,开始加速跑。

起跑的加速方式也有两种,一种是积极加速,一种是逐渐加速。积极加速方式是从助跑一开始就跑得很积极,步频始终保持在较高水平上,这种加速方式能较早地摆脱静止状态,并获得较高的助跑速度。其特点是助跑开始几步的步长较短，步频较快，上体前倾也较大。这种助跑方式适合于绝对速度较快的运动员。最后几步的助跑要保持跑的动作结构和高速度，保持稳定的步长和跑的节奏，身体重心平稳地向前运动，上板前一步步长稍短，整个动作放松协调，有助于准确踏板和起跳。

2. 起跳

起跳动作包括着地、缓冲、蹬伸 3 个过程。

（1）着地。着地技术应尽量减少冲撞，并为尽快转入蹬伸创造条件，从而使助跑与起跳结合。因此，起跳脚放脚动作要像“扒”地那样。

起跳脚着地时，起跳腿几乎伸直，与助跑道成 60°~70° 的夹角，用脚跟先触及地面，并迅速滚动到全脚掌着地，上体保持正直，眼睛注视前上方。在起跳脚着地前，摆动腿已经开始折叠并迅速前摆跟上起跳腿。

（2）缓冲。由于助跑速度的惯性和身体重力的作用，对起跳腿产生了很大的压力，迫使起跳腿髋、膝、踝三关节很快地弯曲缓冲。这种缓冲动作，不仅减少了起跳腿着地时的前进阻力，加速了身体前移，而且使起跳腿的伸肌拉长，为快速蹬伸起跳创造了有利条件。

（3）蹬伸。不仅是起跳腿快速有力蹬地，而且与摆腿、摆臂、提肩、伸腰等动作协调配合，使整个身体向前上方伸展。起跳腿的髋、膝、踝三关节充分伸展，上体和头部保持正直，摆动腿大腿积极向前上摆至水平位置，小腿自然下垂，两臂前后摆起。整个蹬伸动作应做到快速、积极、充分、有力，顺利完成起跳动作。

3. 腾空

跳远腾空阶段的任务是维持身体平衡，为合理、完善的落地动作创造有利的条件。起跳腾空后，摆动腿屈膝前摆，大腿高抬保持水平姿势，起跳腿自然放松地留在后面，成腾空步的姿势。腾空姿势一般有蹲踞式、挺身式、起步式 3 种。

（1）蹲踞式。

在空中保持起跳姿势，然后两腿在体前抬起伸直，落入沙坑。

（2）挺身式。

在空中上体充分伸展或稍有挺身动作，为使动作更加舒展、自然、连贯，两臂可经身体两侧向下后方摆，同时两膝微屈保持在空中平衡滑行，当滑行进入下落时，两臂自体侧继续向上向前绕环，同时两腿由身后摆至身前，抬起伸直，落入沙坑。

（3）走步式。

在完成腾空步动作以后，摆动腿以髋为轴开始下放，并向后摆动，同时起跳腿屈膝，大腿向前提，随之向前伸小腿形成空中换步动作。两臂配合腿的动作，做大幅度绕环摆动。然后摆动腿向前收与起跳腿靠拢，并向胸部提举。随后向前伸小腿准备落地。

4. 落地

落地阶段的任务是在身体不后倒的前提下，尽量获得较大的落地距离，并缓冲落地的冲撞力，防止发生外伤事故。

无论是那种腾空姿势后落地，都要尽力提伸双腿，当脚跟触及沙面时，两腿迅速屈膝，骨盆前移，两臂积极前摆，使身体重心迅速移过落点，避免后倒坐于沙坑。

二、三级跳远

三级跳远是由单足跳、跨步跳、跳跃组成的，三跳顺序是一次单足跳、一次跨步跳和一次跳跃。单足跳时应用起跳腿落地，跨步跳时用另一条腿（摆动腿）落地，然后完成跳跃动作。它能发展速度、下肢力量、弹跳力、灵敏性、协调性等身体素质，提高人体支撑器官和内脏器官的功能，培养勇敢、顽强、克服困难、勇往直前等意志品质和精神。

视频　三级跳远

（一）三级跳远的技术结构和动作要领

1. 助跑

三级跳远助跑的距离一般为 35~40 m，跑 18~20 步。它与跳远助跑的技术基本相同，只是由于第一跳不像在跳远中那样强调获得高度，因而在助跑的最后阶段步长和步频都没有明显的变化，身体重心比较平稳地向前移动。

2. 第一跳（单足跳）

一般用有力的腿来完成第一跳。起跳腿踏板后立即用力蹬伸，摆动腿屈膝前摆使身体成腾空步，再以起跳腿落地，完成第一跳。

进行第一跳时，身体重心轨迹应该是低而平。起跳结束时的身体姿势是：上体正直，起跳腿髋、膝、踝三关节充分蹬直，摆动腿屈膝高抬，同时稍抬头、挺胸，两臂摆动。这一跳的蹬地角为 60°~65°，腾起角为 16°~18°。腾空步后，摆动腿后摆，起跳腿屈膝前摆，成换步后的跨步姿势。当单足跳将结束时，两臂和摆动腿应留在身后。

3. 第二跳（跨步跳）

第一跳尚未结束前，就准备第二跳。腾空换步后，摆动腿继续后摆，而起跳腿高抬大腿，以拉开两大腿夹角而增加第二跳动作的幅度。起跳腿及时扒地落地使身体重心快速前移接近支撑点的上方，以减少落地时身体与地面的冲撞力。第一跳落地时，摆动腿和两臂要用力向前摆动，腿的摆动是以髋关节为中心，防止小腿前甩。随着腿的摆动，起跳腿用力蹬地送髋，使上体保持较直的位置，完成第二跳的起跳动作。第二跳起跳结束时，身体姿势与第一跳相似，这一跳的蹬地角为 60°。腾空的高度低，腾起角较小，一般是 12°~15°。

4. 第三跳（跳跃）

在第二跳结束前就应该准备进行第三跳。当摆动腿一着地，即屈膝、屈踝、髋部积极前移，另一腿和两臂用力向前上方摆动，起跳腿迅速蹬伸踝、膝、髋三个关节，以加大身体重心向上移动距离。这一跳的蹬地角约 65° 左右，身体重心的腾起角约 18°~20°。

这一跳是在前两跳之后，水平速度下降较多，要以最大的垂直速度来弥补。因此，第三跳腾空要较高。更重要的是维持身体平衡，防止上体前倾。空中姿势最好采用跳远的蹲踞式或挺身式，落地方法基本同跳远。

（二）三级跳远的比例关系和技术类型

三跳中的第一跳是在高速度助跑下起跳的，是三跳中距离最长的一跳；第二跳时，水平速度已有下降，并要准备做最后的一跳，因此它是三跳中距离最短的一跳；第三跳时，尽管水平速度已经降低，但它可以充分利用剩余的水平速度合理地加大垂直速度，加上两腿在落地前做积极前伸动作，所以这一跳比第一跳稍短，但比第二跳要长。这是通常情况下，三跳长度的比例关系。但是在运动实践中三跳比例关系也有特殊的，如第三跳比第一跳稍长，第二跳与第一跳接近相等。

三级跳远由于三跳长度比例关系不同，因此有 3 种技术类型。

（1）弹跳型。

弹跳型是充分发挥运动员弹跳力强的优点，在三跳中加大了第一、二跳的长度，由于前两跳消耗体力较大，相应降低了第三跳的成绩。三跳的比例大约是 38：29：33。

（2）速度型。

速度型是在第一、二跳中适当地缩小远度，身体在腾空时低而平，尽量地发挥和保持水平速度，利用其速度快的优势增加第三跳的速度。三跳的比例关系大约是 35：30：35。

（3）综合型。

综合型是总结了前两种跳法的技术优点，充分发挥其身体素质全面的有利条件，使三次跳跃的技术和体力分配尽量合理，争取三次跳跃中都能获得相应理想的远度。三跳的比例关系大约是 38：28：34。

在实践中，应根据各人的具体情况来确定采用哪种技术类型和不同的三跳长度比例关系。

三、跳高

视频 背越式跳高

跳高，田径运动跳跃项目之一。又称急行跳高。由有节奏的助跑、单脚起跳、腾空过杆与落地等动作组成，以其最后成功地越过横竿上缘的高度计算成绩并以此判定名次。练习跳高能有效地增强下肢力量，提高弹跳力，发展灵敏性、协调性等身体素质，培养勇敢、顽强、果断等优良品质。同时，优美的跳高动作能给人以美的感受。

跳高列入正式运动竞赛的历史较长，其技术也有较大的发展，由最初的双腿屈膝跳过横竿演化出“跨越式”“剪式”“滚式”“俯卧式”“背越式”等姿势，尤其背越式是当今跳高竞技场上最流行的姿势。背越式跳高的技术结构和动作要领如下。

1. 助跑

助跑的任务是获得必要的水平速度，并为提高起跳效果和顺利地越过横竿创造条件。背越式跳高一般采用 8~12 步助跑，分直线助跑段与弧线助跑段。

（1）直线助跑技术。

近似于短路途中跑技术，跑进时身体重心高而平稳上体适当前倾，后蹬充分有力，前摆积极抬腿，两臂协调配合大幅度摆动。

（2）弧线助跑技术。

身体逐步内倾，加大外侧腿臂的摆动幅度，保持头、躯干成一直线向内倾。助跑的整个过程应有明显的加速性和较强的节奏感，尤其是最后几步逐渐加快，到最后一步最快。

2. 起跳

起跳点距横竿垂直面为 60~100 cm，起跳脚踏上起跳点时，一般与横竿垂直面约有 10°~25° 的夹角，即与助跑弧线的切线方向一致。在助跑最后一步前，摆动腿支撑时要压紧，并积极送髋。起跳脚向前迈出，用脚跟外侧先触地面向前滚转为全脚着地，同时身体由倾斜转为垂直，摆动腿以髋带动大腿迅速前摆。起跳腿在脚着地后，摆动腿继续上摆，把同侧髋带出，带动骨盆扭转，同时蹬伸起跳腿。两臂配合腿的动作向上提肩摆臂，并及时开始做引肩动作，为身体腾起后转为水平姿势做好准备。

3. 过竿落地

由于骨盆在起跳时已转动，因此当人体腾空后，身体继续转动成背对横竿的姿势，这时切不要急于做过竿动作。当肩和背高于横竿时，两肩迅速后倒，充分展髋，小腿放松，膝部自然弯曲，身体成反弓形，背部与横竿成交叉状态反弓仰卧在横竿上，髋部的伸展动作要延续到臀部越过横竿。当膝盖后部靠近横竿时，两小腿积极地向上举，含胸收腹，自然下落以肩带领先落垫。

四、撑竿跳高

运动员持竿助跑起跳后，借助撑竿的支撑，在撑竿上连续完成十多个复杂的动作，然后越过横竿。练习撑竿跳高是增强体质的有效手段之一，它对提高速度、弹跳力、灵巧和协调性等素质，对培养勇敢顽强、机敏果断等意志品质，都有积极的意义。撑竿跳高的完整技术是由持竿助跑、准备起跳和插穴起跳、悬垂摆体和后仰举腿、引体转体和腾越过竿和落地等一系列密切联系的复杂动作组成的。

1. 持竿助跑（以玻璃纤维竿，左脚起跳为例）

（1）持竿。

持竿的方法有体侧持竿和体前持竿两种。这里只介绍体侧持竿方法。

右手在上，左手在下，两手相距约 60~70 cm，将撑竿持于身体右侧，接近腰的部位，右手大拇指在撑竿的外侧，其余四指微握撑竿，用虎口压住撑竿，左臂在体前，左手拇指在撑竿下托住竿子，其余四指微握住竿子。

（2）助跑。

助跑时，将竿头举得高些，使撑竿的重心接近身体以减轻臂的负担。随着助跑速度的提高再逐渐降下竿头。助跑的距离一般为 36~45 m，跑 16~22 步。持竿助跑的节奏一般有 3 种形式：1）逐渐加速；2）开始加速，中段自然跑进，最后几步再加快频率；3）开始加速，跑到全程三分之二处达到最高速度，然后依靠惯性助跑直到插穴起跳。助跑节奏的选择须根据个人跑的能力而定。助跑的关键在于高抬膝关节。

2. 准备起跳和插穴起跳

准备起跳和插穴起跳是从起跳前倒数第二步开始的，左臂应先起动将撑竿向前上方送出，右臂从右肩前上方迅速举起，当起跳脚落地时，右臂伸直，左臂肘关节成直角正对撑竿，随着人体继续前移便开始起跳。这时摆动腿屈膝积极有力地向前上方摆动，带动右髋迅速向前，胸部积极向前挺出，继以起跳腿做迅速而充分的蹬伸，向前跳起。此时起跳腿应有短暂的“拖拉”，整个身体充分伸展，形成一个反弓姿势，使身体前部肌群被充分地拉长，这对延续水平速度，加强摆体力量和进行快速的后仰举腿团身动作等都有积极的作用。助跑与插穴起跳要做到节奏明显而不失时机地依次完成，这样才能把助跑和起跳的动量最大限度地用于将撑竿压弯。

3. 悬垂摆体与后仰举腿

当起跳脚离地之后便进入竿下悬垂摆体阶段，此时右手要紧握撑竿，左肘做有力的直角支撑，摆动腿的大腿和髋部继续积极前送，胸部前挺，起跳腿留在体后，短暂地保持起跳时的反弓姿势。为了使身体重心快速向上摆起，在起跳腿前摆靠拢摆动腿时，以肩为轴做快速有力的收腹举腿动作，以缩短摆动半径，加快摆动的角速度，把向前的速度转为向上，并增加了对撑竿的压力，使撑竿达到最大限度的弯曲，增加了弹性势能。当身体背部摆到与地面平行时，由于身体重心逐渐靠近竿子，对撑竿的压力减少，撑竿便开始反弹，右臂仍保持伸直，左肘关节的角度开始加大，肩部离开撑竿，两膝向握竿点靠拢，使身体重心接近撑竿，完成快而有力的后仰动作。在后仰的过程中，要积极向上、提臀、伸腿，使两腿贴近撑竿，为拉开引体转体和向上举体创造有利条件。

4. 引体转体和腾越过竿

当撑竿即将伸直时，要抓住这个时机做引体转体和推竿动作，使身体抛射得更高。这时右肩和身体重心要紧靠撑竿，两臂沿着撑竿纵轴做快速有力的拉引，使身体借助于两臂拉引的力量和撑竿反弹的力量向高空抛起。在转体的过程中，两腿切不可过早地向横竿伸去而离开撑竿。否则，身体重心不能向横竿正上方腾起，而是向横竿方向成水平移动，迫使两腿急速下降。因此，后仰举腿、引体转体和推竿等一系列动作的用力必须与撑竿的伸直速度协调一致，才能借助撑竿的反弹力把人体向空中抛起。

5. 落地

当右臂进入支撑压竿时，要及时地沿撑竿的纵轴做出快速有力的下推动作，将身体最大限度地向横竿上空推起，以提高握竿点与身体重心之间的距离，右手推离撑竿后，身体即转入无支撑的腾空阶段，这时要含胸、低头、收腹，围绕横竿做弧形后翻腾越过横竿并落到海绵垫上。

五、推铅球

铅球是田径运动的投掷项目之一，它对增强体质，特别是发展躯干和上下肢力量有显著的作用。推铅球是一个完整连贯的技术动作，分为原地推铅球、侧向沿步推铅球、背向滑步推铅球、旋转推铅球等四种投掷技术。目前普遍采用的是背向滑步推铅球的技术。

1. 握持球的方法

五指分开，球体置于中指、食指、无名指的指根处，拇指与小指扶住球体的两侧，手腕后屈。握好球后将球置于肩上锁骨窝处，紧贴颈部，手掌心向前，持球臂屈肘，肘部自然抬起，略低于肩。

2. 滑步前的预备姿势

高姿势持球，站在圈内背对投掷方向，右脚尖靠近圈的后内沿处，两脚前后自然站立，相距 20~30 cm，重心落在右腿上，左脚以前脚掌或脚尖着地，上体放松，左臂自然上举。

3. 滑步

滑步是为了使铅球获得水平方向的预先速度，为最后用力创造有利条件。掌握和提高滑步技术，其成绩可比原地推铅球提高很多。

滑步前可用左腿做一两次预摆，预摆时左腿自然弯曲，大腿平稳向上摆起，上体前屈，左臂自然前伸或自然下垂并稍向内，头与背保持一条直线，左腿摆到一定高度待身体平稳后，回收大腿，靠近右腿时，右腿同时逐渐屈膝完成含胸团身动作，紧接着右腿用力蹬伸，臀部略向投掷方向移动，身体重心离开支撑点，左腿快速向抵趾板方向摆去并迅速拉收右腿，在拉收右腿的过程中,右脚尖逐渐向内转动,在圆圈的中心附近用前脚掌着地,约与投掷方向成90°角,左腿完成摆动后要积极主动下落,脚尖稍向外转,前脚掌内侧落在圆圈直径的左侧,两脚着地时间相隔愈短愈好。这时身体重心大部分应落在右腿上,左脚前脚掌与右脚跟几乎在一条直线上(对投掷方向而言),这有利于送胯转身和推球时充分发挥蹬地的力量。在滑步过程中,左臂左肩应保持内扣,头不向左转动以保持上体始终处于扭紧状态中。

滑步的基本要求是身体移动快,重心起伏小,滑步结束后使身体处于最有利于用力的状态。右腿蹬离地面的方法有两种:一种是以脚跟蹬离地面,另一种是以前脚掌蹬离地面。前者要求腿部力量大,灵敏性高,但难度较大;后者较为省力。

4. 最后用力

最后用力是推铅球的关键环节,动作的正确与否直接影响其效果。滑步结束时,左脚一着地,不间断地使右腿积极蹬伸,推动右胯向投掷方向转动。上体在转动中逐渐抬起,躯干的肌肉群积极收缩,加快用力后的运行速度。这时,左臂由胸前向左上方摆动,使原来方向转至左侧对投掷方向。左臂左肩高于右肩,铅球应保持较低的位置,重心大部分仍在弯曲压紧的右腿上。由于右腿不停地蹬伸,加速右胯继续向投掷方向转动和上体前移。重心逐渐移至左腿,左腿微屈,当左臂向体侧摆动时,胸和头部才转对投掷方向。右腿的继续蹬伸,进一步将右胯向投掷方向送出,随着右肩前送,左臂已摆至体侧制动,保证右臂与右肩正确向前推出。这一动作结束时,两腿充分蹬伸,挺胸抬头,迅速伸直右臂,手腕稍向内转同时屈腕,用手指拨球,快速有力地使铅球从手指处推出。

铅球离手后,两腿迅速交换并弯曲,使身体重心降低,缓解向前的冲劲,防止犯规。在最后用力中要遵循先蹬腿后转肩的原则。特别要强调的是,推铅球要在"推"字上下功夫,要将全身各部分力量都集中在铅球上。

六、掷铁饼

掷铁饼的完整技术动作由握法、预备阶段(预备姿势和预摆)、旋转、最后用力和身体平衡阶段等4个部分组成。

1. 握法(以右手为例)

五指自然分开,拇指和手掌平靠铁饼,其余四指的最末指节扣住铁饼边沿,铁饼的重心在食指和中指之间,手腕微屈,铁饼的上沿靠在前臂上,持饼臂自然下垂于体侧。

2. 预备阶段

预备阶段分预备姿势和预摆。

(1)预备姿势。

运动员背对或侧对、半背向投掷方向,两脚左右开立于投掷圈中线的两侧。持饼臂自然放松下垂于体侧,两眼平视。

(2)预摆。

预摆的目的是要摆脱铁饼的静止状态,增强持饼臂和手对铁饼的肌肉感觉,为顺利进入旋转创造有利的条件。目前常见的预摆方法有两种,一是左上右后的摆饼法;二是身体前后摆饼法。第一种预摆方法开始时,持饼臂在体侧前后自然摆动,当铁饼摆到体后时,体重靠近左腿,接着向左移动,同时躯干带动放松的持饼臂向左上方摆起,当铁饼摆到左上方时,可由左手在下托饼，防止脱手。这时体重靠近左腿，上体稍左转。回摆时，躯干带动持饼臂把铁饼摆到身体右后方，身体向右扭紧，身体重心落在右腿上，上体稍前倾，左臂自然微屈于胸前，眼平视，头随上体的转动而转动。铁饼回摆到极点时，约与右肩同高或稍高于右肩，这时持饼臂要尽量放松、拉长。这种方法简单易学。第二种预摆方法开始时，持饼臂在体侧前后自然摆动，当铁饼摆向体前左上方时，手掌逐渐向上翻转，右肩稍前倾，身体重心靠近左腿。铁饼回摆到体后时，手掌逐渐翻转向下，重心由左向右移动，上体向右后充分转动，使身体扭紧。这种方法动作放松，幅度大，目前为大部分优秀运动员所采用。

3. 旋转

旋转的开始就是预摆的结束。预摆结束时，尽可能把铁饼向后摆到最大限度的位置，使持饼臂水平，上体向右扭转，肩放松，要有充分拉长右臂的感觉。然后，左脚向右旋转，身体的重心从右脚移至左脚上，右脚也跟着转动，并半屈膝带动双膝向同方向转动，同时躯干也开始旋转，带动手臂和铁饼的旋转。

旋转动作开始后，右脚先离地，左腿向投掷方向用力。右腿微屈，从右向左前方做弧形摆动。当身体通过投掷圈旋转时，髋部先于肩运动。这样使身体的上部与下部（即肩轴和胯轴）有一个扭动。投掷臂握饼，拉在体后，另一臂半弯曲抱胸与肩高。运动员应当始终保持头部朝投掷方向，左脚向左转，在圆心附近脚掌积极着地。右脚的旋转运动继续进行，左脚迅速用脚掌着地，落在投掷圈中线的左边。

4. 最后用力和身体平衡阶段

当左脚着地时，右脚继续蹬转，使右髋积极向投掷方向转动和前送。头向投掷方向转动，左臂微屈于胸前，胸部开始向前挺出，体重逐渐移向左腿。当体重移向左腿时，右腿继续蹬伸用力，以爆发式快速用力向前挺胸挥饼。与此同时，左腿迅速用力蹬伸，左肩制动，成左侧支撑，使身体右侧迅速向前转动，将全身的力量集中在铁饼上，当铁饼挥至右肩同高并稍前时，用小指到食指依次用力拨饼出手，使铁饼顺时针方向转动向前飞行。

第四节　田径运动常识及竞赛规则

一、田径运动常识

田径运动常识由场地规格、器材参数以及气象条件的限制因素等内容构成。

（一）场地规格

田径运动的场地包括竞赛场地、跳远场地、跳高场地、铅球场地、标枪场地等。各种场地规格如下。

1. 田径场地规格

半圆式田径场是目前国内外普遍采用的竞赛场地，国际业余田径联合会刊发的《田径设施手册》中认为，最好的弯道半径为 36.5 m。半圆式田径场是由两个 180° 的半圆（弯道或称曲段）和两个对等的直段组成。第一分道线的周长为 400 m，故称为“400 m 场地”；直道应有 8~10 条分道，弯道为 8 条分道；每一分道宽 1.22~1.25 m；所有分道线宽均为 5 cm；跑道左右倾斜度不得超过 1∶100，跑进方向的前后倾斜度不得超过 1∶1 000。

2. 跳远场地规格

跳远场地由助跑道、起跳板、起跳显示板、橡皮泥显示板、落地区组成。助跑道长40~45 m，用5 cm宽的白线标明，左右倾斜度不超过1∶100；向跑进方向的总倾斜度不超过1∶1 000。落地区为沙坑，长6~9 m，宽2.75~3 m。在助跑道上距落地区近端1~3 m处设置起跳板。距起跳板两侧0.3 m处设置起跳显示板。在起跳板前沿凹槽内放置橡皮泥显示板，如无此装置可用沙台代替。起跳板用木料制成。板长121~122 cm，宽19.8~20.2 cm，厚10 cm。板面涂成白色，与地面齐平。

3. 跳高场地规格

跳高场地是田赛场地设施之一，由起跳区、跳高架、横竿、落地区组成。起跳区为扇形助跑道，长15~25 m，朝横竿中心的倾斜度不超过1∶250；落地区用海绵垫铺成，一般性比赛或练习可用沙坑代替，面积至少3~5 m2。跳高架置于起跳区与落地区之间的中央地段，立柱离海绵垫至少有10 cm的间隙，两立柱相距4.00~4.04 m。横竿置于立柱的横竿托上，与海绵垫保持在同一垂直面上。沿横竿在地面的投影线向两端各画5 m长的延长线。

4. 铅球场地规格

铅球场地也是田赛场地设施之一，由投掷圈、限制线、抵趾板和落地区组成。投掷圈用厚0.6 cm铁板、钢板或其他材料围成直径2.135 m的圆圈，漆成白色。圈内地面用混凝土、沥青或其他坚硬、不滑的材料铺成。限制线在投掷圈的两侧，长75 cm，宽5 cm，白色，后沿通过圆心的延长线并与落地区中心线垂直。抵趾板固定于地面，内侧与投掷圈内沿重合。落地区用煤渣、草地或能留下铅球落地痕迹的其他材料铺成，用宽5 cm的两条白色角度线标明，线段不包括在落地区有效面积内，角度线的内沿延长线通过投掷圆圈心夹角为40°。落地区地面沿投掷方向的向下倾斜度不得超过1∶1 000。在两角度线的外侧每隔1 m放置距离标志牌。

5. 标枪场地规格

标枪场地也是田赛场地设施之一，由助跑道、投掷弧、限制线、落地区组成。助跑道长30~36.5 m，宽4 m，用5 cm宽的两条平白线标明，左右倾斜度不超过1∶100。投掷弧用木料或金属制成（亦可用油漆画出），漆成白色，宽7 cm，与助跑道的靠落地区端相似。

（二）器材参数

以下主要介绍接力棒和跨栏栏架的参数。

1. 接力棒相关参数

接力棒用木料、圆竹、金属或其他适宜材料制成；棒长28~30 cm，横截面周长12~13 cm，重量不少于50 g；为空心圆管，两端要密封，表面平整光滑，并漆上颜色。

2. 跨栏栏架相关参数

跨栏栏架用金属、木料或其他适宜材料制成。两根70 cm长的座脚和两根立柱构成两个"L"型，其间用横梁加固，座脚与跑进方向相反。底座装重量调整器。立柱可调整高度。两立柱顶端固定横木（栏板），最大长度120 cm，宽7 cm，厚1.0~2.5 cm，漆成黑白相间条纹，两端为白色，条纹宽22.5 cm，两端顶角修圆。栏架高度：男子110 m栏为106.7 cm，400 m栏为91.4 cm；女子100 m栏为84 cm，400 m栏76.2 cm。

（三）气象条件的限制因素

在 100 m、200 m 和 100 m 栏、110 m 栏比赛中，如果顺风风速超过 2 m/s，运动员创造的成绩就不能成为新纪录。

二、主要竞赛规则

（一）田径比赛通则

（1）参加比赛的运动员必须佩戴号码，否则不得参加比赛。

（2）径赛项目运动员必须沿跑道逆时针方向跑进。

（3）径赛运动员挤撞或阻挡别人而妨碍别人走或跑时，应取消其该项比赛资格。

（4）如果一名运动员参加一个径赛项目，又参加一个田赛项目，或者参加一个以上的田赛项目，而这些项目又同时举行比赛，有关主裁判可以允许运动员只在某一轮次（高度项目以一个高度为一个轮次，一个高度有 3 次试跳的机会；远度项目以所有运动员按顺序试跳或试掷完一次为一个轮次）的比赛中以不同于比赛前抽签确定的顺序先进行试跳（试掷）一次。回来后已做过的试跳（试掷）顺序一律不补。

（5）判定名次和成绩相等时判定名次的方法。径赛项目中，判定运动员到达终点的名次顺序，是以运动员躯干的任何部位到达终点线内沿的垂直面的先后为准。以决赛的成绩作为个人的最高成绩，而不是以预、复赛的成绩判定最后名次。

（二）径赛主要规则

（1）400 m 及 400 m 以下包括 4 × 100 m 接力的项目，运动员应采用蹲踞式起跑。犯规两次以上者取消比赛资格，全能运动员 3 次。

（2）在分道跑项目中，运动员跑出自己的分道，如没有获得利益，也未阻挡他人，一般不应取消比赛资格，否则应取消比赛资格。

（3）在中长跑时，运动员擅自离开跑道后，不得继续比赛。

（4）跨栏跑时，运动员手脚低于栏顶面、跨越他人栏架、有意用脚碰到栏架，犯规。

（5）接力跑时，在接力区外完成接力棒、捡棒时阻挡他人或空手跑过终点，均属犯规。

（6）如用 3 只秒表计成绩，应以两只表所示成绩为准；如各不相同，则以中间成绩为准。两只表，应以成绩较差者为准。

（三）田赛主要规则

1. 跳高项目

跳高比赛时，应抽签排定运动员的试跳顺序。运动员必须用单脚跳。比赛开始前，主裁判应向运动员宣布起跳高度和每轮结束后横竿的提升高度，直至比赛中只剩下 1 名运动员。除非比赛中只剩下 1 名运动员，并且他已获得该项目比赛的冠军，否则，一旦比赛开始，运动员不得使用助跑道或起跳区进行练习。如有下列情况之一者，则判为试跳失败：

1）试跳后，由于运动员的试跳动作，致使横竿未能留在横竿托上。2）在越过横竿之前，运动员身体的任何部位触及立柱以外的地面或落地区。如果运动员在试跳中一只脚触及落地区，而裁判认为其并未从中获得利益，则不应该判为试跳失败。

运动员可在主裁判事先宣布的横竿升高计划中的任何一个高度开始试跳，也可在以后任何一个高度根据自己的愿望决定是否试跳。但是在任何高度上，只要运动员连续 3 次试跳失败，即失去继续比赛的资格，因第一名成绩相等而进行的决名次赛的试跳除外。允许运动员在某一高度上第一次或第二次试跳失败后，在其第二次或第三次试跳时请求免跳，并在后继的高度上继续试跳。运动员在某一高度上请求免跳后，不准在该高度上恢复试跳，除非出现第一名成绩相同的情况。每名运动员应以其最好的一次试跳成绩，包括因第一名成绩相同而进行的决名次赛的试跳成绩，作为其最后的成绩。在比赛过程中不得移动跳高架或立柱，除非有关裁判认为该起跳区或落地区已变得不适于比赛。如需移动跳高架或立柱，应在试跳完一轮之后进行。

2. 田赛中的远度项目

所有田赛远度项目比赛时，参加比赛的运动员如超过 8 人，成绩较好的前 8 名运动员进入决赛，如第八名成绩相等的有两人或两人以上，成绩相等的运动员均可再试跳或掷 3 次。如参加比赛的运动员不足 8 人，则均有 6 次试跳或掷的机会。一旦比赛开始，运动员不得使用比赛助跑道进行练习。有下列情况之一的，则判为试跳失败：

1）在未做起跳的助跑中或在跳跃中，运动员以身体任何部位触及起跳线以外地面。2）从起跳板两端之外的起跳线的延长线前面或后面起跳。3）在落地过程中触及落地区以外地面，而落地区外触及地点较区内最近点更靠近起跳线。4）完成试跳后，向后走出落地区。5）采用任何空翻姿势。

测量成绩时，应从运动员身体任何部位触地的最近点量至起跳线的延长线，测量线应与起跳线或延长线垂直。应以每名运动员最好的 1 次试跳成绩，包括因第一名成绩相等而进行的决名次赛的试跳成绩，作为其最后的决定成绩。为有助于助跑和起跳，运动员可在助跑道旁边放置 1~2 个标志物（由组委会提供，如果不提供此类标志物，运动员可以使用胶布，但禁止用粉笔或其他任何擦不掉痕迹的类似物质）。

3. 投掷项

（1）确定试掷次数。

推铅球比赛应抽签决定运动员试掷顺序。运动员超过 8 人，每人试掷 3 次，有效成绩最好的前 8 名运动员可再试掷 3 次，试掷顺序与前 3 次掷后的排名相反。如果在第三次试掷结束后出现第八名成绩相等，应以其次优成绩判定名次，如次优成绩相等，则以第三较优成绩判定，其余类推。当比赛人数只有 8 人或少于 8 人时，每人均可试掷 6 次。

（2）比赛时的练习规定。

比赛开始前，运动员可在比赛场地练习试掷，练习应按抽签排定顺序进行，并始终处于裁判员的监督之下。一旦比赛开始，运动员不得持器械练习，无论持器械与否，均不得使用投掷或者落地区内地面练习投掷。

（3）投掷时的具体规定。

1）投掷前的规定。应从投掷圈内将铅球推出。运动员必须从静止姿势开始试掷。允许运动员触及铁圈和抵趾板的内侧。当运动员进入圈内开始试掷时，铅球应抵住或靠近颈部或下颌，在推球过程中持球手不得降低到此部位以下。不得将铅球置于肩轴线后方。不允许使用任何装置对投掷时的运动员进行任何帮助，如使用带子将两个或更多的手指捆在一起。除了开放性损伤需要包扎以外，不得在手上使用绷带或胶布。不允许使用手套。为了能更好地持握铅球，运动员可使用某种适宜物质，但仅限于双手。为了防止手腕受伤，运动员可在手腕处缠绕绷带。为防止脊柱受伤,运动员可系一条皮带或其他适宜材料制成的带子。不允许运动员向圈内或鞋底喷洒任何物质。2)投掷中的规定。运动员进入圈内开始投掷后,如果运动员身体任何部位触及圈外地面,或触及铁圈和抵趾板上面,或以不符合规定的方式将铅球推出,均判为一次投掷失败。如果在投掷中运动员未将投掷物投出或者把脚踏出投掷圈以外,运动员可以在动作中途放弃并重新开始投掷。若运动员在投掷过程中受阻,裁判应判阻碍并给予第二次投掷机会。完成投掷后,运动员必须从投掷圈后面退出。3)投掷后有效成绩的确定。铅球完全落在落地区角度线内沿以内,试掷方为有效。每次有效试掷后,应立即测量成绩。从铅球落地痕迹的最近点取直线至投掷圈内沿,测量线通过投掷圈圆心。4)最终成绩的确定。运动员在器械落地后方可离开投掷圈。离开投掷圈时首先触及的铁圈上沿或圈外地面必须完全在圈外白线的后面,白线后沿的延长线应能通过投掷圈圆心。应以每名运动员最好的一次投掷成绩,包括因第一名成绩相等而进行的决名次赛的试掷成绩,作为其最后的决定成绩。

其他投掷项目比赛,除场地、器械和投掷方法与铅球有差异外,比赛规则与铅球基本相同。

第六章　球类运动

第一节　篮球

一、篮球概述

（一）篮球的起源与发展

篮球运动是以运球、投篮、上篮、扣篮为中心的对抗性体育运动之一，1892 年 1 月为美国马萨诸塞州菲尔德基督教青年会训练学校教师詹姆斯·奈斯密斯博士所创。奈史密斯从当地儿童喜欢用球投向桃子筐的游戏中得到启发，创编了篮球游戏。未曾料到的是，由他创建的篮球项目后来竟然风靡二百多个国家，成为参与人数最多的球类运动。

1904 年，在第 3 届奥林匹克运动会上第一次进行了篮球表演赛。1908 年，美国制定了全国统一的篮球规则，并用多种文字出版，发行于全世界。这样，篮球运动逐渐传遍美洲、欧洲和亚洲，成为一项世界性运动项目。1932 年，由 8 个国家发起，成立了国际业余篮球联合会，并制定了第一个世界统一的比赛规则。1936 年，第 11 届奥运会将男子篮球列为正式比赛项目。1950 年和 1953 年，分别举行了第一届世界男、女子篮球锦标赛。1976 年，第 21 届奥运会上女子篮球被列为正式比赛项目。目前最具影响力的篮球比赛有奥林匹克运动会篮球比赛、国际篮联篮球世界杯、美国职业篮球联赛（NBA）等。

篮球运动是 1896 年前后由天津中华基督教青年会传入中国的，随后在北京、上海基督教青年会里也有了此项活动。1910 年，全运会上举行了男子篮球表演赛之后，在全国各大城市的大、中学校篮球活动逐渐开展起来。新中国成立后，篮球运动在中国得到广泛的普及与发展，并在国际大赛中取得较好成绩。中国女篮在 1984 年洛杉矶奥运会上夺得铜牌，1992 年在第 25 届奥运会上获得第 2 名，1994 年在澳大利亚世界锦标赛上获得第 2 名。中国男篮在 1994 年参加阿根廷世界锦标赛获得第 8 名，1996 年、2004 年、2008 年的三届奥运会中都获得第 8 名。目前在国内，每年一次中国男子篮球职业联赛（CBA）和大学生篮球联赛（CUBA）受到了广泛的关注。

（二）篮球专业用语

（1）扣篮。运动员用单手或双手持球，跳起在空中自上而下直接将球扣进篮筐。

（2）补篮。进攻人运用脚步动作把防守者挡在自己身后，这种步法叫卡位（多用于冲抢篮板）。

（3）领接球。顺传球飞行方向移动，顺势接球。

（4）错位防守。防守人站位在自己所防守的进攻人身侧，阻挠他接球叫错位防守。

（5）要位。进攻人用身体把防守人挡在身后，占据有利的接球位置。

（6）盖帽。进攻人投篮出手时，防守人设法在空中将球打掉的动作。

（7）补位。当1个防守人失掉正确防守位置时，另1个防守人及时补占其正确的防守位置。

（8）人盯人。一名球员对一名球员。

（9）压哨球。通常指在有时间限制的比赛中的最后时刻得分。只要是在吹哨前出手，并将球投进，就算得分，不管球在空中待多久。吹哨后球再出手的就不算得分。

二、基本技术

篮球运动的技术包括进攻与防守两大技术体系，其基本技术有移动、传接球、运球、投篮、突破、防守、抢篮板等。

（一）移动

移动是篮球比赛中队员为改变位置、方向、速度和争取高度、空间所采用的各种脚步动作方法的总称。移动有准备姿势、起动、跑、急停、转身、滑步等脚步动作。

1. 准备姿势

两脚左右或前后开立约同肩宽，两膝微屈，身体重心在两脚之间，上体稍前倾，脚跟稍提，两臂屈肘于体侧，双眼注视场上情况。

2. 起动

从基本站立姿势开始，向前起动时以后脚、向侧起动时以异侧脚的前脚掌短促有力地蹬地，同时上体迅速前倾或侧转向跑的方向移动重心，手臂协调地摆动，充分利用蹬地的反作用力，迅速向跑的方向迈出。

3. 跑

比赛中经常运用的跑有以下3种。

（1）变向跑。从右向左变向时，最后一步用右脚前脚掌用力蹬地，同时脚尖稍内扣，迅速屈膝，腰部随之左转，上体向左前倾，移重心，左脚向左前方跨出，然后加速前进。

（2）侧身跑。在跑动时，头部和上体转向侧面或有球一侧，脚尖朝着跑动方向。跑动时，既要保持奔跑速度，又要保持身体平衡，双手自然放在腰侧，密切注意观察场上情况。

（3）加速跑。加速时，后脚脚掌短促有力地蹬地加速；减速时前脚掌用力抵住地面，上体稍后倾，急剧减速。

4. 急停

急停是指队员在快速移动中突然制动速度的一种方法，是各种脚步动作衔接和变化的过渡动作。多用于接球后急停突破投篮。急停分跨步急停和跳步急停2种。

（1）跨步急停。

先向前跨出一大步，用脚跟先着地并迅速过渡到全脚抵住地面，降低重心，身体稍后仰。第二步落地的同时，两膝深屈并内扣，身体稍侧转，两脚尖自然转向斜前方向，前脚掌内侧用力抵住地面制动向前的冲力，上体稍后仰，两臂屈肘自然张开，然后上体迅速自然前倾帮助控制身体平衡。

（2）跳步急停。

跑动中用单脚或双脚起跳，使双脚稍有腾空。上体稍后仰，两脚平行或前后落地（略宽于肩）形成进攻基本站立姿势。

5. 转身

转身是指队员以一脚做中枢脚，另一脚蹬地向不同方向跨移，借以改变原来身体方向的一种动作方法。转身分为前转身和后转身。

（1）前转身。

移动脚向中枢脚脚尖方向跨出改变身体方向为前转身。转身时，中枢脚前脚掌用力碾地，移动脚蹬地并迅速跨步，同时转腰转肩并保持身体平衡。

（2）后转身。

移动脚向中枢脚脚跟方向跨出，改变身体方向为后转身。转身时中枢脚碾地旋转，移动脚蹬地并向自己身后撤步，同时腰胯主动用力旋转，身体重心随着转移，保持身体平衡后转身可在原地或行进间运用。

6. 滑步

滑步是防守时的移动步法。它易于保持身体平衡，可向任何方向移动，可分为侧滑步、前滑步和后滑步 3 种。

（1）侧滑步。

滑步前，两脚左右开立，膝弯曲，上体稍前倾，手臂向两侧张开。向左滑步时，右脚前脚掌内侧蹬地，左脚向左跨出一步，落地的同时，右脚迅速随同滑行，然后依次重复上述动作，眼要注视对手；向右滑步时，动作相反。

（2）前滑步。

由前后站立姿势开始，向前滑步时，后脚前脚掌内侧蹬地，前脚向前跨步，着地后，后脚紧随着向前滑动，保持前后开立姿势。注意屈膝降低重心。

（3）后滑步。

与侧滑步相同，只是向侧后方向移动。

（二）传接球

传接球是比赛队员之间有目的地转移球的方法，也是组织进攻的桥梁和纽带，是比赛中运用最多的进攻技术。

1. 传球

（1）双手胸前传球。

双手胸前传球是篮球比赛中最基本、最常用的一种传球，具有传球快速有力、准确性高、容易控制、便于与其他动作相结合的优点。

双手持球于胸腹之间，两肘自然弯曲于体侧，身体成基本站立姿势，眼平视传球目标。传球时后脚蹬地发力，身体重心前移，两臂前伸，两手腕随之旋内，拇指用力下压，食、中指用力拨球并将球传出。球出手后，两手略向外翻。

视频　双手胸前传球

（2）单手肩上传球。

单手肩上传球是一种常用于中远距离传球的方法，传球时用力大，球飞行速度快，常在发动长传快攻时运用。

双手持球于胸前，两脚平行开立，右手传球时，左脚向传球方向跨出半步，右手靠左手拨送球的力量将球引至右肩上方，右肩关节引展，上臂、前臂自然弯曲，手腕稍后屈，持球的后下方，左肩对着传球方向，重心落至右脚

视频　单手肩上传球

上。传球时右脚蹬地发力同时转体带动上臂，以肘领先前臂，手腕前屈，食指、中指、无名指用力拨球将球传出。

（3）单手体侧传球。

单手体侧传球是一种近距离隐蔽传球的方法。外围队员传球给内线同伴时常用这种方法。

两脚开立，双手持球于胸前。右手传球时，左脚向左侧前方跨步的同时将球引至身体后侧呈右手单手持球，出球前的一瞬间，持球手的拇指在上，手心向前，手腕后屈。传球时，前臂向前做弧线摆动，手腕前屈，食指、中指、无名指拨球将球传出。

视频 单手体侧传球

2. 接球

接球是篮球运动中的主要技术之一，是获得球的动作，是抢篮板和断球的基础。

（1）双手接球。

两眼注视来球，两臂迎球伸出，双手手指自然张开，两拇指成八字形，其他手指向前上方伸出，两手成一个半圆形。当手指触球时，双手将球握住，两臂顺势屈肘后引缓冲来球的力量，两手持球于胸腹之间，成基本站立姿势。

（2）单手接球。

原地单手接球时，接球手向来球方向伸出，五指自然分开，掌心正对来球，手腕手指放松。当手指触球时，顺球的来势迅速后引手臂，置球于身体前方或体侧，另一手迅速扶球，保持身体平衡，做好下一个进攻动作的准备姿势。在移动中接球时，要判断来球的时间和落点，及时向来球方向跨步移动，接球后要迅速降低重心，衔接下一个进攻动作。

（三）运球

运球技术是持球运动员在原地或移动中用单手连续拍球推进的一种动作。运球技术掌握的熟练程度如何，在一定程度上反映了运动员控制球和支配球的能力，而且这种能力的提高，有助于其他基本技术的掌握和提高。

1. 高运球

运球时，球反弹的高度在腰、胸之间叫高运球。它是在没有防守队员阻挠的情况下，为了加快向前推进的速度或在进攻中调整进攻速度和攻击位置时，所采用的一种运球方法。

运球时两腿微曲，上体稍前倾，抬头看前方，以肘关节为轴，用手拍按球的后上方，把球的落点控制在身体侧前方。手脚协调配合，使球有节奏地向前运行。

2. 低运球

进攻队员在受到对手紧逼或抢阻时，常采用低运球以保护球或摆脱防守。

两腿迅速弯曲，重心下降，上体前倾，球的落点在体侧，用上体和腿保护球。同时，用手腕和手指短促地按拍球的后上方，使球控制在膝关节的高度，两腿用力后蹬，继续快速前进。行进间低运球拍球的部位在球的后上方或后侧方。

3. 运球急停急起

在运球推进时，进攻队员利用速度变化摆脱防守的一种运球方法。

在快速运球中突然急停时，采用两步急停，使重心降低，手按拍球的前上方，使球停止前运行。运球急起时，两脚用力后蹬，上体急剧前倾，迅速启动，同时按拍球的后上方，人、球同步快速前进。

4. 体前变向不换手运球

以右手运球为例，当体前变向时，将球从身体右侧拍向体前中间的位置，再将球迅速地拨回右侧，然后按拍球的后上方，左脚向右侧前方跨出，上体右转，侧肩挡住对手，从防守的左侧突破，继续运球前进。

5. 体前变向换手运球

体前变向换手运球是运球队员利用突然改变运球方向来突破防守的一种运球方法。这种方法多用于对手堵截运球前进线路时运用。

以右手运球为例。运球队员从对手右侧突破时，先向防守左侧做变向运球假动作。当对手向左侧移动堵截运球时，运球队员突然按拍球的右后上方，使球经自己体前右侧反弹至左侧前方，同时右脚向左前方跨出，上体向左转，侧肩挡住对手，同时换左手按拍球的后上方，左脚跨出并用力蹬地加速，从对手的右侧突破。

6. 运球转身

运球转身是运球队员被防守堵截运球的一侧并且距离较近时，运用后转身改变运球方法，借以突破防守的一种方法。

以右手运球为例，变向时，用左脚在前为轴，左后转身的同时，右手将球拉至身体的后侧方，并拍球落在身体的外侧方，然后换左手运球，加速前进。

7. 胯下运球

变向时，左脚在前，右手按拍球的右侧上方，使球从两腿之间穿过，反弹到身体左侧，然后换上右脚，换成左手运球，加速前进。

（四）投篮

1. 单手投篮

这是比赛中运用比较广泛的投篮方法，是行进间和跳起肩上投篮的基础。这种投篮出手点高，便于结合其他技术动作，能在不同距离和位置上应用。

视频　单手投篮

以右手投篮为例。右脚在前，左脚稍后，两膝微曲，重心落在两脚之间。右手五指自然张开，用指根及指根以上部位触球，掌心空出，翻腕托球的后下部，右臂屈肘稍向内收，置球于右肩前上方，上臂与肩关节约成水平，前臂与地面近似垂直，左手扶球的左侧，目视瞄准点。投篮时，下肢蹬地发力。球离手时，手臂要随球跟送，脚跟提起。

2. 双手投篮

双手持球于胸前，肘关节自然下垂，两脚左右或前后开立，两膝微屈，重心落在两脚之间，目视瞄准点；投篮时，两脚蹬地，上肢随着脚蹬地向前上方伸展，两手腕同时外翻，拇指下压，手腕前屈，食、中指用力拨球，使球通过拇指、中指指端投出。球出手后，两手自然向下外翻，脚跟提起，身体随投篮出手方向自然伸展。

3. 行进间单手肩上高手投篮

视频　行进间单手肩上高手投篮

以右手投篮为例。右脚跨出一大步的同时接球，接着左脚跨出一小步并用力蹬地起跳，右腿屈膝上抬，同时举球至头上方，当身体接近最高点时右臂向前上方伸展，手腕前屈，食、中指用力拨球，通过指端将球投出。

4. 行进间单手肩上低手投篮

以右手投篮为例。右脚跨出一大步的同时接球，接着左脚跨出一小步并用力蹬地起跳，右腿屈膝上抬，身体重心前移，双手向前上方举球。当身体接近最高点时，左手离球，右手外旋，掌心向上托球，并充分向球篮上方伸展，接着屈腕，食、中指用力拨球，通过指端将球投出。

视频 行进间单手肩上低手投篮

5. 跳起投篮

跳起投篮，简称跳投，它具有突然性强、出球点高的特点。可以与传球、运球突破等技术动作结合运用，在原地、行进中急停、背对球篮转身以及在不同距离和位置时，都可采用。跳投是现代篮球运动普遍运用的主要投篮方式。

（1）原地跳起单手肩上投篮。以右手投篮为例，双手持球于胸前，两脚前后或左右自然开立，两膝微屈，重心落在两脚之间。投篮时，两脚用力蹬地向上起跳，提腰，同时双手举球至右肩前上方，在身体腾空接近最高点时，左手离球，右臂向前上方伸展，利用手腕前屈和手指拨球力量将球通过指端柔和投出。落地时屈膝缓冲，保持身体平衡。

视频 原地跳起单手肩上投篮

（2）接球急停跳起投篮。在快速移动中接球用跨步或跳步急停，两膝弯曲，重心下降。两脚突然快速有力蹬地起跳，同时持球上举，当腾空接近最高点时，投篮出手，动作同原地跳投。

（五）持球突破技术

持球突破是持球队员运用合理的脚步动作与运球技术相结合，快速超越防守队员的一项攻击性很强的进攻技术。原地持球突破依据动作结构可分为原地持球交叉步突破和原地持球同侧步突破。

（1）原地持球交叉步突破。

以右脚中枢脚为例。突破时，左脚向前方跨出半步，做向左突破的假动作，当对手重心向右移动时，左脚前脚掌内侧迅速蹬地，向对手左侧跨出一大半步，同时上体右转探肩，贴近对手；球移至右手，向左脚斜上方推放球，右脚迅速蹬地，加速超越对手。

视频 原地持球交叉步突破

（2）原地持球同侧步突破。

以左脚做中枢脚为例。突破时，左脚内侧蹬地，右脚迅速向对手左侧方跨出一大步，同时向右侧转体探肩，重心前移，球移至右手并推放球至右脚斜前方，左脚迅速跨步抢位，加速超越对手。

（六）防守技术

防守战术基础配合是指在篮球竞赛中，防守队员两三个之间所采用的协同防守配合的方法。

视频 原地持球同侧步突破

1. 防守持球队员

（1）防投篮。防守时站在对手与球之间，防守的距离要根据对手离篮的远近而有所不同，对手持球在外围，一般是以伸臂能触及球为宜，多采用斜步防守，前脚同侧的手臂向斜上方伸出，另一臂侧伸，以便向侧移动，阻止对手突破。对手在篮下得球后，一般要贴近对方，微屈膝、两臂微伸于肩上，准备跳起封盖。要避免过早举起双臂，以防对方转身投篮或突破。

（2）防突破。防对手持球突破，要根据对手习惯、技术特点来采取相应对策。

（3）防运球。当对手在离篮 7 m 以外持球，投篮的准确性又较差时，进攻队员往往运球逼近球篮，这时，防守者的任务主要是防运球。

（4）防传球。当对手善于传球助攻时，防守队员要积极阻挠其传球。

（5）抢球。抢球是从进攻队员手中夺取球的方法，多在防守者离持球者近，而且持球者保护球不好时运用。

（6）打球。打球是指击落对方手中球的方法，包括打原地持球队员的球、打运球队员手中的球和打行进间投篮队员手中的球三种。

（7）盖帽。进攻队员投篮或上篮时，当球刚离手的一刹那，防守队员立即跳起将球打落，称为“盖帽”。盖帽前要根据进攻队员的投篮动作和身高、弹跳等特点，降低重心，迅速移动，选择有利位置，准确判断对手起跳及出球时机。

2. 防守无球队员

（1）强侧防守。

防守离球较近的对手时，要靠近对方，选择略偏向有球一边的位置。防守的姿势是面向对手，侧对持球队员，靠近球一侧的手和脚在前，封锁对方的接球线路。重点是不让对手顺利接球，迫使对方持球队员越区传球。

（2）弱侧防守。

防守离球较远的对手时，距离对手要远一些，防守时偏向有球一侧的角度要大，既能控制对手，又能回缩篮下进行协同防守，先控制篮下腹地。防守的姿势是侧对无球队员，两脚平行站立，重心下降，两臂自然屈于体前，随时准备出击抢断与阻截。

3. 断球

断球是截获对方传接球的方法。根据传球方向和防守队员断球前所处的位置，一般分为横断球、纵断球、封断球 3 种。

（七）抢篮板技术

抢篮板球技术可分为抢进攻篮板球与抢防守篮板球技术 2 大类。

1. 抢进攻篮板球

当同伴或自己投篮时，处在近篮区的进攻队员首先应判断球的反弹方向，然后先向相反的方向的侧前方跨步，做身体虚晃的假动作，诱开身前的防守队员，利用绕跨步挤到对手的前面或侧前面，抢占有利位置，借助跨步或助跑起跳，至最高点补篮或抢篮板球。

2. 抢防守篮板球

保持正确的站位姿势，即两膝弯曲，上体稍前倾，重心放在两脚之间，两臂屈肘侧张占据较大面积。当对方投篮出手后，应注意对手的动向，并根据当时与进攻队员所处的位置和距离的远近，运用上步、撤步、转身抢占有利位置，把进攻队员挡在身后，同时还要判断球的落点准备起跳。

三、篮球基本战术

篮球基本战术是在篮球比赛中队员两三人之间有目的、有组织、协调行动的简单攻守配合方法。

(一)进攻战术基本配合

1. 传切配合

传切配合是指进攻队员之间利用传球和切入技术所组成的简单配合。它包括一传一切和空切配合。

(1)一传一切配合。

一传一切配合是指队员传球后,利用起动速度或假动作摆脱防守,向篮下切入接回传球投篮的配合。

红⑤传球给红④后做向左切入的假动作,然后突然从右侧切入,侧身面向球接红④的传球投篮。如图 6-1-1 所示。

(2)空切配合。

空切配合是指无球的队员掌握传球时机,摆脱对手,切向防守空隙区域接球投篮或做其他进攻动作。

红⑤传球给红④时,红⑥利用黄⑥未及时调整位置的机会,突然横切或沿底线切向篮下接红④的传球投篮。如图 6-1-2 所示。

2. 掩护配合

掩护队员采用合理的行动,用自己的身体挡住同伴防守者的移动线路,使同伴借以摆脱防守,或利用同伴的身体和位置使自己摆脱防守的一种配合方法。

以侧掩护为例,侧掩护是指掩护队员站在同伴防守者的侧面进行配合掩护的方法。持球队员与无球队员之间的侧掩护配合:红⑤传球给红④后,移动到黄④身体左侧做侧掩护,红④接球后瞄篮或做向左侧突破的动作。当红⑤掩护到位时,红④立即从右侧贴着红⑤的身体运球突破上篮;红⑤立即转身切向篮下抢篮板或接球投篮。这种掩护也称挡拆配合。如图 6-1-3 所示。

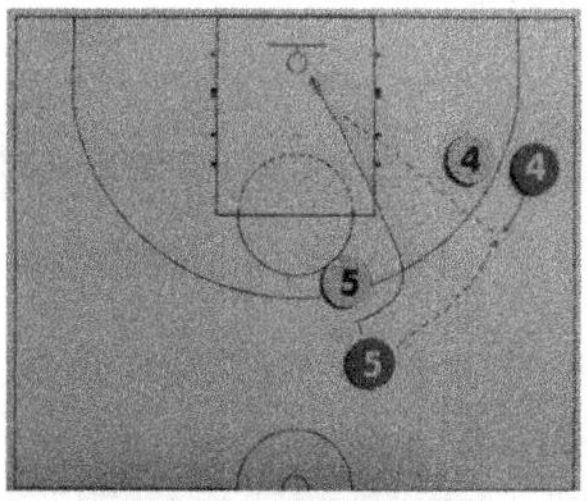

图 6-1-1 传切配合

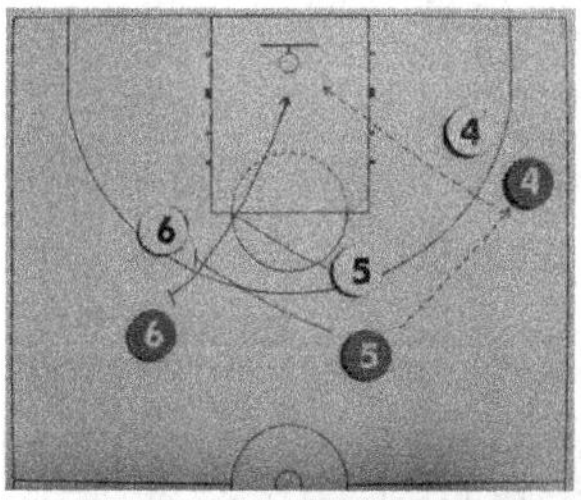

图 6-1-2 空切配合

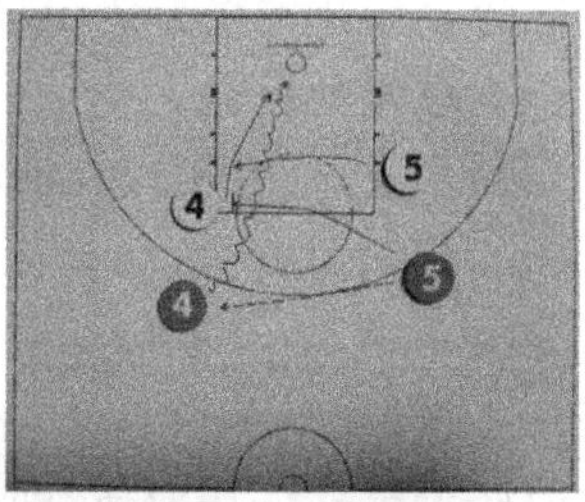

图 6-1-3 掩护配合

3. 突分配合

突分配合是指持球队员突破对手后,遇到对方补防或者协防时,及时将球传给进攻位置最佳的同伴进行攻击的一种配合方法。

开始时④持球突破,在突破中跳起分球给向两侧移动的⑦,⑦在接球后示意投篮动作,然后传球给⑤,⑤接球后人从底线或内侧突破,跳起传球给接应的⑧。位置交换:④到⑦排尾,⑦到④排尾。练习一定次数后,改换从左边突破分球练习。如图 6-1-4 所示。

4. 策应配合

策应配合是指进攻队员背对或侧对球篮接球后,通过多种传球方式与外线队员的空切、绕切相结合,借以摆脱防守,创造各种里应外合进攻机会的配合方法。

红⑤插向罚球线附近抢位接红④的传球。红④传球后摆脱对手接⑤的回传球进攻。如图 6-1-5 所示。

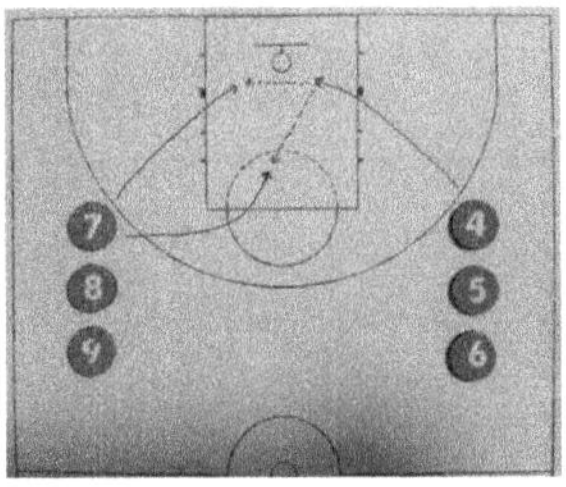

图 6-1-4　突分配合

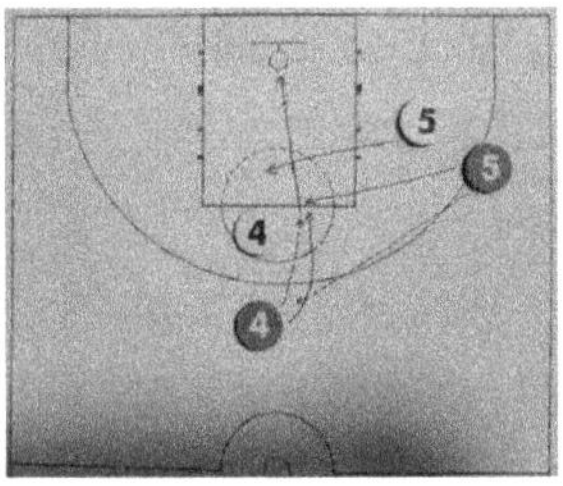

图 6-1-5　策应配合

(二)防守战术的基本配合

在篮球竞赛中,防守队员两三人之间所采用的协同防守配合的方法被称为防守战术基础配合,它包括挤过、穿过、绕过、夹击、关门、补防、交换防守及围守中锋等。

1. 挤过配合

挤过配合是指对方进行掩护时,防守队员在掩护队员接近自己的一刹那,迅速抢前横跨一步贴近自己的对手,并从两个进攻队员之间侧身挤过去,继续防守自己对手的配合方法。

当发现对方进行掩护配合时,黄⑥在掩护者贴近的一刹那,迅速前跨一步靠近红⑥,并从红⑥和红④之间侧身挤过去,继续防守红⑥。此时黄④应后撤,做好补防准备。如图 6-1-6 所示。

2. 穿过防守

穿过配合是指当对方进行掩护时,防守掩护者的队员及时提醒同伴,并主动后撤一步,让同伴及时从自己和掩护队员之间过去,继续防守自己对手的配合方法。

红⑤传球给红⑥,红⑤反方向移动给红④做掩护的一刹那,黄⑤主动后撤,让黄④从红⑤和黄⑤中间穿过去,继续防守红④。如图 6-1-7 所示。

3. 交换配合

交换配合是指进攻队员在做掩护配合时,防守掩护者的队员与防守被掩护者的队员及时主动的交换自己所防对手的配合方法。

当红⑤为红④掩护,黄④没能及时发现而被堵住时,黄⑤应主动发出换防的信号,并立即堵截红④攻击,黄④则及时调整,占据有利位置,控制红⑤的行动。交换防守后,应在适当时机尽快再换防,以免个人攻守力量对比上失利。如图 6-1-8 所示。

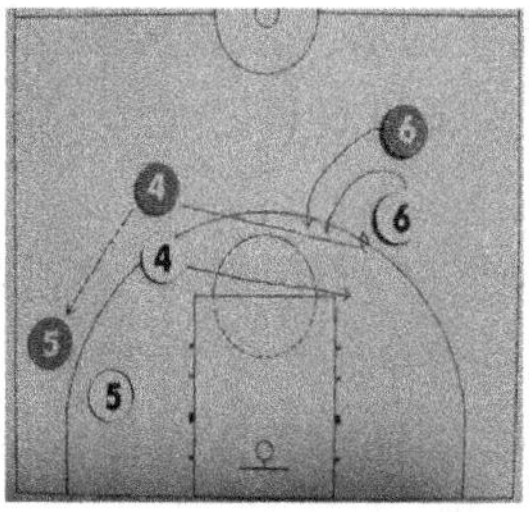

图 6-1-6　挤过配合

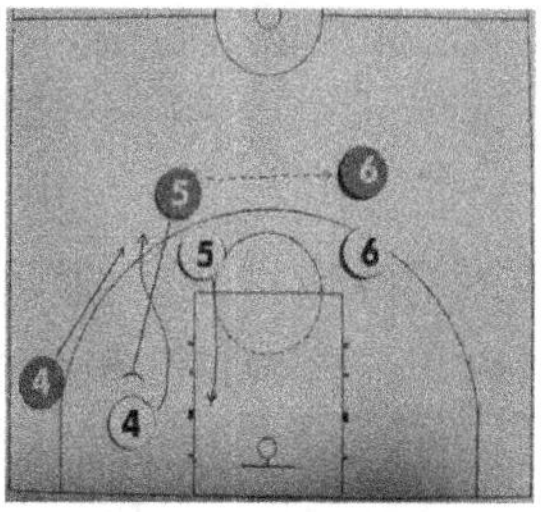

图 6-1-7　穿过防守

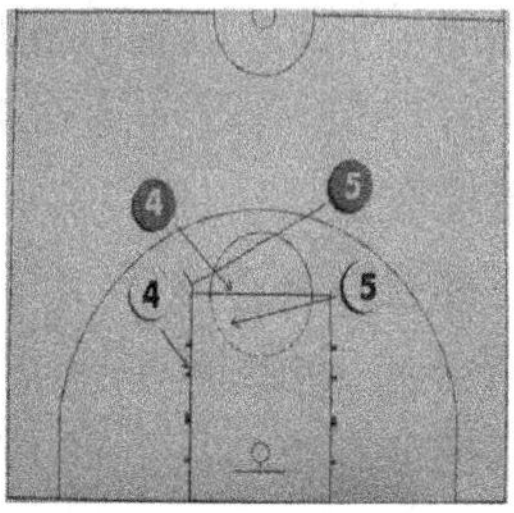

图 6-1-8　交换配合

四、篮球比赛规则

(一)一般规则

1. 场地规格

按照正规篮球比赛标准,篮球场是一个长方形的坚实平面,篮球场地尺寸为长 28 m,宽 15 m。如图 6-1-9 所示。

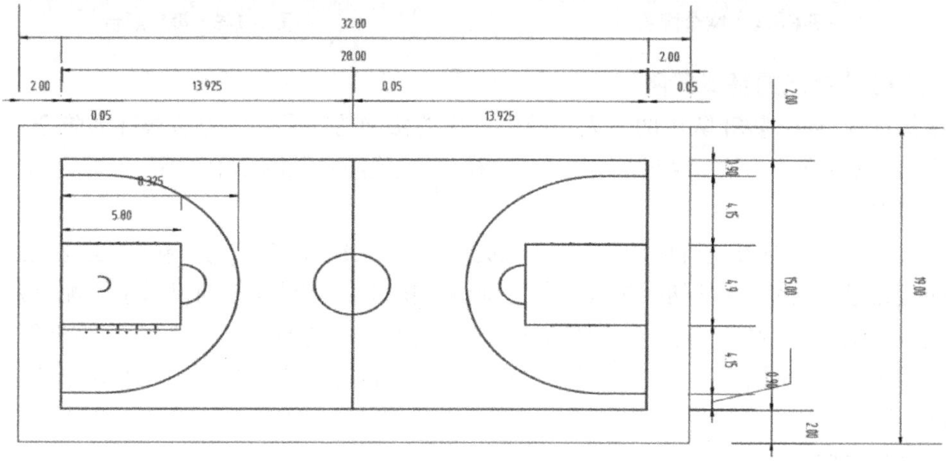

图 6-1-9　篮球场地规格

2. 比赛人数

每场篮球比赛由两个队参加,每队出场 5 名队员。目的是将球投入对方球篮得分,并阻止对方获得球或得分。

3. 比赛时间

两个半时,每半时 20 min,共分为四节,每节 12 min(NBA 惯例,国际篮联规定时间为每节 10 min),每节之间的休息时间分别为 2 min。半场时间的休息时间为 10 min 或 15 min。

4. 选手替换

每次替换选手要在 20 秒内完成,替换次数则不限定。交换选手的时间选在有人犯规、争球、叫暂停等。裁判可暂时中止球赛的计时。

5. 罚球

每名球员各有 4 次被允许犯规的机会,第 5 次即犯满退场。且不能在同一场比赛中再度上场。罚球是在谁都不能阻挡、防守的情况下投篮，是作为对犯规队伍的处罚，给予另一队的机会。罚球要站在罚球线后，从裁判手中接过球后5秒内要投篮。在投篮后，球触到篮筐前均不能踩越罚球线。

（二）违例

（1）“3”秒。在场上控制活球队的队员在对方限制区内停留超过了3秒。

（2）“5”秒。持球后，球员必须在5秒钟之内掷界外球出手，否则违例。

（3）“8”秒。一个队在后场控制活球开始必须在8秒内使球进入前场，否则违例。

（4）“24”秒。进攻球队在场上控球时必须在24秒钟内投篮出手，否则违例。

（5）回后场。球队如已将球从后场移至前场，该球队球员便不能再将球移过中线，运回后场。

（6）干扰球。投篮的球向篮下落时，双方队员都不得触球。当球在球篮里的时候，防守队员不得触球，否则视为违例。

（7）带球走。运球时在球离手前，不准提起中枢脚，投篮或传球时可提起中枢脚，但必须在脚落地前将球出手，否则违规。

（三）犯规

1. 侵人犯规

侵人犯规是指与对方发生身体接触而产生的犯规，如拉人、推人、撞人等。

2. 技术犯规

技术犯规是指所有不包括与对方队员接触的队员犯规。队员不得漠视裁判员的劝告或运用不正当的行为。

1）同裁判员、到场的技术代表、记录员、计时员，或对方队员讲话或接触没有礼貌。2）使用很可能引起冒犯或煽动观众的言语或举动。3）戏弄对方或在对方眼睛附近摇手妨碍他的视觉。4）妨碍迅速地掷界外球以延误比赛。5）被判犯规后，在裁判员要求举手时不正正当当地举。6）离开场地去获得不正当的利益。

第二节　排球

一、排球概述

排球运动于1895年由美国人威廉·摩根发明，摩根先生认为篮球运动太激烈，而网球运动量又太小，他想寻求一种运动量适中，又富于趣味性，男女老少都能参加的室内娱乐性项目，就想把当时已广为流行的网球搬到室内，在篮球场上用手来打。最早因该项运动由16人排成队列进行比赛而得名。先后经历16人制、12人制和9人制。1947年国际排球联合会成立以后，才正式采用6人制，并对队员的发球次序、前后站位和传球次数有了严格的规定，且要求始终不能让球落于地面。

排球运动出现后，通过教会的传播活动和美国军队的军事与战争活动，传播到了世界各国，并于1905年传入中国。男女排球在1967年日本东京第18届奥运会上被列为比赛项目。

排球场地规格，长度为18 m，宽度为9 m。四周至少有3 m宽的无障碍区。如图6-2-1

所示。

二、基本技术

排球技术是指运动员在比赛规则允许的条件下使用的各种合理的击球动作和配合动作的总称。排球技术有两种，一种是有球技术；另一种是无球技术，包括准备姿势、移动、起跳及各种掩护动作等。排球技术主要由步法和手法组成，同时与视野活动、躯干活动和意识活动相配合为一体。

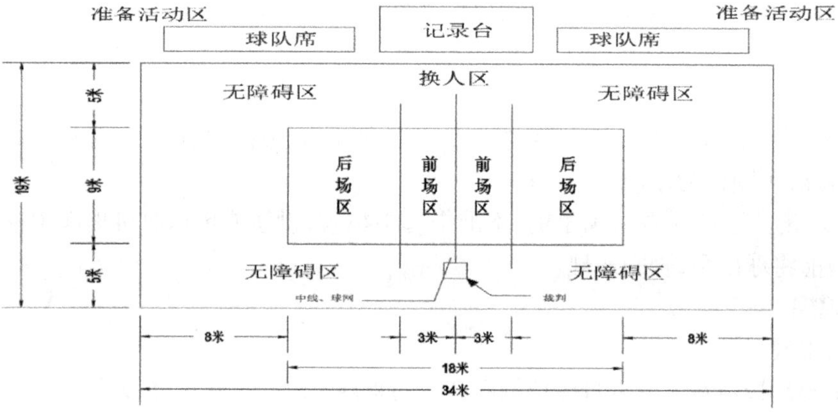

图 6-2-1 排球场地规格

(一)准备姿势

为了便于完成各种技术动作而采取的合理的身体姿势称为准备姿势。合理的准备姿势是指既要求身体重心处于相对稳定的状态，又要便于移动和完成各种击球动作，为迅速起动以及快速移动及击球创造最好的条件。为完成某项有球技术之前的准备姿势，称为专业技术准备姿势。分半蹲、稍蹲、低蹲准备姿势三种。

1. 半蹲准备姿势

两脚左右开立稍比肩宽，一脚在前，脚跟稍提起，膝关节保持一定的弯曲，膝关节的投影在脚尖前面。上体前倾，重心靠前。两臂放松自然弯曲，双手置于腹前。两眼注视来球，两脚保持移动状态。

2. 稍蹲准备姿势

稍蹲准备姿势比半蹲准备姿势重心稍高，动作方法相同。

3. 低蹲准备姿势

低蹲准备姿势比半蹲准备姿势的身体重心要低，更靠前，两脚左右、前后的距离更宽一些，膝部弯曲程度更大一些，肩部投影过膝，膝部投影过脚尖，手置于胸腹之间。

(二)移动步伐

1. 起动

起动是移动的开始，它是在准备姿势的基础上，变换身体重心的位置，破坏准备姿势的平衡，使身体向目标移动。

2. 并步与滑步

当来球距身体一步左右时可采用并步移动。如向前移动时，即后脚蹬地，前脚向来球方向跨出一步，后脚迅速跟上做好击球前的准备姿势。连续并步移动称为滑步。

3. 跨步与跨跳步

当来球较低，离身体二三米左右时用跨步，如向前移动则后脚用力蹬地，前脚向前跨出一大步，膝部弯曲，上体前倾，身体重心移至前腿上，若球低而远可采用跨步。

4. 高叉步

当来球在体侧的 2 m 左右时，可采用交叉步移动，向右移动时上体稍向右转，左脚从右脚前面，向左交叉迈出一步，右脚再迅速向右跨步，落于左脚的右边，同时身体转向来球的方向，保持球前的准备姿势。

5. 跑步

球距人较远时，采用跑步，跑步时两臂要配合摆动，球在侧方或后方时，应边转身边跑。

（三）发球

发球是排球基本技术之一，是排球比赛中一项重要的进攻技术，发球是比赛的开始，也是进攻的开始，准确而有攻击性的发球可以直接得分或破坏他方的战术组织。发球按照发出球的性能主要可分为发飘球和发旋转球。发飘球主要有正面上手发飘球，勾手发飘球和跳发飘球，发旋转球主要有正面上手发球、勾手大力发球、跳发球、正面下手发球、侧面下手发球、侧旋球、高吊球等。

1. 正面上手发球

队员面对球网，两脚前后自然开立，左脚在前，左手把球置于身前，用抬臂和手掌平托上送，将球平稳地垂直抛于右肩前上方，高度适中。在左手抛球的同时，右臂抬起，屈肘后引，肘与肩平，上体稍向右转。击球时，利用蹬地、转体和收腹带动手臂挥动，在右肩前上方伸直手臂的最高点，以全手掌击球的中下部。击球时，手指自然张开吻合球，手腕要迅速主动做推压动作，使击出的球呈上旋飞行。

视频　正面上手发球

2. 侧面下手发球

侧面下手发球是侧对网站立，转体带动手臂由体侧后下方向前摆动，在体前肩对网，两脚左右开立，约与肩同宽，两膝微屈，上体稍前倾重心落在两脚间。左手将球平稳抛送至胸前，距身体约一臂之远，离手高约 30 cm。在抛球的同时，左臂摆至右侧后下方，接着利用右脚蹬地向左转体的力量，带动右臂向上方摆至腹前，用全手掌、掌根或虎口击球的右下方。

视频　侧面下手发球

3. 侧面勾手发球

发球队员左肩对球网，两脚左右开立，与肩同宽，两膝弯曲，上体前倾，重心落在两脚之间，左手或双手持球于胸腹前，两眼注视着对方。左手或双手将球平稳抛至左肩上方，高度约 1 m 左右，抛球同时，右腿弯曲，重心移至右脚，上体向右侧转动和倾斜，右臂向身体右侧后下方摆动，同时挺胸抬头，两眼注视球体。击球时，右脚用力蹬地，身体向左转动带动手臂沿弧形轨迹向上挥动，在右肩前上方击球。同时身体重心移至左脚，手臂充分伸直保持高点击球，手掌

视频　侧面勾手发球

手指自然张开呈勺形，以全手掌击球的后中下部，击球一瞬间，手腕手掌要做迅速地明显向前推压动作，使球呈上旋飞行。击球后，迅速进场比赛。

（四）垫球

垫球是用双手前臂的前部击球，利用来球的反弹力和自身的协调用力将球击出的技术动作。其主要用于接发球、接扣球、接拦回球及各种低球。垫球通常分为不倒地和倒地两大类。不倒地的垫球多用双手，倒地垫球多用单手。

（1）准备姿势。

移动对正来球后，两脚分前后半蹲站立，重心稍前倾，双臂自然变曲，置于腹前。

（2）手型。

目前常用的击球手型有两种。一种是叠指法，两手手指上下重叠，掌根紧靠，合掌互握，两拇指朝前相对平行靠压在上面一手的中指第二指节上。两臂伸直夹紧，注意手掌部分不能相叠。另一种是包拳法，两手抱拳互握，两拇指平行朝前，两掌根和两前臂外旋紧靠，手腕下压，使前臂形成一个垫击平面。

视频　正面双手垫球

（3）击球点和触球部位。

当球接近腹前时，两手重叠，掌跟靠拢，合掌互握，两拇指平行前伸，手臂伸直，手腕下压，肘关节外旋，用小臂的前部击球的后下部。击球点应保持在腹前，以便于控制用力大小和根据垫球的方向调整手臂与球的角度。

（4）击球。

两臂靠拢前伸，插到球下，靠手臂上抬的力量及球的反弹力，同时配合蹬地跟腰动作，使身体重心向上方移动。击球过程中，两臂要摆平，肩关节要适当放松避免动作僵硬而影响迎击球的准确性和控制能力。

（五）传球

传球是排球运动中最重要的基本技术，是进行比赛与组织战术的基础。传球在组织进攻和攻防战术的串联中起着桥梁和纽带的作用。传球技术多种多样，但从传球方式上来看，主要有正面传球、背传球、侧传球、调整传球和二传传球等基本技术，动作通常分为正传、背传、侧传 3 类。

1. 正面上手传球

（1）准备姿势

两脚左右开立，与肩同宽。一脚在前，后脚跟稍提起，两膝微屈，身体稍前倾，两臂屈肘抬起，肘部下垂，两手张开成近似传球手形，放在脸前。

视频　正面上手传球

（2）手型及触球部位传球时

手型应该是手腕后仰，两手指自然张开，围成半球形，拇指尖相对成近似“一”字形。传球时，以拇指的指腹或内侧触及球的下部或后中下部；食指全部和中指的二、三指节触及球的后上部，无名指和小指触及球的两侧。当手指触及球时，以两手的拇指、食指、中指随来球的压力，无名指和小指在球两侧协助控制传球方向。

（3）击球点

击球点一般在前额上方 10~15 cm 处。

（4）击球时的用力

传球前，手指、手腕和手臂要稍放松。触球时，手指、手腕应保持一定的紧张程度。球触手后，以拇指、食指和中指承担球的冲力，无名指和小指包在球两侧辅助控制球。传球时，主要以手指、手腕的弹力，上肢向前上方伸展及身体协调力量将球向前上方 45° 传出。

2. 背向传球

背传是向身体背后上方的传球。其主要用于组织进攻，是二传队员必须掌握的主要传球技术之一。比赛中熟练运用背传技术，能使进攻战术多样化，可出其不意，迷惑对方。

背传准备姿势上体应比正面传球稍直立，身体重心在两脚之间，不要前倾，双臂屈肘抬起，两手成传球手形置于脸前。传球时，稍抬头挺胸，在两腿蹬地的同时，上体向后伸展，击球点保持在额上方。击球时，手腕适当后仰，掌心向上，手指击球的下部，利用向后上方伸臂、伸肘动作的手指、手腕的弹力将球向背后方向传出。

3. 侧传

身体侧对传球目标，在不转动身体的情况下，靠双臂向侧方传球的动作称为侧传。侧传的准备姿势、手型及迎球动作同正面传球，但击球点应偏向传出方向一侧。迎球时，通过下肢蹬地使身体重心向上伸展，上体和双臂向传球方向一侧伸展。异侧手臂动作的幅度要大些，伸展的速度也应快些，以双臂和上体侧屈的协调动作将球传出。

（六）扣球

扣球是排球技术中攻击性最强的一项进攻技术，是得分的重要手段。扣球技术的运用种类很多，常用的有正面扣球、扣快球、勾手扣球，其中正面扣球是最基本的方法。

1. 正面扣球

要求助跑节奏由慢到快，一步顶向二步迈，后脚并上猛蹬踏，两臂协调向上摆。腰腹发力要领先，协调挥臂如挥鞭，击球保持最高点，满掌击球要上旋。

视频　正面扣球

2. 扣快球

（1）近体快球

在二传队员附近约 50 cm 处扣的快球，叫近体快球。近体快球主要是进攻速度快，常常使对方来不及拦网和防守。近体快球不但进攻效果好，而且具有较强的掩护作用，是副攻手必须掌握的技术。

（2）半快球

半快球是在二传队员附近起跳，扣超出网口两个半球高度的球。半快球比一般扣球速度快，比快球速度慢，队员可利用高点看清对方拦网者的手，以便改变扣球手法和扣球线路。半快球的助跑线路一般同刺网夹角成 45° 左右，起跳一般在二传出手后快速跳起。击球动作与近体快球基本相同，主要利用前臂和手腕加速甩动去击球。

（七）拦网

拦网技术主要分单人和集体拦网，单人拦网是集体拦网的基础。

1. 单人拦网

拦网判断是关键，及时起跳，提前提肩压腕张手捂，看清动作拦线路。

视频　单人拦网

2. 集体拦网

集体拦网分双人拦网和三人拦网。运动员面对球网两脚平行开立约同肩宽，距网30~40 cm，两膝微屈，两臂自然弯曲于胸前，随时准备起跳和移动。

三、排球运动基本战术

根据各队不同的技术水平和战术特点，一般有以下三种阵容配备。

（1）“四二”配备。“四二”配备是场上两个二传手、四个攻手（其中两个主攻手、两个副攻手）组成，其中两名主攻两名副攻。

（2）“五一”配备。“五一”配备即场上一个二传队员，五个进攻队员。

（3）“三三”配备。“三三”配备是由三名进攻的队员和三名二传队员间隔站位的上场阵容。

第三节　足球

一、足球运动概述

（一）足球运动起源和发展

足球运动是一项古老的健身体育活动，源远流长。最早起源于我国古代的一种球类游戏“蹴鞠”，后来经过阿拉伯人传到欧洲，发展成现代足球。现代足球运动起源于英国，1863年10月26日，在伦敦成立了世界上第一个足球运动组织——英格兰足球协会，并统一了规则，现代足球运动正式确立。1896年第1届奥运会上足球列为比赛项目。由于奥运会足球赛只允许业余选手参加，使得一些国家的职业运动员冒充业余选手参赛，严重损害了其他国家的利益。因此，创办了一个新的世界性的比赛的条件已经成熟。

（二）足球运动专业用语

1. 弧线球

足球运动技术名词。指使球呈弧线运行的踢球技术。足球在运行中，由于强烈旋转，使两侧的空气发生差异而形成。由于球呈弧线形运行，故俗称“香蕉球”。踢弧线球时，脚击球的部位应偏离球的重心。常用于绕过位于传球线路中间的防守队员，或射门中迷惑守门员，使之产生错误判断。罚直接任意球时，用弧线球射门已是得分的一种重要方法。

2. 任意球

任意球是足球比赛规则中罚球的一种。若一方队员犯规，则由对方队员在犯规地点踢任意球。任意球分为直接任意球和间接任意球。其中，直接任意球可直接射门得分；间接任意球必须在足球踢出并触及其他队员后进入球门，才能得分。

3. 界外球

界外球是指一方队员最后触球后，球体越出赛场边线的球。当出现界外球时，需由对方队员在球越出边线处，将球掷入场内，重新开始比赛。

4. 球门球

球门球是指进攻方队员最后触球后，球体越出防守方球门线的球（非进球得分时）。当出现球门球时，应由防守方球员在本方球门区内，直接将球踢入场内，重新开始比赛。

5. 角球

角球是指防守方队员最后触球后，球体越出本方球门线的球（非进球得分时）。当出现角球时，应由进攻方队员在距离球出界处最近的角球弧内，将球踢入场内，重新开始比赛。

6. 点球

点球是指在罚球点上踢出的球。点球可分为罚球点球和踢球点球。

（1）罚球点球。当比赛进行中，一方队员在本方罚球区内违反可判为直接任意球的十条规则之一，即被判罚点球。

（2）踢球点球。淘汰赛中双方加时赛之后依然是平局，将踢点球决定胜负。

7. 定位球

定位球是指在一定位置上踢出的球。任意球、球门球、角球、点球等都属于定位球。

二、足球基本技术

足球技术是指运动员在足球比赛规则条件下，运用身体有效部位合理完成各种动作的总称。常用的足球技术包括踢球、停球、接球、头顶球、运球、抢截球、假动作、掷界外球、守门员技术等。

（一）踢球

踢球是指运动员有目的地用脚的相应部位将球踢向预定目标的技术动作。它主要用于传球和射门。踢球可按击球时脚触球的部位分为脚内侧踢球、脚背正面踢球、脚背内侧踢球和脚背外侧踢球等。踢球时可按球的状态分为定位球、地滚球、反弹球和空中球等，在此仅以踢定位球为例介绍各动作要领。

1. 脚内侧踢球

视频　脚内侧踢球

脚内侧踢球是用脚内侧的跖指关节、舟骨和根骨所构成的三角部位接触球的一种踢球方法。它具有触球面积大、可控性强、出球平稳准确、出球力量较小等特点。它适用于短距离传球和射门。

踢定位球时，直线助跑，支撑脚踏在球的侧方 15 cm 左右处，膝关节微屈，在支撑脚着地的同时踢球腿以髋关节为轴由后向前摆动。在前摆过程中屈膝外转，踢球脚的内侧正对出球方向，小腿加速前摆，脚尖稍翘起，脚掌与地面平行用脚内侧部位击球的后中部。

2. 脚背正面踢球

视频　脚背正面踢球

脚背正面踢球是用脚背正面的楔骨和趾骨末端部位触球的一种踢球方法。其特点是踢摆幅度大、摆速快，便于发力。它适用于远距离传球和大力射门。

运动员脚背正面踢球时要直线助跑，支撑脚立于球侧，膝微屈，脚尖指向出球方向，踢球腿自然后摆，小腿后屈。支撑脚落地同时，踢球腿以髋关节为轴带动小腿前摆。膝关节接近球体上方时，小腿加速前摆，脚背绷直，脚趾扣紧，以脚背正面击球的后中部，击球后，踢球腿顺势前摆。

3. 脚背内侧踢球

视频　脚背内侧踢球

脚背内侧踢球是用脚背内侧的几个楔骨和趾骨末端部位接触球的一种

踢球方法。其特点是摆幅大,摆速快,踢球力量大,助跑方向和支撑脚站位灵活,出球的方向变化较多。它适用于中、远距离传球和射门。

成45°角斜线助跑,支撑脚立于球的侧后方,膝微屈,脚尖指向出球方向,身体稍倾向支撑脚一侧,踢球腿自然后摆。支撑脚落地同时,踢球腿以髋关节为轴带动小腿前摆。膝关节接近球体上方时,小腿加速前摆,脚尖外转,脚面绷直,脚趾扣紧,以脚背内侧击球的后中部。踢球后,腿顺势前摆。

(二)停球

停球也称接球,是指运动员有目的地运用身体的有效部位触球,将运行中的球接控在所需要范围内的技术动作。较为简单的接球方法有脚内侧停球和脚底停球等。

1. 脚内侧停球

脚内侧停球的特点是触球面积大,停球平稳,便于改变球的方向。

视频 脚内侧停地滚球

视频 脚内侧停反弹球

(1)停地滚球时,身体正对来球,支撑腿微屈,停球腿屈膝外转前迎,脚内侧对准来球,脚内侧触球瞬间自然后撤,将球控制在所需要的位置上。

(2)停反弹球时,支撑脚踏在落球点的侧前方,膝微屈,上体稍前倾,并向停球方向微转。停球腿屈膝上提,膝、踝外转,脚内侧对准球的反弹线路,当球落下反弹刚离地时,用脚内侧触压球的中上部。

视频 脚底停球

2. 脚底停球

脚底停球的特点是动作简单,控球稳定。它适用于接地滚球和反弹球。

身体正对来球,支撑腿踏在球的侧后方,膝微屈,停球腿自然屈膝上提,脚尖翘起,用前脚掌触压球的中上部。

(三)头顶球

头顶球是指运动员用头触及球的动作,头顶球是争取时间、夺得空中优势的一项重要技术,常用于抢截、传球和射门。头顶球包括前额正面顶球和前额侧面顶球。

视频 前额正面顶球

视频 前额侧面顶球

1. 前额正面顶球

身体正对来球,两腿前后开立,膝微屈,上体后仰,重心置于后脚,两臂自然张开。当球运行到身体垂直部位前的瞬间,后腿用力蹬地,重心前移,迅速向前摆体,微收下颌,用前额正面击球的后中部。

2. 前额侧面顶球

两脚前后开立,与来球方向的同侧脚在前,两膝微屈,重心置于后脚。上体和头部向出球的相反方向倾斜,两臂自然张开。当球运行到体前上方时,后脚用力蹬地,上体迅速向出球方向扭摆,屈体甩头,用前额侧面击球的后中部。

(四)运球

运球是指运动员在跑动过程中用脚连续推拨球,使球处于自己控制范围之内的技术动作。常用的运球方法有脚内侧运球、脚背正面运球和脚背外侧运球等。

1. 脚内侧运球

视频 脚内侧运球

运球时，支撑脚踏于球的侧前方，膝微屈，重心移至支撑脚，身体略转向运球方向，运球腿屈膝上提，脚尖外转，在向前迈步过程中用脚内侧推球前进。

2. 脚背正面运球

视频 脚背正面运球

脚背正面运球的特点是直线推拨，速度快，但运球线路单一。它多在快速运球前进或前方纵深距离较大时使用。

运球时，身体自然放松，两臂自然摆动，上体稍前倾，步幅不宜过大，运球脚提起时，膝微屈，脚跟提起，脚尖下指，在向前迈步过程中用脚背正面推球前进。

3. 脚背外侧运球

视频 脚背外侧运球

脚背外侧运球的特点是具有较强的灵活性和可变性，易于控制运球方向和提高运球速度。它多在快速奔跑和向外改变运球方向时使用。

其动作要领与脚背正面运球相似，只是在摆脚时，脚尖稍向内转，用脚背外侧推球前进。

（五）抢截球

抢截球是指在比赛规则允许的范围内，运动员有目的地运用身体的某一部位，将对方控制下或传递中的球夺过来、踢出去或破坏掉的技术动作。常用的抢截球方法有正面抢球和侧面抢球等。

1. 正面抢球

视频 正面抢球

两脚前后开立，两膝微屈，重心下落并落在两脚间。在控球队员运球脚触球后即将着地或刚刚着地时，抢球队员支撑脚用力蹬地，抢球脚以脚内侧对球，并屈膝向球跨出将球堵截。身体重心随即移至抢球脚，支撑脚前跨将球控制住。

2. 侧面抢球

视频 侧面抢球

当与对方控球队员成平行跑动时，重心稍下移，靠近对手一侧的手臂紧贴身体。当对方靠近自己一侧的脚离地时，用肘关节以上部位冲撞对方相应部位，使其失去平衡，趁机控球。

（六）假动作

假动作是指运动员在比赛中，为了隐蔽自己真实动作意图，利用各种动作的假象，来调动迷惑对方；使对方对其动作产生错误的判断或失去身体重心，造成对自己有利的形势，从而取得时间、空间位置的优势，达到自己真实动作的意图。

（1）踢球假动作。如传球前为了使堵住传球线路的对手闪开空当，可先向一方做假动作，当对手去堵假踢的传球线路时，突然改变踢球脚法将球从另一方向传出。

（2）接球假动作。如对手在体侧紧逼的情况下，可先向一侧做假接球动作，当对手重心发生不适当的偏移时，突然改变向另一侧接球。

（3）运球假动作。当对手迎面来抢截球时，可采用身体左（右）虚晃，诱使对手的重心偏移，然后用左（右）脚的脚背外侧向同内侧方向拨运球越过对手。当对手从侧面来抢截球时，先快速向前运球，诱使对手紧迫，这时突然减速佯作停球假动作，当对手上当时，再突然起加速度推球向前甩掉对手。

（七）掷界外球

掷界外球一般有两种方法，在掷球时，要求动作连贯，避免违例，并注意动作的隐蔽性，注重战术配合。

（1）原地掷界外球。身体面对出球方向，两脚前后开立，屈膝后仰，两手自然张开，拇指相对持球的后侧部并屈肘置球于头后。掷球后，后脚用力蹬地，依次进行摆体收腹、挥臂、甩腕，迅速有力地将球掷向预定目标。

（2）助跑掷界外球。助跑轻松自然，垫步的同时双手持球举过头顶。当最后一步踏地时，后脚开始蹬地，并且按照原地掷界外球的方法将球掷出。

（八）守门员技术

（1）接地滚球。有直腿式和单腿跪撑式两种方法。直腿式接球时，两腿直膝自然并立，上体前屈，两臂自然下垂并肘，两手小指靠近，掌心向前。在手指触球的刹那，随球后引并屈肘、屈腕，将球包于胸前。单腿跪撑接球时，身体正对来球，两脚左右开立，一腿屈膝，另一腿内转跪撑，膝关节接近地面并靠近屈膝的脚跟，两手随球后撤并屈肘，屈腕将球抱于胸前。

（2）接平直球。平直球又分为低于胸部和齐胸高的两种。接低于胸部的平直球时，首先移动使身体正对来球，两脚左右开立，上体稍前倾，两臂并肘前伸，两手小指相靠，手掌对球。当手触球的一刹那，两臂随球后撤并屈肘，顺势将球抱于胸前。接齐胸高的平直球时，先移动使身体正对来球，两脚左右开立，两臂屈肘手指向上，手指微屈，手掌对球，两拇指相靠。当手触球的刹那，手指、手腕适当用力，随球顺势屈臂后撤，转腕将球抱于胸前。接齐胸高的平直球时，先移动使身体正对来球，两脚左右开立，两臂屈肘手指向上，手指微屈，手掌对球，两拇指相靠。当手触球的刹那，手指、手腕适当用力，随球顺势屈臂后撤，转腕将球抱于胸前。

（3）接高球。先判断球的运行轨迹，确定接球点，迅速移动并起跳，两臂上伸迎球，手掌对球，手指自然分开，两手拇指相对成“八”字形。当手触球的刹那，手指、手腕适当用力将球接住，并顺势屈肘、下引、转腕将球抱于胸前。

三、足球基本战术

足球战术是指在足球比赛中，为了战胜对方，根据主客观情况所采取的个人行动和集体配合的方法。足球战术可分为比赛阵型、进攻战术、防守战术三大部分。攻守战术中又各自包括个人战术、局部战术、整体战术。

（一）比赛阵型

足球比赛阵型是指为了适应攻守战术的需要，队员在场上的位置排列和职责分工的基本形式。各阵型的名称按队员排列的形状而定。阵型的序列由后向前依次为守门员、后卫、前卫和前锋。由于守门员的职责是固定的，一般不列入比赛阵型中。较为常见的比赛阵型有 4-2-4、4-3-3、3-5-2、4-4-2 等。例如，4-2-4 阵型为 4 名后卫、2 名前卫和 4 名前锋。

（二）进攻战术

1. 个人进攻战术

个人进攻战术包括了采取有效措施，摆脱对方防守队员；跑动到有利位置，接应队友传球；运球突破对方防线，寻求射门机会等，其目的是进球得分。

2. 局部进攻战术

局部进攻中常用“二过一”战术配合。“二过一”战术配合是指在局部地区两名进攻队员通过连续传球和跑位，突破一名防守队员的配合。

（1）斜传直插二过一。

斜传直插二过一是指当对方防守队员逼近正在运球的进攻队员时，进攻队员将球传给队友，然后直插到对方防守队员身后的空当，接应队友传球的一种战术配合。如图 6-3-1 所示。

（2）直传斜插二过一。

直传斜插二过一是进攻队员将球直传给队友，当对方防守队员逼近控球队友时，队友将球传至对方防守队员身后的空当，进攻队员立即斜插入空当，接应队友的传球的一种战术配合。如图 6-3-2 所示。

（3）撞墙式二过一。

撞墙式二过一是指当防守队员逼近正在运球进攻的队员时，进攻队员将球传给队友，队友接球后直接将球传至对方防守队员身后的空当，进攻队员快速切入空当，接应队友的传球的一种战术配合。如图 6-3-3 所示。

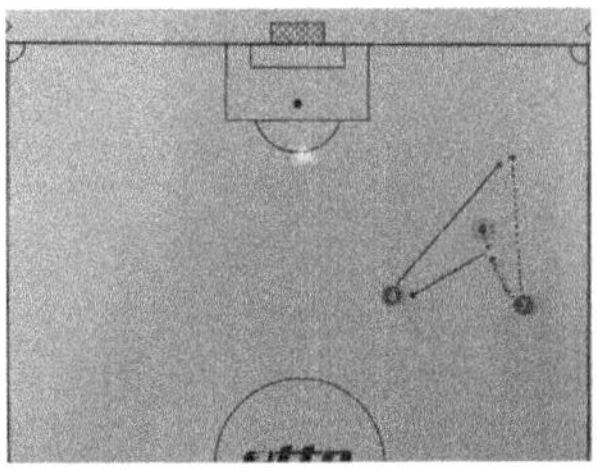

图 6-3-1　斜传直插二过一

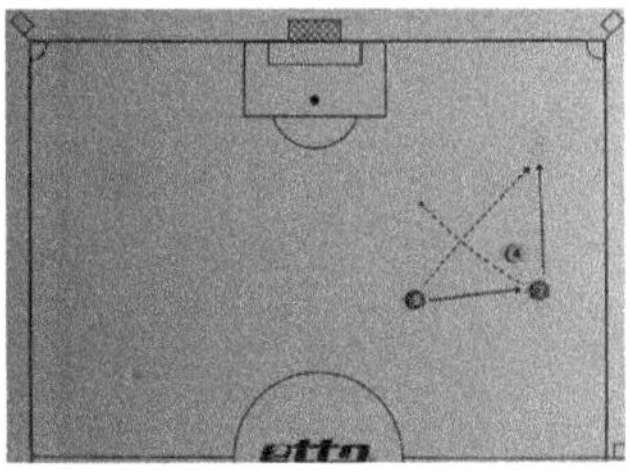

图 6-3-2　直传斜插二过一

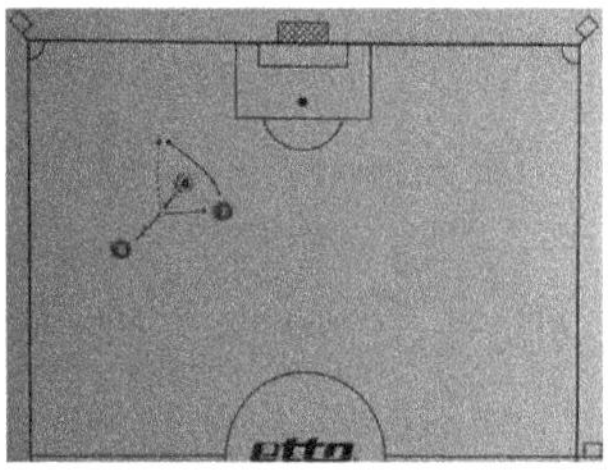

图 6-3-3　撞墙式二过一

3. 整体进攻战术

整体进攻战术主要包括边路进攻、中路进攻、快速反击。

（1）边路进攻。

边路进攻是指在对方半场两侧地区发起的进攻。边路进攻可充分利用场地的宽度，拉开对方的防线，使对方边路场区的防守队员分散、防守相对薄弱，以便进攻队员利用对方边路的空当突破防线，再通过传中等方式，创造射门机会。

（2）中路进攻。

中路进攻是指在对方半场中部发起的进攻。中路进攻的特点是进攻人数多，配合点多，破门机会多，但由于对方中路防守严密，突破难度较大。

（3）快速反击。

比赛中当攻方进攻时，后卫线往往压至中场附近，防守人数也由于插上进攻和助攻而相对减少，此时如能抓住对方防区空隙较大和回防较慢的机会，趁其失球发动快速反击，往往能取得良好的效果。

（三）防守战术

1. 个人防守战术

个人防守战术中运用较多的是选位和盯人。

（1）选位。选位是指防守队员根据位置职责和临场情况，选择适当的防守位置。防守队员选位的点，一般应在本队球门中心与被防守队员所构成的直线上。

（2）盯人。盯人是指防守队员对进入本方防守区域内的对方队员实施监控，并及时封堵对方队员接球或传球。

2. 局部防守战术

常用的局部防守战术有保护、补位、围抢等。

（1）保护。保护是指一名防守队员在防守对方球员持球进攻时，另一名防守队员在其身后选择适当位置进行协助防守的战术配合。

（2）补位。补位是指一名防守队员的防守出现漏洞时，另一名防守队员及时上前弥补漏洞的战术配合。通过队友间的相互补位，可以有效地遏制和破坏对方的进攻。

（3）围抢。围抢是指在局部区域内，多名防守队员同时围堵对方控球队员，以达到抢截或破坏对方进攻目的的战术配合。

3. 整体防守战术

整体防守战术主要包括人盯人防守、区域防守、混合防守等。

（1）人盯人防守。人盯人防守是指每个防守队员都有各自明确的防守对象，对手移动到哪里就要紧跟盯防到哪里。

（2）区域防守。区域防守是指每个队员负责自己的防守区域，并在该区域内盯人防守。

（3）混合防守。混合防守是盯人防守与区域防守相结合的防守方法。一般情况下，对于对方中场组织队员和持球进攻队员采用盯人防守；对于其他队员采用区域防守。

四、足球比赛规则

（一）场地规格

足球场地通常为长方形，长为 90~120 m，宽为 45~90 m，国际标准长为 100~110 m，宽为 64~75 m。如图 6-3-4 所示。

（二）比赛开始与重新开始

比赛开始前将进行掷硬币，掷硬币获胜一方可挑选上半场进攻的球门，另一方获得上半时开球权，下半时开球前互换攻守方向，并由上半时掷硬币获胜一方开球。开球为比赛开始与比赛重新开始的方式，在以下情况下将开球以开始或重新开始比赛：比赛开始、进球后、下半时比赛开始、加时各阶段开始。开球时射门入球有效。

（三）队员和替补队员

正式比赛，场上每队 11 人，不足 7 人不得开赛和继续比赛。队员因伤或其他原因可在比赛死球时替换。

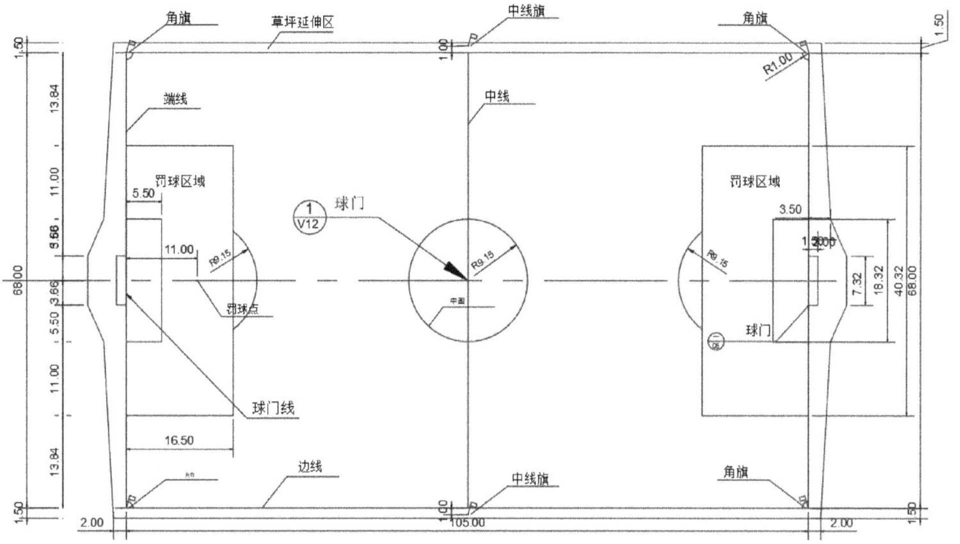

图 6-3-4　足球场地规格

（四）越位犯规及其罚则

越位犯规：处于越位位置的队员有干扰比赛、干扰对方球员和利用越位位置获得利益的行为属于越位犯规；若队员仅处于越位位置，或在越位位置直接接到同队队员的球门球、界外球或角球时，不属越位犯规。

罚则：此时裁判员应判由对方队员在越位地点踢间接任意球。如果该队员在对方球门区内越位，那么这个任意球可以在越位时所在球门区内任何地点执行。

（五）犯规与不正当行为及其判罚

（1）判罚直接任意球和点球。

如果队员在比赛中出现下列情形之一，视为犯规，并判由对方在犯规地点踢直接任意球。

1）拉扯、推、踢（或企图踢）、绊摔（或企图绊摔）或冲撞对方队员。2）为了得到对球的控制而抢截对方队员时，触球前触及对方队员。3）向对方队员吐唾沫。4）故意手球（不包括守门员在本方罚球区）。

（2）判罚间接任意球。

如果队员在比赛中出现下列情形之一，将判给对方踢间接任意球。

1）队员动作具有危险性。2）队员阻挡对方队员。3）队员阻挡对方守门员从其手中发球。

如果守门员在本方罚球区内出现下列情形之一，将判给对方踢间接任意球。

1）当手控制球时，在发出球之前持球超过 6 s。2）在发出球之后未经其他队员触及或再次用手触球。3）用手触及同队队员故意踢给他的球。4）用手触及同队队员直接掷入的界外球。

第四节　乒乓球

一、乒乓球运动概述

（一）乒乓球运动的起源与发展

乒乓球运动于19世纪后半叶起源于英国，据记载最早关于乒乓球运动的是在1880年英国的一家体育器材用具公司刊登的乒乓球器材广告上，当时还不叫“乒乓球”，而是以“高西马”“弗利姆-弗拉姆”等奇特的名称在英国盛行。

在1890年，英格兰的一位退休的越野跑运动员詹姆斯·吉布（James Gibb）到美国旅游时，偶然发现了一种用赛璐珞制成的空心玩具球，弹跳力很强，于是产生了用这种小球来替代软木球和橡胶球的想法。他把这种球带回英国后，就将这种球稍加改进，并逐步在英国和世界各地推广起来。或许因为赛璐珞球在桌上，被羔皮纸拍打来打去发出了“乒乒乓乓”的声音的缘故，英国一家体育用品公司模拟其声，首先用“乒乓”（Ping-Pong）二字做了广告上的商品名称。至此，乒乓球才开始有了如此之名。到了1926年，早已成立的英国乒乓球协会发现“乒乓”二字是商业注册名称，加之原乒乓球协会缺乏代表性，因而便解散了原组织，重新成立了“桌上网球”（Table Tennis）协会。自此，“桌上网球”这个名字一直沿用至今。国际乒联至今仍采用这个名称。汉语中的乒乓球是从声音上得名；日本称其为桌球则与原意更为相近。

1904年12月，乒乓球运动从日本传入中国。开始是由上海四马路一家文具店的老板王道平从日本购回10套乒乓球器材，并在店内做表演，于是买乒乓球、打乒乓球的人逐渐增多，各大城市也先后推广了这项活动。当时的乒乓球拍是木拍，板面光滑，很难使球产生旋转，所以打法只有推挡和抽球两种。

1926年12月，在英国伦敦举行的第一届欧洲乒乓球锦标赛期间，会议通过了正式成立国际乒乓球联合会的决议和国际乒联的章程，讨论了乒乓球规则，推选英国乒协的负责人伊沃·蒙塔古为国际乒联的第一任主席。

世界乒乓球锦标赛自1926年以后每年举行一次，1940—1946年因二战而中断。1957年以后，改为每两年举行一次，至2010年共举行了50届。

（二）乒乓球专业用语

1. 比赛台面

（1）左、右半区又称1/2区，其方向对击球者本身而言。

（2）近网区指距球网40 cm以内的区域。

（3）底线区指距端线30 cm以内的区域。

（4）中区指介于近网区和底线区之间的区域。

（5）边区指靠近球桌边缘的区域。

2. 球拍拍形

（1）拍面角度。拍面与台面所形成的角度。1）拍面与台面成90°为垂直。2）拍面与台面形成的角度小于90°为前倾。3）拍面与台面形成的角度大于90°为后仰。

（2）球拍横度。球拍绕前后转动所形成的球拍角度变化。拍柄与球台端线垂直时为0°，随球拍绕前后轴不断转动而增加其左横角度。当拍柄与端线平行时，为左横 90°；球拍围前后轴向右转至与球台端线平行时，为右横 90°。平常所说的球拍呈半横状，即是横度为45° 之意。

（3）拍面方向。球拍左右偏转时，与球台端线所形成的角度。

3. 击球部位

击球部位是指击球时球拍触球的具体位置，它基本上与拍形角度相吻合，有上部、上中部、中上部、中部、中下部、下中部和下部 7 种。

4. 击球时间

击球时间是指来球在本方台面弹起后至回落的那段时间，分为以下 5 个阶段。

（1）上升前期。球从台面弹起刚上升的阶段。

（2）上升后期。球弹起接近最高点的阶段。

（3）最高点期。球弹起达到最高点的阶段。

（4）下降前期。球从最高点开始下降的最初阶段。

（5）下降后期。球下降到接近台面之前的阶段。

5. 击球线路

击球线路是指从击球点到落台点之间形成的线。五条基本线路（以击球者为基准）为：正手斜线、正手直线、侧身斜线、侧身直线、中路直线。中路直线球在实际比赛中是随时以站位而定的，即追身球，也称中路追身球。

6. 击球点

击球点是指击球时，球拍与球接触瞬间的那一点所属空间的位置，这是对击球者所处的相对位置而言的，包含以下三个因素：1）球处于身体的前后位置；2）球与身体的远近距离；3）球的高、低位置。

二、乒乓球基本技术

（一）握拍方法

1. 直拍握拍法

（1）直拍快攻型握拍法。

以食指第二指节和拇指第一指节扣拍。拇指与食指之间的距离要适中。其他三指自然弯曲，中指第一指节贴于拍的背面。

（2）弧圈球型握拍法。

与快攻型握拍基本相同，但拇指贴在球拍左侧，食指轻轻扣住拍柄，形成一个小环状紧握拍柄。其他三指自然伸直，中指第一指节顶住球拍的背面中间。

（3）直拍削球型握拍法。

大拇指弯曲紧贴在拍柄的左侧，并用力压拍。其他四指自然分开，托住拍的后面。正手削球时，前臂旋后使球拍后仰，反手削球时，拍后四指灵活地把球拍抖起，使拍柄向下。直拍握法如图 6-4-1、图 6-4-2 和图 6-4-3 所示。

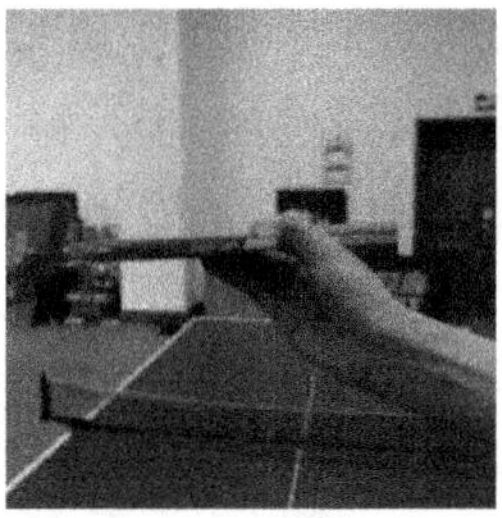

图 6-4-1 直拍握法(正面)

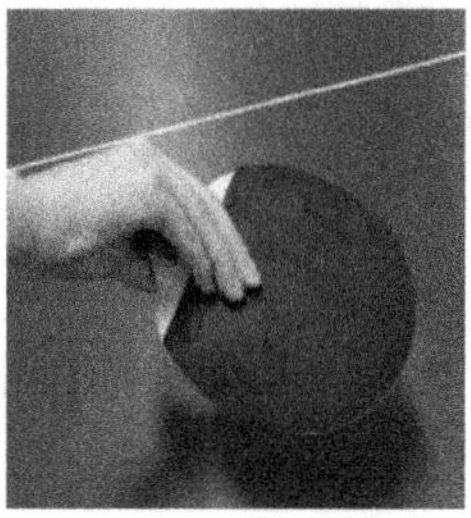

图 6-4-2 直拍握法(反面)

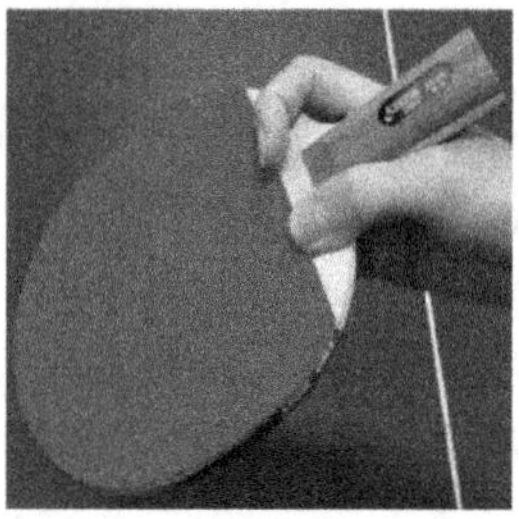

图 6-4-3 直拍握法(侧面)

2. 横拍握拍法

中指、无名指、小指自然地握住拍柄。拇指在球拍的正面轻贴在中指旁边,食指自然伸直,斜放于球拍的背面。浅握时,虎口轻微贴拍,深握时,虎口紧贴球拍。横拍握法如图 6-4-4、图 6-4-5 和图 6-4-6 所示。

图 6-4-4 横拍握法(正面)

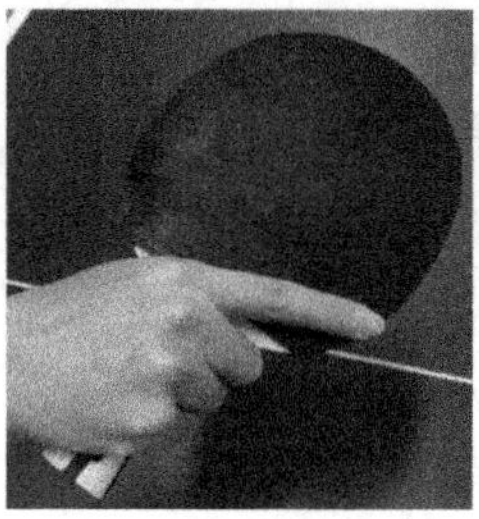

图 6-4-5 横拍握法(反面)

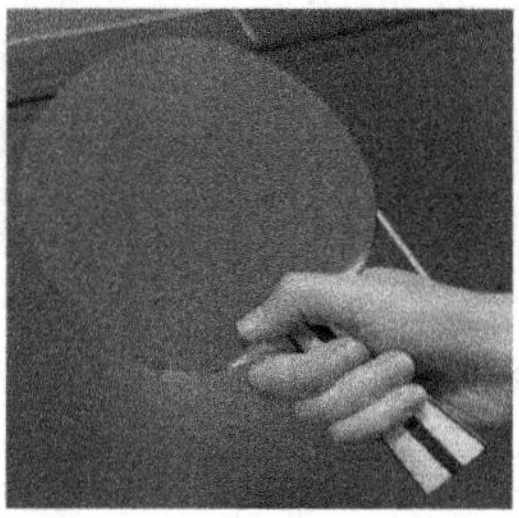

图 6-4-6 横拍握法(侧面)

(二)基本姿势

两脚平行站立(脚尖指向平行),提踵、前脚掌内侧用力着地,两脚间距离比肩稍宽。两膝微屈并稍内扣,上体略前倾,重心置于两脚之间。两眼注视来球。以右手握拍为例,持拍向左成半横状,使手臂保持自然弯曲,置于身体右侧,肘略外张,手腕放松,将球拍向左成半横状,使拍形保持自然后仰。球拍置于腹前,离身 20~30 cm,做到"注视来球,上体微倾,屈膝提踵,重心居中"。

(三)基本步法

1. 单步移动方法

击球时,以一脚的前脚掌为轴,另一脚向前或向左、向右移动一步,身体重心也随之移动到摆动腿上,然后挥臂击球。来球距身体较近时常用这种步法。

2. 跨步移动方法

击球时,以一脚向前、前后、向右的不同来球方向跨出一大步,身体重心随即移动到摆动腿上,另一脚迅速跟上,以便保持在最佳的距离上。一般在来球离身体较远,来球速度较快,可借助对方力量击球时使用这种步法。

3. 并步移动方法

移动时,先以与来球异方向的脚向另一只脚并一步,然后与来球同方向的脚再向来球的方向迈一步迎击来球。由于并步移动范围大,能保持重心稳定,一般在来球速度不算太快时可以使用。如削球的左右移动、快攻、拉弧圈球等,就常用这种步法。

4. 跳步移动方法

以与来球异方向的脚先起动，用力蹬地，两脚一同离地向左或向右移动。蹬地脚先落地，另一脚跟着落地，站稳后击球。这种步法照顾范围比单步大。小跳步还可用来作为还原步法，调整攻球的位置。它通常与单步、跨步综合运用。

5. 交叉步移动方法

击球时，以靠近来球方向的脚作为支撑脚，远离来球方向的脚迅速向来球方向在体前跨出一大步，腰和髋关节随势将支撑脚带向来球方向，在支撑脚落地前的瞬间击球，运用交叉步接短球或削突击来球较多。

（四）发球

1. 正手发球

（1）发正手平击球。

左脚稍前，抛球的同时转体手臂向身体右后方引拍，当球下降稍高于球网，手臂向左前方发力，挥拍击球中上部，顺势还原反手平击发球：右脚稍前或平站，抛球的同时转体手臂向身体左后方引拍，当球下降稍高于球网，手臂向右前方发力，挥拍击球中上部，顺势还原。

（2）正手发左侧上、下旋球。

手臂自右上方向左下方挥摆，球拍从球的右侧中下部向左侧面摩擦正手发侧下旋球时，手臂自右后上方向左前下方挥摆，球拍从球的右侧中下部向左侧下部摩擦。

（3）正手发转与不转球。

抛球同时持拍手向后上方引拍。发加转球时，手臂由后上方向前下方挥摆，前臂做旋外转动使拍面后仰，手腕用力使球拍下部靠左的一侧去摩擦球的底部。发不转球时，前臂做旋外转动应稍慢使拍面的后仰角度小些，用球拍下部偏右的一侧碰击球的中下部，故球的旋转较弱。

2. 反手发球

（1）反手发右侧上、下旋球。

反手发右侧上旋球时，执拍手由左上方经身前向右下方挥摆，触球的拍面从球的左中下部左侧上部摩擦。反手发右侧下旋球时，执拍手由左后上方向右前下方挥摆，触球时拍面从球的左侧中下部向右侧下部摩擦。同时，应注意配合转体动作使腰、臂协调用力有利于增大发球的速度和力量，增强球的旋转。

（2）反手发轻短球。

持球手向上抛球，同时持拍手向后上方引拍。当球下降至比赛网稍高时，前臂向前下方轻微用力送出，拍面后仰，触球中下部并向底部摩擦。球离开球拍后，第一跳应该在中台附近。

（五）攻球

1. 正手近台攻球

充分利用全身协调用力（蹬地、转腰、移重心）。以前臂发力为主，手腕辅助用力。击球点在身体右前侧（大约为前臂的长度）。触球瞬间向前打为主，略带向上摩擦。

2. 正手中远台攻球

加大向右手方引拍幅度，是为了增大击球的动作半径。上臂带动前臂发力。上臂向前，前臂和手腕向上发力为主。身体其他部位的协调用力不可缺少。

3. 正手扣杀

击球点离身体稍远；球拍应与球同高。在高点期击球，不宜打“落地开花球”。击球瞬间，整个手臂应发挥到最大力量，配合腰部转动及蹬地的力量。如来球带有下旋，球拍略低于来球，触球瞬间手腕向上抖动发力。

4. 正手杀高球

要集中全身的力量于触球的一瞬间，击球点适当离身体稍远一点（增大挥拍动作的半径）。近网高球只需向下用力，但杀落点远、落点后有一定前冲力的高球，应保持足够的向前力量。

5. 反手近台攻球

击球过程中要注意收腹，转髋转腰。以肘关节为轴心，前臂发力为主，手腕有一向前上方摩擦球的动作。保持适宜的击球点尤为重要，离身体太远或太近难于发力。

6. 反手快拨

上臂贴近身体，前臂迅速前伸迎球。手腕控制拍面前倾，借来球反弹力将球拨回。掌握好击球时间。注意线路落点变化并与突击结合运用，为进攻创造条件。

（六）搓球

（1）慢搓。应根据来球的具体情况，控制好拍面的后仰角度。击球时，前臂用力为主，转腕动作不宜过大。搓加转球，在向下用力的同时，应增加前送的幅度。

（2）快搓。身体重心前移，身体靠近来球。前臂主动前伸插向球的中下部。快搓一般借力还击，若来球下旋弱可用力下切。

（3）搓转与不转球。加转是前提，转与不转间差异越大越有威力。搓加转时，手腕爆发式用力为主；搓不转时，要注意回球的弧线。

（七）弧圈球

（1）正手拉加转弧圈球。

两脚分开，两膝内收微曲，重心置前脚内侧，左脚在前，略提脚后跟，身体略右转，手腕外展，向后拉，拍形成横立状。引拍至右后方，当来球跳至高点期或下降前期时，触球中上部或中部，腰髋带动上臂、前臂由后向前挥动，击球瞬间立即向前上方发力，右脚掌内侧用力蹬地，稍伸膝，前臂要迅速旋内收缩，协同摩擦，重心由右脚转向左脚。

（2）正手拉前冲弧圈球。

基本姿势同拉加转弧圈球，但身体重心稍提高。引拍时球拍与球同高或稍许低于来球，上臂带动前臂向右腰部侧后展开，拍形前倾于高点期或上升后期，摩擦球的中上部，由右向左转腰带动上臂、前臂、手腕，由后向左前方发力，配合略向上摩擦，重心前移至左脚。

（3）反手拉加转弧圈球。

站于球台偏左部位，距台约 60 cm 左右。两脚基本平站，身体重心落双脚，双膝微屈，腹内收，腰、上身略向左转，前臂置腹前自然弯曲。引拍至腹部左侧下方，肘关节略向前，屈手腕，拍下垂，拍形稍前倾，重心略置于左脚，于球下降前期触球中上部，触球瞬间脚用力蹬地，伸膝、转腹，腰髋带动上、前臂向前上方发力，拍撞球后摩擦，重心略上提前移并转至右脚。

（4）反手拉前冲弧圈球。

两脚分开，右脚略前，重心置于左脚，上体略左转，手臂自然弯曲，肘关节略近身，手腕内收，引拍时前臂外旋拉向左后方，拍形前倾，球弹起于高点期或上升后期，触球中上部，腰髋由左向右前上方转动，上臂带动前臂，以前臂为主加速向前略向上摩擦，鞭打式地击球。拍撞球后，手腕向前加力摩擦，重心由左脚转至右脚。

（八）削球

1. 远削

（1）正手远削。

站位中台左脚稍前，上体稍向右转重心落于右脚，持拍手臂自然弯曲于腹前。顺来球方向向右上方引拍与肩同高，拍面后仰。当球从台上弹起时，持拍手上臂带动前臂由右上向左前下方加速切削，手腕向下转动用力，在右侧离身体 40 cm 处击准下降期球的中下部，并顺势前送。

（2）反手远削。

中台站位右脚稍前，上体左转重心落于左脚，持拍手自然弯曲放松置于胸前。顺来球线路向左上方引拍约与肩高，拍柄向下。当球弹起时持拍手从左上方向右前下方挥动，拍面后仰，用前臂和手腕加速用力切削，球拍在胸前偏左 30 cm 处击准下降期球的中下部，并顺势挥至右侧下。

2. 近削

向上引拍比肩略高。根据来球的情况调节拍面后仰角度。前臂发力为主，手腕配合下压，击球后没有前送的动作。

三、乒乓球基本战术

（一）发球抢攻战术

观察对方站位，选择适当的发球方式，提前准备动作，明确击球线路。发球抢攻的战术意识首先是尽量争取发球直接得分；其次是迫使对方回球质量不高，从而赢得有力的进攻机会；最后才是迫使对方接发球不具备杀伤力，从而自己进行抢攻。

（二）接发球战术

（1）用快拨、快推或拉球回击，争取形成对攻的相持局面。

（2）用快搓摆短回接，使对方难以发力抢攻或抢位。

（3）对各种侧旋、上旋或不强烈的下旋短球，可用“快点”技术回接。“快点”突然性强，回球速度快并且线路变化多，对付欧洲的弧圈型打法选手，往往效果明显。

（4）接发球抢攻或抢线路位。

以上 4 种接发球战术，在比赛中可与场上具体情况结合起来运用。采用多种回接方法，给对方制造出各种困难，使其无法适应，从而破坏其发球抢攻或抢位的站位意图。

（三）对攻战术

对攻战术是进攻型打法在相持阶段常用的一项重要战术。快攻类打法主要依靠反手推挡（或反手攻球）和正手攻球（或正手拉弧圈球）的技术，充分发挥快速多变的特点来调动对方。

(四)拉攻战术

拉攻战术是以攻为主的选手对付削球的主要战术。为了发挥拉攻的战术效果，首先要具备连续拉的能力，并有线路、落点、旋转、轻重等变化，其次要有拉中突击和连续扣杀的能力。

(五)搓攻战术

搓攻战术是进攻型选手的一项辅助战术，主要是利用搓球的旋转和落点变化，为进攻创造机会。但搓球次数要适宜(不可过多)，一般快搓一两板后即组织进攻。

(六)削攻结合战术

由削球和攻球结合而成，常以逼对方两个大角加转削球为主，伺机反攻；或以转、低、稳、变的削球，迫使对手在走动中拉攻，使其回球质量不高，从中寻找机会反攻。这种战术有稳、逼、变、凶、攻的特点，是攻削结合打法的主要战术。

四、乒乓球比赛规则

(一)合法发球

发球时，球应放在不执拍手的手掌上，手掌张开和伸平。球应是静止的，在发球方的端线之后和比赛台面的水平面之上。发球员须用手把球几乎垂直地向上抛起，不得使球旋转，并使球在离开不执拍手的手掌之后上升不少于 16 cm。当球从抛起的最高点下降时，发球员方可击球，使球首先触及本方台区，然后越过或绕过球网装置，再触及接发球员的台区。在双打中，球应先后触及发球员和接发球员的右半区。

(二)合法还击

对方发球或还击后，本方运动员必须击球，使球直接越过或绕过球网装置，或触及球网装置后，再触及对方台区。

(三)重发球

回合出现下列情况应判重发球。

(1)如果发球员发出的球，在越过或绕过球网装置时，触及球网装置，此后成为合法发球或被接发球员或其同伴阻挡。

(2)如果接发球员或同伴未准备好时，球已发出，而且接发球员或其同伴均没有企图击球。

(3)由于发生了运动员无法控制的干扰，而使运动员未能合法发球。

(4)裁判员或副裁判员暂停比赛。

(四)暂停比赛

可以在下列情况下暂停比赛。

(1)由于要纠正发球、接发球次序或方位错误。

(2)由于要实行轮换发球法。

(3)由于警告或处罚运动员。

(4)由于比赛环境受到干扰，以致该回合结果有可能受到影响。

(五)一分

除被判重发球的回合，下列情况运动员得一分。

(1)对方运动员未能合法发球。

(2)对方运动员未能合法还击。

(3)运动员在发球或还击后,对方运动员在击球前,球触及了除球网装置以外的任何东西。

(4)对方击球后,该球越过本方端线而没有触及本方台区。

(5)对方阻挡。

(6)对方连击。

(7)对方用不符合要求的拍面击球。

(8)对方运动员或他穿戴的任何东西使球台移动。

(9)对方运动员或他穿戴的任何东西触及球网装置。

(10)对方运动员不执拍手触及比赛台面。

(11)双打时,对方运动员击球次序错误。

(12)执行轮换发球法时,接发球运动员或其双打同伴,包括接发球一击,完成了 13 次合法还击。

(六)一局比赛和一场比赛

在一局比赛中,先得 11 分的一方为胜方, 10 平后,先多得 2 分的一方为胜方。一场比赛应采用三局两胜制或五局三胜制。

第五节　羽毛球

一、羽毛球运动概述

(一)羽毛球运动起源和发展

现代羽毛球运动诞生于英国。1873 年,在英国格拉斯哥郡的伯明顿镇有一位叫鲍弗特的公爵,在他的领地开游园会,有几个从印度回来的退役军官就向大家介绍了一种隔网用拍子来回击打毽球的游戏,人们对此产生了很大的兴趣。因这项活动极富趣味性,很快就在上层社会社交场上风行开来。1893 年,英国 14 个羽毛球俱乐部组成羽毛球协会。1934 年,国际羽毛球运动联合会(简称国际羽联)在伦敦成立; 1978 年,世界羽毛球运动联合会(简称世界羽联)成立; 1985 年,国际羽联和世界羽联宣布合并,统称为“国际羽毛球联合会”。1948 年举办了第一届男子团体锦标赛(汤姆斯杯), 1956 年又举办了第一届女子团体锦标赛(尤伯杯),在第 25 届奥运会上羽毛球被列为正式比赛项目。

羽毛球运动约于 1920 年传入我国。20 世纪 70 年代我国羽毛球队已跻身于世界强队之列。70 年代,国际羽毛球坛是印度尼西亚与我国平分秋色。80 年代,优势已转向我国,说明我国羽毛球运动已达到世界先进水平。

(二)羽毛球专业用语

(1)站位。运动员站在羽毛球场上的位置称为站位。站位有两种情况:一种是受限制的站位;另一种是不受限制的站位,可根据自己或同伴(双打)的需要而选择的站位。

(2)击球。击球是指运动员挥拍击球时,拍与球接触的一刹那。运动员站在左半区迎击对方来球叫作左半区击球，在右半区的击球叫作右半区击球，站在前场、中场、后场的击球，则分别叫作前场击球、中场击球、后场击球。

（3）持拍手与非持拍手。持拍手是指正握着球拍的手。非持拍手是指没有握拍的手。在羽毛球运动中，非持拍手的功能主要是在发球时用来持球、抛球；在击球过程中用来平衡身体，以便更有效地击球。

（4）击球的基本线路。击球线路是指球被运动员击出后在空中运行的轨迹和场地之间的关系。

（5）羽毛球的基本线路可分为五条，即：左方直线、中路直线、右方直线、右方斜线（右方对角线）、左方斜线（左方对角线）

（6）拍形角度与拍面方向。拍形角度是指球拍面与地面所成的角度，分为七种，分别为拍面向下、拍面稍前倾、拍面前倾、拍面垂直、拍面后仰、拍面稍后仰、拍面向上。拍面方向是指球拍的拍面所朝向的位置，分为三种，分别为拍面朝左、拍面朝右、拍面朝前。

（7）击球点。所谓击球点是运动员击球时球拍与球相接触那一点的时间、空间位置。

二、羽毛球基本技术

羽毛球运动的基本技术，主要是由手法技术和步法技术两大部分组成。其中手法技术包括握拍、发球和击球等技术；步法技术由起跳腾空、前场上网、中场左右移动和后场后退等技术组成。

（一）握拍技术

1. 正手握拍技术

先用左手握住球拍的中杠，使拍框与地面垂直。张开右手，使虎口对准拍柄斜棱上的第二条棱线，此时眼睛从左至右可同时看见四条棱线，然后用近似握手的方法握住拍柄，拇指和食指贴在拍柄两侧的宽面上，其余的三指自然握住拍柄。拍柄与掌心不要握紧，应留有空隙。一般情况下，以球拍柄端靠近手掌的小鱼际为宜。如图 6-5-1 和如 6-5-2 所示。

2. 反手握拍技术

在正手握拍的基础上，将球拍柄稍向外旋，拇指顶贴在拍柄第一斜棱旁的宽面上，也可将大拇指放在第一、二斜棱之间的小窄面上，食指稍向下靠。击球时，靠食指以后的三指紧握拍柄，同时拇指前顶发力击球。如图 6-5-3 和图 6-5-4 所示。

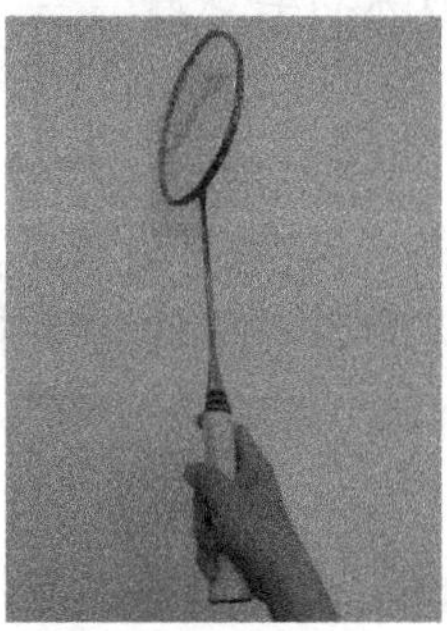

图 6-5-1 羽毛球正手握拍（正面）

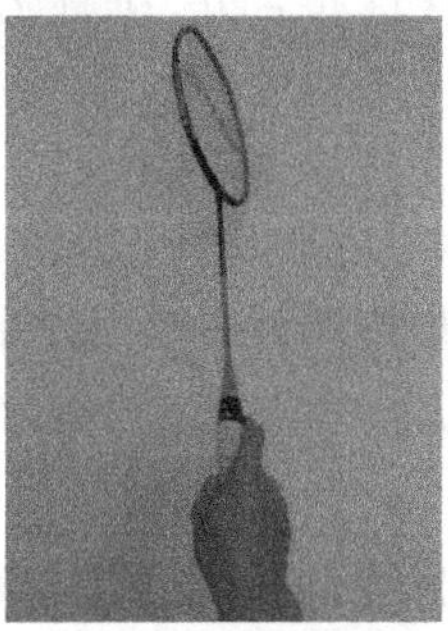

图 6-5-2 羽毛球正手握拍（侧面）

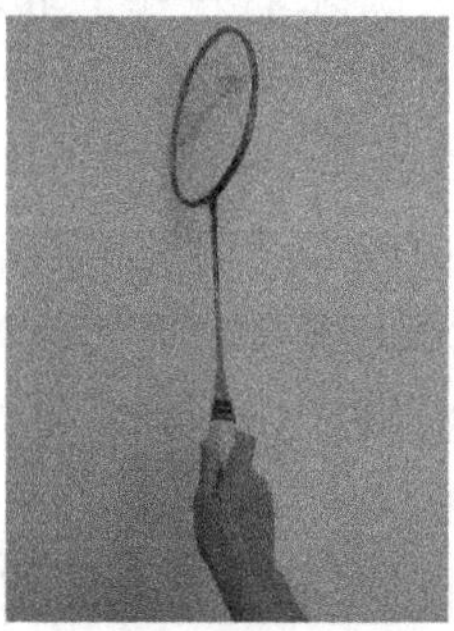

图 6-5-3 羽毛球反手握拍（正面）

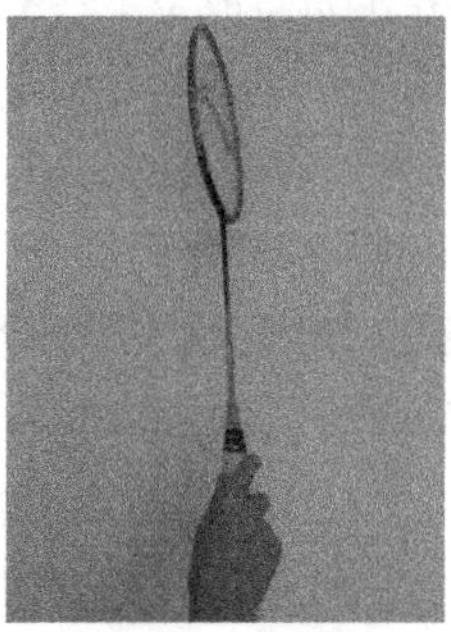

图 6-5-4 羽毛球反手握拍（侧面）

（二）发球技术

1. 正手发后场高远球

两脚自然分开，左脚在前，脚尖对网，右脚在后，脚尖稍向右侧，重心放在右脚上；用左手拇指、食指和中指夹持住羽毛球中部，自然抬举于胸前方；右手正手握拍自然屈肘举至身体的右后侧，呈发球前的准备姿势。击球动作：持球手松开，使球自然下落；右手持拍臂自下而上沿半弧形做回环引拍动作，同时开始转体，当拍挥至身体右侧前方击球点上的瞬间，前臂迅速内旋带动手腕闪动展腕发力，用正拍面将球击出，身体重心随转体动作逐渐由右脚移至左脚上。击球后的身体重心完全移至左脚上，持拍手随击球动作完成后的自然惯性向左上方挥动。在发球的过程中，双脚均不能离开地面或移动。

2. 正手发后场平高球

第 1 拍动作和击球后的动作均与正手发后场高远球相同。击球时以小臂带动手腕发力为主，拍面与地面的夹角小于 45°，向前推进击球。

3. 正手发后场平射球

准备姿势及击球后的动作均同正手发后场高远球，引拍动作较发后场高远球要小一些。击球时，拍面仰角较小，前臂内旋带动手腕快速闪动向前击球。击球点在规则允许的范围内可争取略高一些。

4. 正手发网前小球

准备姿势、引拍动作和发球后的动作与正手发后场高远球相似。发球时握拍保持放松，靠手指控制力量：手腕收腕发力，用斜拍面往前推送击球，使球轻轻擦网而过，落入对方前发球区。

5. 反手发后场平高球

准备姿势、站位靠近前发球线，右脚在前，左脚尖侧后点地，重心放在右脚上；左手拇、中、食指握住球的羽毛处，置于腹前；右手弯时稍向上提起，用反手握拍，以反拍面将球拍自然置于腹前持球手的后面，两眼正视前方，呈发球前的准备姿势。击球动作：左手放球的同时，持拍手前臂内旋，带动手腕展腕由后向前做回环半弧形挥动，击球时屈指收腕发力，反拍面向前上方将球击出。击球后的动作以制动动作结束发力，并注意将握拍姿势迅速调整为正手握拍。

6. 反手发后场平射球

与反手发后场平高球动作相同，击球时，尽可能地提高击球点，利用拇指的顶力，拍面与地面呈近似于 90° 角迅速向前推进击球。

7. 反手发网前小球

准备姿势、引拍动作和击球后的动作均与反手发后场平高球相同。击球时靠手腕和手指控制发球的力量，以斜拍面向前轻轻推送切击球托，使球尽可能低地沿网上方飞过并落入对方前发球线内。

（三）低手击球

1. 挑高球技术

（1）正手挑高球。

判断来球，快速上网，左脚积极蹬地，右脚跨步向前成弓箭步，侧身对网，重心在右脚。

正手握拍，手臂自然向右前方伸出，小臂外旋伸腕，左臂自然后伸起平衡作用。击球时，以肘关节为轴，小臂带动手腕、手指快速由右下方向前上方成半圆形挥拍击球。

（2）反手挑高球。

判断来球，快速上网，左脚积极蹬地，右脚跨步向前成弓箭步，重心在右脚，侧身背对网。反手握拍，手臂向左前方伸出，小臂内旋屈肘屈腕，左臂自然后伸起平衡作用。击球时，以肘关节为轴，小臂带动手腕、手指快速由左下方向前上方成半圆形挥拍击球。

2. 抽球

（1）正手抽底线球。

准确判断来球，快速移动步法，左脚蹬地，右脚向正手底角跨出，侧身向网，上体向右后倒，重心在右脚。正手握拍，手臂向右举拍，大臂与小臂约成 120° 角。准备击球时，小臂外旋伸腕，球拍后引拍面稍后仰。击球时，主要靠小臂带动手腕、手指“抽鞭”式向前挥拍，小臂由外旋到内旋，腕部由伸到屈闪动击球。向前上方用力击球成高远球，向前方用力击球则成平球。

（2）反手抽底线球。

准确判断来球，快速移动步法，左脚蹬地，右脚向反手底角跨出，上体前倾背对网，重心在右脚。反手握拍将球拍举于左肩上方。击球时，大臂带动小臂、手腕和手指沿水平方向快速向后挥拍，手臂基本伸直时，小臂外旋，手腕后伸用力“闪”动击球。向后上方用力击球成高远球，向后方用力击球则成平球。

3. 接杀球

（1）挡网前球。

右场区接杀近身球时，右脚向右侧跨一步，两脚略比肩宽，平行站立，上体向右后侧转动至左肩对网，右脚蹬直，球拍向右侧后引对准来球。接杀时，握拍要松，预摆动作要小，借用来球力量以及手腕外展闪腕的同时，食指、中指往拇指方向轻微提拉，其余手指突然紧握拍柄，击球托中下部位。击球瞬间，手腕、手指控制好拍面角度，使球刚飞越球网后下落。挡回直线网前球时拍面正对球网并稍后仰；挡回对角线网前球时，则需调整拍面方向朝对方网前的斜对角。

左场区接杀近身球时，左脚向左侧迈一小步，右臂屈肘反手握拍于左侧身前，小臂内旋，手腕外展，球拍后引对准来球，上体向左后侧转动至右肩对网，左脚蹬地。接杀时，握拍要松，预摆动作要小，借用来球力量以及小臂外旋、手腕伸直闪动，食指、中指轻微提拉，其余手指突然紧握拍柄，击球托的中下部位。接杀瞬间，用手腕、手指控制好拍面角度，使球刚飞越球网后便下坠。

（2）挑后场高球。

正手上网被动挑高球时，判断来球，快速垫步上网，持拍手前伸，小臂外旋，手腕伸展将拍子引至右侧下方。击球时，小臂内旋并回收，手腕由伸展至伸直“闪”动，在右侧下方击球托的后底部，把球向前上方挑起。击球后，后撤回位，拍子收回胸前。

反手上网被动挑高球时，判断来球，左脚向前移一小步后后蹬，上体稍左转，右脚向左前跨一大步，反手握拍由身前引向左下方，肘部前领。球将落地时，上体前屈，后脚跟进一小步成弓箭步。球拍快速前挥，手腕由屈到伸“闪”动，击球托后底部。击球后，上体直起，脚后撤回位，收拍于胸前。

（3）平抽反击球。

站于球场中心附近，两脚左右开立，两膝微屈，面向球网，右手持拍于体前，判断来球，左（右）脚向左（右）侧跨步到位，引拍至左（右）侧后。

正手平抽球，小臂由外旋转为内旋，手腕由伸腕至伸直闪动，手指握紧拍柄，多用食指的力量向前发力挥拍击球。

反手平抽球，小臂由内旋转为外旋，手腕由外展至稍内收闪动，手指突然握紧拍柄，多用拇指的反压力，向前稍上挥拍击球。

（四）步法

1. 前场上网步法

前场上网步法，可分为跨步上网、垫步上网、蹬步上网等移动步法。一脚向任何方向跨出一步，或面向移动方向两脚交替跨步，而最后跨出的为握拍手同侧的一只脚。若在网前，应先出一小步，最后一大步，若在后场，则先出一大步，后用小步调整。上体前倾，重心落在前脚上。

2. 后场后退步法

后场后退步法，可分为正手后退、反手后退、交叉步后退移动步法等。以反手后退步法为例，重心调整后，右脚先后撤一步，接着向左转体，左脚同时向左后退一步，右脚再跨出一步，背对球网做反手击球。

3. 中场左右移动步法

以向右侧移动为例，取场上中心位置站位，当来球击向右场区时，若距离身体较近，左脚用力蹬地，右脚向右侧跨出，重心落在右脚上；若来球距身体较远，左脚可向右脚垫一步或后交叉于右脚，再用力蹬地，右脚同时向右侧跨步。

4. 起跳腾空步法

可原地或移动后用单脚或双脚起跳。腾空后，持拍选择在最高点用力扣杀。

三、羽毛球基本战术

羽毛球战术是指运动员在比赛中为表现出高超的竞技水平和战胜对手，而采取的计谋和行动。在羽毛球比赛中，双方都想要控制对手，力争主动。以己之长，克彼之短，抑彼之长，避己之短，控制与反控制的竞争是十分激烈的。要能够根据不同对手的特点，采取相应变化的技术手段战而胜之。一般来说羽毛球战术分单打战术和双打战术两大类。

（一）单打战术

1. 发球抢攻战术

发球不受对方干扰，发球者可以根据规则，随心所欲地以任何方式将球发到对方接球区的任意一点。善于利用多变的发球术，能先发制人，取得主动。以发平快球和网前球配合，争取创造第三拍的主动进攻机会，组成了发球抢攻战术。

2. 攻后场战术

此战术是通过击高球、重复压对方的底线两角，造成对方的被动，然后寻找机会进攻。用它来对付初学者，或后场还击能力较差，或后退步子较慢以及急于上网的对手是很有效的。

3. 攻前场战术

对网前技术较差的对手,可运用此战术先将其吸引到网前,然后攻击其后场。采用此战术,自己首先要有较好的网前击球技术。

4. 打四点球战术

若对手步子较慢、体力较差、技术不全面,可以用快速准确的落点攻击对方场区的四个角落,寻找机会向空当进攻。此战术的主要目的是通过打落点,逼迫对方前后奔跑、被动应付,并在其回球质量下降或露出破绽时乘虚而入。

5. 杀、吊上网战术

先在后场以轻杀配合吊球把球下压,落点要选择在场地两边,使对方被动回球。若对方还击网前球时,便迅速上网搓球或勾对角快速平推球;若对方在网前挑高球,可在其后退途中把球直接杀到他身上。

6. 打对角线战术

对付身体灵活性差、转体较慢的对手,不论是进攻还是防守,均应以打对角线球为主。这样,对方会因移动困难而被动,为我方创造进攻机会。

7. 先守后攻战术

这一战术可用来对付那种盲目进攻而体力又差的对手。比赛开始,先以高球诱使对方进攻,在对方只顾进攻疏于防守时,即可突击进攻。或者在对方体力下降,速度减慢时再发动进攻。这是以逸待劳,后发制人的战术。

(二)双打战术

1. 攻人战术

这是一种经常运用的行之有效的战术。当发现对方有一个人的防守能力或心理素质较差,失误率比较高或防守时球路单调,就可采用这种战术,把球进攻到这个较弱者的一边。这种战术可集中优势兵力以多打少,以优势打劣势,造成主动或得分;有利于打乱对方防守站位,另一个不被攻的人,由于没有球可打,慢慢地站位会偏向同伴,形成站位上的空当,有利于我方突击另一线而成功;有利于造成对方思想上的矛盾而互相埋怨,影响其士气。

2. 攻中路战术

当对方分边站位防守时,将球攻击对方两人的中间;当对方前后站位时,可将球下压或平推两边半场。这样可使对方防守时互相争抢或互让而出现失误。

3. 攻直线战术

即杀球线路和落点均为直线,没有固定的目标和对象,只依靠杀球的力量和落点来取得得分效果。当对方的来球靠边线时,攻球的落点在边线上;当对方的来球在中间区时,就朝中路进攻。这个战术在使用上较易记住和贯彻。杀进线球虽然难度高一些,但效果不错,便于网前同伴的封网。

4. 攻后场战术

对方扣杀能力差,本方可采用平高球、推平球、接杀挑底线,把对方一人紧逼在底线两角移动。当对方被动还击时,则抓住机会大力扣杀。另一对手后退支援时,即可攻网前空当。

5. 后攻前封战术

当本方处于主动进攻前后站位时,站在后场的队员见高球就杀或吊网前球,迫使对方接球挡网前,这为本方前场队员创造了封网扑杀机会。前场队员要积极封锁网前,迫使对方被动挑高球。一旦对手挑高球达不到后场,就为本方创造了再进攻的机会。

6. 防守反攻战术

在防守中寻找反攻的机会,以便摆脱困境,转被动为主动。例如:挑底线高球,即不论对方从哪里进攻,本方都应设法把球打到进攻者的另一边底线。如对方正手后场攻直线,就挑对角线,如对方攻对角就挑直线。这是一种较容易争得主动的防守战术,在女子双打中运用更为有效。时机有利,即可运用反抽或挡网前回击对方的杀球,从守中反攻,争得主动权。运用此战术时,要注意挑高球一定要挑到底线,否则将会出现对方连续攻杀而本方无力反击的局面。

四、羽毛球比赛规则

(一)羽毛球比赛场地

场地呈长方形,长 13.4 m、宽 6.1 m,每条线宽均为 4 cm,所有线的宽度都在场地之内。半场而言,各线的名称为单、双打边线,单、双打后发球线,前发球线和中心线。此外,正式比赛场地要求上空有 9 m 的无障碍空间,场地四周 2 m 以内不得有任何障碍。如图 6-5-5 所示。

(二)球网

羽毛球网的颜色为深色,其长 6.1 m、宽 0.76 m。球网中央不能低于 1.524 m,球网两端即网柱上的网高为 1.55 m。

(三)局数和分数

正式比赛采用三局两胜制决定胜负。女单、男单、双打均以 21 分为一局。

(四)得分和发球权

比赛中采用每球得分制,得分方发球。

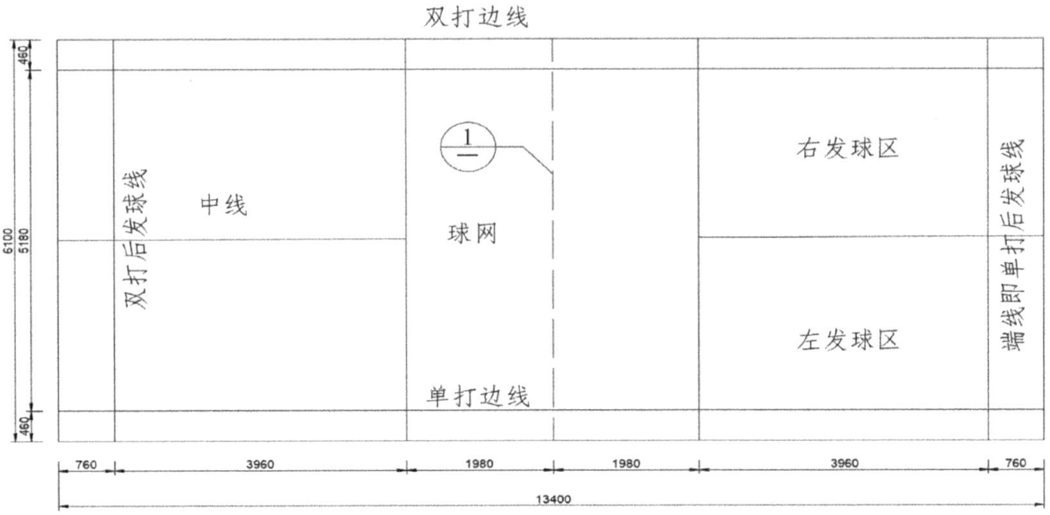

图 6-5-5 羽毛球场地规格

(五)双打(含混双)的发球与接发球方位

比赛中,每局首先发球的选手(称"第一发球员")和接发球的选手(称"第一接发球员”)，当该局本方分数为零或偶数时，必须在右发球区发球和接发球；得分为奇数时，则应在左发球区发球和接发球，每方的同伴则反之。每局比赛中第一个球的发球方位和顺序的轮转为：当首先发球的一方失去发球权后，必须交换发球权，然后由该局首先接发球的队员发球（此时该球员又被称为“本方第一发球员”)，如得分，该发球员继续发球，发失误则同伴发球，如得分则继续发球，直到失去发球权。在交换发球权后，由对方站在右发球区的原接发球员发球直至失误，改由同伴发球，依此类推。

(六)交换场地

第一局比赛结束时，双方应交换场区进行第二局比赛。如前两局双方战成 1 : 1 时，双方也应交换场区进行决胜局比赛。在比赛中，如选手未按规则规定按时、正确地交换场区，一经发现应立即交换，已得分数有效，并继续进行比赛。

(七)违例

(1)不合法的发球。延误发球、脚触及界线、双脚移动、击球点在腰以上部位等。

(2)发球员发球时未击中球，球过网后挂在网上或停在网顶。

(3)比赛过程中球从网下或网孔穿过或不过网。

(4)比赛中，球碰到队员身体或衣服，球触及房顶及场地外的人或物体。

(5)比赛中，球拍与球的最初接触点不在击球者的这一方。

(6)比赛中，队员的球拍、身体或衣物碰网或网柱；队员的脚或球拍侵入对方场区。

(7)1 名队员两次挥拍连续两次击中球，或是同一方的两名队员连续各击一次球。

(8)击球时，球夹在或停滞在球拍上，紧接着又被拖带。

(9)阻碍对方紧靠球网的合法击球。

(10)比赛中，队员故意扰乱、影响对方进行正常比赛的任何举动。

第六节　网球

一、网球概述

(一)网球的起源与发展

网球运动起源于 14 世纪的法国，当时在法国宫廷中开展一种叫“掌球戏”的游戏。17 世纪这种游戏传入英国后有所变化，把绳改变为网，球拍穿上了有弹性的弦线，场地也较正规了。18 世纪资本主义兴起后，网球运动冲出了宫阙，逐步在资产阶级和市民阶层中开展起来。到 19 世纪，网球运动在欧美已较盛行。网球运动早年在欧美仅是贵族们的一种温文尔雅的社交娱乐活动，经过了 100 多年才逐渐发展成一项对抗性的国际体育比赛项目。国际网球联合会于 1912 年成立于法国巴黎，国际网联承认的正式团体赛有戴维斯杯赛（男子团体国际网球锦标赛）和联合杯赛（女子团体国际网球锦标赛）。

网球运动早在 1885 年前后就传入了我国，先是在上海、广州等几个大城市的外国传教士和商人中出现，后来在个别教会学校中也开展起来。新中国建立后，网球运动不断发展，特别是近年来网球水平更有了新的提高，年轻选手不断涌现，尤其女子在一些国际比赛中取得了可喜的成绩。网球运动的动作优雅舒展，既体现人体的力量和速度，又展示人体的协调性和灵活性。

(二)网球专业用语

(1)S 球。S 球就是指对局双方中一方发球,球落在有效区内,但另一方没有触及球而使之直接得分的发球,又可分为内角 S 球和外角 S 球。

(2)擦网。在发球时擦网被判为犯规需要重发,而在正常的比赛过程中则会被视为运气球,因为通常球在擦网后会改变飞行方向,令对手防不胜防。

(3)穿越球。指一方上网截击,当对方打出一个速度很快的回球并落在界内得分,而上网的一方没能触到球。看高手对局,穿越球是最漂亮的,因为一般来说上网的一方是占据有利形势的,而打出穿越球则颇有点反败为胜的味道。桑普拉斯就是一位经常能打出穿越球的网球好手。

(4)挑高球。指一方上网截击,占据有利位置,另一方打出弧度很高的球,跳过上网方的头顶,并落在界内得分。最擅长打挑高球的选手是华裔选手张德培。

(5)四大满贯。四大满贯是国际网球四大公开赛简称,他们包括澳大利亚网球公开赛、温布尔登网球公开赛、法国网球公开赛和美国网球公开赛。

二、网球基本技术

(一)握拍技术

1. 大陆式握拍法

与东方式握拍不同,大陆式握拍在进行正、反拍击球时都无须变换握法。握拍时用手掌根贴住拍柄上部的平面,食指与其余三指稍微分开,食指上关节聚贴在右上斜面上,拇指垫贴在拍柄的左垂直面上。如图 6-6-1 所示。

2. 东方式握拍法

左手先握住拍颈,使拍子与地面垂直,然后手掌也垂直于地面,手握拍柄好像与人握手。故亦称“握手式”握拍法。准确地说,用右手掌根与拍柄右上斜面贴紧,拇指垫握住拍柄的左垂直面,食指微离中指,食指下关节压住拍柄右垂直面。由此拇指与食指成“V”形,对准拍柄的右上斜面和左上斜面的上端中间。如图 6-6-2 所示。

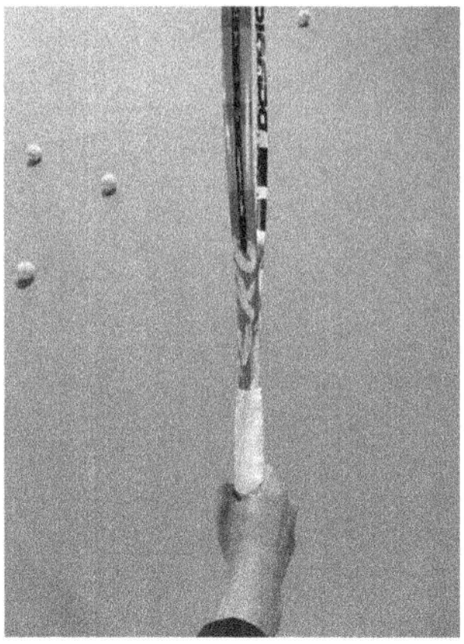

图 6-6-1 大陆式握拍法

图 6-6-2 东方式握拍法

3. 半西方式握拍法

手掌心朝下，手掌的大部分放在拍柄的底部，手掌根贴在拍柄的右下斜面上，拇指压在拍柄的上部平面，食指的下关节握住拍柄的右下斜面。拇指与食指的“V”形对准握柄的右垂直面。握拍的形状好似“一把抓”。如图 6-6-3 所示。

4. 超西方式握拍法

这是一种很“极端”的握拍，手腕的位置迫使拍面强烈地击打球的后部，从而产生更多的上旋。这种握拍比其他任何一种正手握拍法的击球点都要更高更远。如图 6-6-4 所示。

5. 单手反(手)握拍

相比双手反拍握法，击球点更靠前。既可以用它击打出一定的上旋球，也可以打出富有穿透力的平击。如图 6-6-5 所示。

6. 双手反(手)握拍

右手是东方式反手握拍法，握在拍柄端部，左手为东方式正手握拍法，握住右手的上方。如图 6-6-6 所示。

图 6-6-3 半西方式握拍法

图 6-6-4 超西方式握拍法

图 6-6-5 单手反(手)握拍

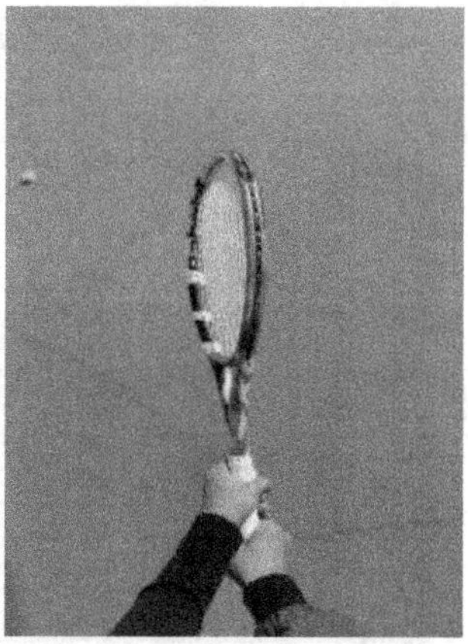

图 6-6-6 双手反(手)握拍

（二）发球

发球是网球运动的一项重要技术。它是进攻的开始，掌握大力、凶猛和多种旋转的发球，不仅可以直接得分，也给对方接发球造成困难，为实施网前截击和其他制胜手段创造条件。

1. 平击发球

发平击球时的击球点应在身体的右眼前上方，以拍面中心平直对准球，击球的后中上部。因此手腕的向前拌甩和前臂的“旋内鞭打”非常重要，身体充分向上向前伸展，以获得最高击球点，以提高发球命中率。

2. 切削发球

发球时把球抛到右侧斜上方，球拍快速从右侧中上方至左下方挥动。击球部位在球的中部偏右侧，使球产生右侧旋转。

3. 上旋发球

发上旋球时把球抛到头后偏左的位置，击球时身体尽量后仰成弓形，利用杠杆力量对球加旋转，球拍快速从左向右上方挥动，从下向上擦击球的背面，并向右带出，使球产生右侧上旋。

（三）抽球

抽球是网球运动技术的基础技术，只有掌握了这种技术才能在比赛中接好发球，从端线上进攻及进行防守等动作。

1. 正拍平抽球

向前挥臂准备击球的动作由身体向左转动带动的，挥动线路与地面平行，并且在与击球点同高的平面上，身体向右转动带动手臂向前挥动击球时，身体重心同时前移，可拉大挥拍速度，加大击球力量。

2. 反拍平抽球

整个动作过程基本与正拍相似，仅是换了站立位置，手臂的后撤动作，也是主要依靠身体转动，并且转动得比正拍平抽球时还要大一些。

3. 切削球

一般时间较为仓促，拉拍后，手腕回钩不明显。击球前，球拍上举的位置比攻击性切削时低；击球时，拍面打开较多，击球的中下部，且有明显前送的动作；击球后，拍面基本打开完全，球拍最终停留的位置较高，一般超过对侧肩膀。

4. 上旋抽球

出球向上旋转，飞行线路是向上弧形，下落快，落地后反弹高而远，比赛中常用于短斜角攻击。

（四）正反拍截击球

截球是在网前进行的一种攻击性击球方法，是指球在空中飞行，还未落地时就加以迎击的一种技术。目前国内外优秀运动员都以发球上网或接发球战术为主，因而，截击球技术被提到进攻性打法不可缺少的重要地位。截击球技术比较复杂，需要有很高的判断能力，反应要快，击球要准。

1. 平截击球

特点是后摆小，回击快，力量大，球到对方场内很少旋转。高度在网以上，肩以下的网前的大多数来球，都可用平截击球。

2. 切截击球

击球力量相对较小，但准确易控制落点，击出的球是下旋，落地后跳得很低而快。比赛中适于回击不宜用高压球击回的过肩球，以及击球点低于网的上旋空中球或其他低于网的空中球。

3. 抽击式截击球

击球力量大、速度快、攻击性强，但不易控制，准确性较差，适于在中场附近截击速度不高，腰以上肩以下的来球。

（五）高压球

高压球是近似发球动作的一种在头上高点击球技术，它可以直接击出未落地的高球，也可以击落地后反弹较高的球。高压球在比赛中虽运用不多，但它是保证上网的一种必要技术，不掌握高压球技术，上网后易被对方挑高球而陷于被动。高压球击球动作一般与平发球技术相同。

（1）高压球的动作与发球动作相似，握拍也与发球握拍相同。当对方挑高球时，应立即侧身转体并用短促的垫步向后退，同时侧身，持拍手上举至头部位向后引拍，重心在两脚前脚掌上，后腿弯曲，随时准备扣杀。

（2）准备击球时，非持拍手上举指向来球的方向和高度，击球与发球时击球一样，击球点在右眼前上方。如果跳起高压，用后脚起跳，转体、收腹，击球后用左脚着地，同时右脚向前跨，准备上网截击。

（3）近网高压球击球点可偏前，便于下扣动作的完成，远网后场高压的击球点可稍后些，击球动作向前下方挥击，以防下网。

（六）挑高球

队员需具备良好的空中定向、判断能力及熟练而精准的脚步移动能力，眼睛看球；拉开球拍，做好侧身准备；移动步伐；单脚跳起，在制高点上击球，击球时收腹、转体；做完后准备第二次拦击。

（七）反弹球

正、反拍反弹球握拍与网前截击握拍相同，采用东方式反拍握拍法或大陆式握拍法。当判断来球需要打反弹球时，迅速下蹲，重心下降。击球时眼睛必须看球，手腕与前臂紧固，拍面略开，随身体重心前移，拍子由下向上做反弹击球，同时使球略带上旋。

（八）放短球

当对方在底线附近跑动时，出其不意放一近网短球，使之在无准备或迟疑中失误。放短球是多用手腕动作，利用小臂带动手腕的力量使球拍沿球下部急剧滑动，以缓冲来球力量，并使球后旋。短球常以突击制胜，但对善于上网的对手不可多用。

（九）步法

1. 准备击球步法

除发球外，准备击球的姿势是两脚分开与肩齐宽，面对网，略弯腰，膝部微屈，脚跟微微离地，身体重心落于前脚掌上。

2. 击球步法

待来球进入正拍或反拍区域时，迎上去侧身两脚前后开立，重心移到后脚；击球时重心由后移至前脚，带动手臂、球拍及腰部动作，使全身力量协调地通过球拍击球；击球后，后脚自然跟进，保持身体平衡，恢复准备姿势。

3. 移动步法

分交叉步和滑步二种。当球在体侧或体前距离较远时，可采用交叉步如向右则先动左脚，一前一后，两脚不是同时着地，这种步法，步子大、速度快。滑步用于小范围内调整身体和球的距离，如向右先跨出右脚，左脚迅速跟进。

（十）击球点

击球点指球拍触球点与身体位置的关系。现代网球运动要求球击点靠前，争取上网的进攻性打法。即当球落地弹起处于上升阶段时，便迎上前去，使击球点在身体的斜前方。这样击出的球有力，其有较大威胁。若等球弹起到最高点再下落至腰际时才击球，势必后退找点，虽出球稳，但无力，并为对方提供了充足的准备时间。

三、网球基本战术

网球比赛时，无论单打或双打，都应该善于运用自己的优点，针对对方的弱点和场上不同情况，运用不同的战术。

（一）网球单打战术

1. 发球战术

因发球不受对方支配，可通过力量、速度和落点达到得分目的；针对对方弱点，攻其薄弱环节；利用不同的发球方式，随后上网截击；运用相似手法，发不同性能的球，使对方难以判断；利用外界自然条件（如风向、阳光、硬地和草地等）发球，给对方接发球制造困难。

（1）发球站位。发第一区时，尽量接近中点线，发直线球逼住对方反拍；发第二区时，站位可距中点线稍远，便于以更大斜线发对方反拍区，扩大自己正拍防守的区域。

（2）第一次发球。多用大力平击发球，使对方难以抵挡，造成接发球失误；或用切削发球，急速旋转发球打落点，发至对方防守较差地区。

（3）第二次发球。在不失误的情况下，力求凶狠，打落点。多用切削发球和急速旋转发球。

（4）上网的发球。大力平击发球后，对方回球快，而且身体不易掌握平衡，常来不及上网，故利用发急速旋转球上网较好。

2. 接发球战术

接发球一般是处于被动地位，如处理得好可减少被动，甚至可变主动。

（1）接发球站位。站在对方可能把球发到的角度分角线上。当对方发向外或向内旋转的球时，要靠近旋转方向一点。此外，应尽量站在端线内半米左右处，这样距离短回击快，可抑制对方上网，便于自己上网。

（2）接发球击球方法。一般采用平击抽球，将球回击到对方底线两角；也可运用旋转球拉开对方，使之左右奔跑，或运用切削球打到近网两角；运用挑高球挑过发球上网者头顶等。

3. 上网战术

上网是积极主动的打法。在发球或接球后，冲到离网较近的位置，不等对方回击的球落地，便进行空中截击或高压。

（1）上网时机。多用于第一次发球。发急速旋转球后，借球在空中飞行时间长，对方难于回击之机上网截击。若抽击球后上网，则出球要斜、要深、要量或接近中央地带。

（2）上网站位。尽可能站到大约距离网 2 m 处。近网则进攻威胁性大，封网角度小，防守控制面积大，但必须有强力高压球做保证，否则对方挑高球时便陷于被动。此外，站位应在对方可能击球角度的分角线上。上网时要提防对方击直线球。

（3）上网击球。上网击球的主要武器是截击球和高压球，当上到离网 2 m 左右的地方，对方从左或右边来球，即用截击球全力进攻；来球较高，可做后摆动作拉开球拍凌空抽击。当对方企图挑高球过人时，即运用高压动作将球扣下。力量和速度要适当，看对方站立位置而定。

4. 底线战术

以进攻性打法为前提，用快速、大力、准确、闪狠取胜对方，使看起来防守的打法具有攻击性。常用的有逼右攻左、逼左攻右、攻击对方的弱点或打对方不喜欢打的球，使对方失误，丧失信心。对付上网击球打法的对方，要掌握正反拍直线、斜线击球线路，使球过网低而向外旋；大力击直线球，在速度上压制对方，挑高球也是常用的破上网技术。

（二）网球双打战术

双打场地比单打场地宽 2.74 m，两名运动员为同伴与对方两名运动员进行比赛。网球双打和乒乓球双打不一样，没有规定每人轮流击球一次的规则，任何一个运动员回击都可以，两人的控制面积大，不容易找到对方在防守上的明显漏洞；并且比赛速度一般又比较快，因此更要求运动员具有较高的战术意识与战略思想。

1. 发球战术

（1）发球站位。发球者站在端线后面的中线与边线之间一半处，比单打站位稍靠近边线。因另一边有同伴防守，同时可使发出的斜线球角度增大。

（2）第一次发球。大力、凶狠、准确，掌握上网主动权，常用大力急速旋转球发对方反拍区，压制其进攻力量和回击角度；也可用大力平击发球，迫使对方叩击高球，以便上网扣杀。

（3）同伴站位。离网 2~3 m，离边线 3 m 左右处，把守半边场区，伺机截击或高压击球。

2. 接发球战术

（1）接发球站位。站在对方可能把球发到的角度的分角线上。

（2）回击办法。平击、切削、旋转三种交替运用，使对方捉摸不定。

球过网要低，角度斜、落点深。压制对方上网，利用时机自己上网。

（3）同伴站位。站在发球线附近，比发球者站得稍后一些。随时注意场上变化，攻则进、守则退。

3. 网前上网战术

（1）站位。上网位置约在离网 2~3 m 处，两人各站半场中间稍靠中线位置。这样站便于进退和防“中间球”。站位要根据对方击球方向有所变动。

（2）同伴之间的配合原则。除同伴之间的特殊默契和战术外，一般原则有：来球在两人之间，由正拍击球者回击；球在两人之间，又是斜线球时，则距离近的运动员回击；挑高球在两人之间，由正拍击球者进行高压；对方接发球过来的是中场球，由上网运动员争取截击，发球运动员随时准备补漏；情况复杂时，通过呼叫“我的”“你的”互相照应。上网运动员左右移动时，底线同伴要移动补位。

（3）分析彼此情况，制定战术，以自己之长，攻彼之短。比赛中还要灵活地变化战术、出奇制胜。

4. 底线战术

双打应争取机会上网。一旦被压在底线，只能考虑防守，伺机反攻，或诱使对方失误。可用挑高球，回击短而低的球，或打平击直线球快速穿过对方中央区，或运用侧旋直线球打对方两侧。

四、网球运动主要规则

（一）比赛场地

网球场地分草地、硬地、土地、涂塑场地。场地长 23.77 m，单打端线长 8.23 m。双打端线长 10.97 m，网的中部高 0.914 m，两侧高 1.07 m，全场除端线可宽至 10 cm，其他线宽只能在 2.1~2.5 cm，各区丈量除中线（长 10 cm，宽 5 cm）外，都从各线的外沿计算。球的直径 6.35~6.67 cm，质量 56.7~58.47 g。测量球的弹力为从 2.54 m 高处自由落下，在平硬地上弹起 1.346~1.473 m 为合格用球。如图 6-6-7 所示。

（二）网球的主要规则与裁判法

1. 发球前的规定

发球员应站在端线后，中点和边线的假定延长线之间的区域里，用手将球向空中抛起，在球触地前用拍击球。

2. 发球时的规定

发球员在整个发球动作中不得通过行走或跑动改变原来站立的位置，两脚只准站在规定的位置，不得触及其他区域。

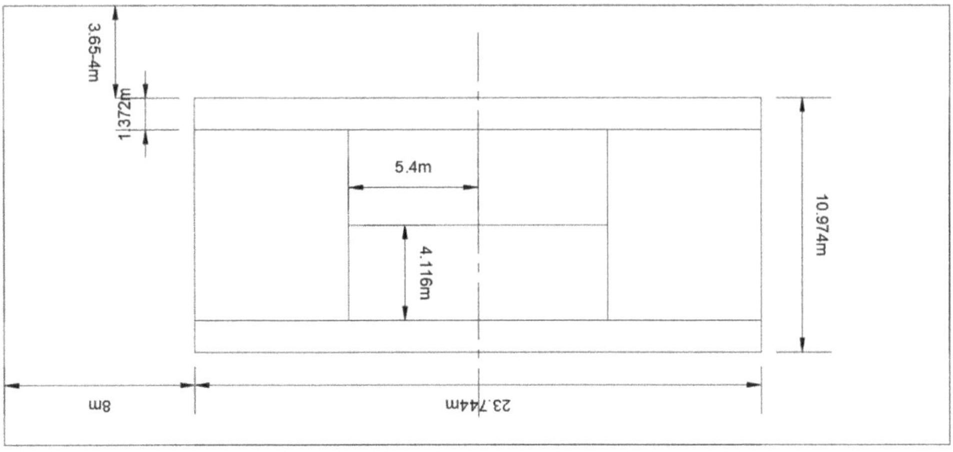

图 6-6-7　网球场地规格

3. 发球员的位置

（1）每局开始先从右区端线后发球，得或失 1 分后，应换到左发球区。

（2）发出的球应从网上越过，落到对角的对方发球区内或其周围的线上。

4. 发球失误

未击中球；发出的球落地前触及固定物（球网、中心带和网边匀布除外）；违反有关发球站位的规定；发球员第一次发球失误后，应在原发球位置进行第二次发球。

5. 发球无效

发球触及网后仍然落到对方发球区内；接球员未做好准备，均应重发球。

6. 交换发球

第一局比赛终了，交换发球，以后每局终了均依次交换发球，直至比赛结束。

7. 交换场地

双方应在每盘的第 1、3、5 等单数局结束后以及每盘结束双方局数之和为单数时，交换场地。

8. 失分

（1）在球第二次着地前未能还击过网。

（2）还击的球触及对方场区界线以外的地面、固定物或其他物件。

（3）还击空中球失败。

（4）故意用球拍触球超过一次。

（5）运动员的身体、球拍在发球期间触及球网。

（6）过网击球。

（7）抛拍击球。

9. 压线球

落在线上的球都算界内球。

10. 双打发球次序

每盘第一局开始时，由发球方决定由何人首先发球，对方则同样在第一局开始时，决定由何人首先发球。第三局由第二局发球员的同伴发球。第四局由上一局发球员的同伴发球。以下各局均按此次序发球。

11. 双打接球次序

先接球的一方，应在第一局开始时决定何人先接发球，并在这盘单数局继续先接发球。对方同伴应在第一局开始时决定何人先接发球，并在这盘双数局继续先接发球。他的同伴应在每局中轮流接发球。

12. 双打还击

接发球后，双方应轮流由其中任何一名队员还击，如运动员在其同伴击球后，再经球拍触球，则判对方得分。

13. 网球计分方法

（1）胜 1 局。每胜一球得 1 分，先胜 4 分者胜 1 局。双方各得 3 分时为“平分”1 局，平分后净胜 2 分胜。

（2）胜 1 盘。一方先胜 6 局为胜 1 盘。当双方各胜 5 局时，一方净胜 2 局胜 1 盘。

(3)决胜局计分制。在每盘的局数为6平时:采用长盘制时,一方净胜2局为胜1盘;选用短盘制时(决胜盘除外,除非赛前另有规定),先得7分者为胜(若分数成6平时,一方须净胜2分)。首先发球员只发第1分球,对方发第2、3分球,然后轮流发两球,直至比赛结束。第1分球在右区发,第2分球在左区发,第3分球在右区发。每6分球和决胜局结束都要变换场地。

第七章　形体健美运动

第一节　形体训练

一、形体训练的概述

（一）形体训练的概念

形体训练起源于芭蕾、舞蹈、体操的基本功训练。是以人体科学理论为基础，通过各种身体练习增进健康、增强体质、塑造体形、训练仪态、陶冶情操的有目的、有计划、有组织的教育过程。它包括形体素质训练、身体基本形态训练、形体综合练习三大内容。

形体训练具有适应性强、内容方法多样、艺术性强、音乐优美、操作灵活等特点，受到世界各国不同年龄、性别、阶层人的喜爱。

（二）形体训练的功能

1. 能有效改善人体的神经系统和提高心血管系统功能

形体训练对身体的协调性能要求较高，动作频率有快有慢，运动强度有大有小。为了保证形体训练动作的准确性，中枢神经必须随时调节各器官和系统的功能，使之与肌肉和骨骼的工作协调配合。在动作频率快慢交替和运动强度变化的过程中，人体的肌纤维逐渐增粗，心肌收缩力加强，心房及心室壁增厚，心脏容量增大，血管壁基层增厚，血管壁弹性提高，血管直径增大，血流量增加，使心脏充分得到氧和营养物质，从而改善心血管系统的功能。

2. 塑造时代需要的完美的外在素质

通过对身体单个部位及全身协调配合的专门练习，可使肌肉线条清晰，全身协调匀称发展。通过形体训练可以消除人体内和体表多余的脂肪，增强关节的灵活性，维持人体能量代谢的平衡，有效降低体重，保持优美健康的体态。

3. 促进身心健康发展

不管儿童还是成人，男性还是女性，通过形体训练既可以美化人体形态，还可以在训练过程中改善心理状态，感受美的存在。形体训练尤其符合女性爱美的心理，长期从事形体训练的女性，其体质、气质、精神面貌均好于平时不常进行锻炼的人。

二、形体训练的基本内容

形体训练要从正确的站姿，身体的方向，动作的姿态，身体各部位运动的幅度、速度、灵活度和身体控制的稳定性等各方面来培养。通过训练，提高身体各部位的机能，从而既达到了健身的目的，又愉悦了心情。

（一）颈部

（1）坐式或站立，将头部最大限度地旋转画圆，顺、逆时针交替进行。

（2）双手交叉置于脑后，下颌贴胸上部，然后双手向下压头部同时抬头后仰。每分钟

5~10 次。

（3）仰卧，双臂自然贴近身体两侧。头部慢慢抬起，将下巴尽量向胸部贴近，直至极限。每分钟 5~20 次。

（二）肩部

（1）臂回环。双腿自然站立，双手握拳。然后伸直双臂，做大回环运动，直到感觉疲劳为止。每分钟环绕 40 次以上。

（2）双臂交叉侧平举。紧握双拳，做直臂体前迅速交叉动作，还原。重复至疲劳为止。每分钟 40 次为宜。

（3）前平举。徒手，每分钟 20~30 次。也可持哑铃做。

（4）侧平举。徒手，每分钟 15~20 次。也可持哑铃做。

（三）臂部

（1）哑铃弯举。两腿自然站立，两手掌心向上手持哑铃，两臂下垂，上翻至胸前，稍停，缓慢由原路返回。也可单手交替进行。

（2）臂屈伸。两腿自然站立，挺胸收腹，双手各持一哑铃。开始时手臂伸直过头，然后慢慢向脑后弯曲，使哑铃置于颈后位置后，慢慢把手伸直还原。

（3）屈体后伸。上体前屈与地面平行，双膝微屈，屈臂持哑铃，拳心相对。平臂后伸与地面平行，慢慢还原。

（四）胸部

（1）俯卧撑。每分钟 10~20 次。

（2）双手持哑铃自然站立，一手前平举与肩同高，另一手沿体侧下垂。然后两臂于体上下交替平举哑铃。每分钟 25~30 次。

（3）斜板卧推。仰卧于斜板，双手握哑铃置于体侧。然后两臂轮流举哑铃于头前上方。每分钟 20~30 次。

（五）腰腹部

（1）仰卧起坐。每组 8~15 次。做 3 组。肥胖者最好屈腿做。

（2）仰卧，双腿伸直，双臂上举。然后迅速屈膝收腹，双手抱膝，慢速伸展还原。每分钟 20 次左右。

（3）仰卧，双手抱头，分腿屈膝。收腹使上体抬起，坚持不动 3 分钟左右（可间断休息）。

（六）臀部

健美的臀部丰满圆翘，富有弹性，是体现女性形体美的重要部位。

（1）仰卧，两胯上部放一重物。然后臀部用力上抬，至最高点静止片刻，慢慢落下。每分钟上抬 20 次左右。

（2）跪撑举腿。双手撑地下跪，一条腿跪地，另一条腿先弯曲至胸前，然后快速并最大限度地向后上方展直。感到疲劳时，再换另一条腿。

（3）仰卧，头偏向一侧，双腿合并伸直，然后双腿尽量上举，与上体垂直，慢慢还原。每分钟 20 次左右。这个动作也锻炼腰腹部。

（4）侧卧抬腿。直体侧卧，脚尖绷直，身体下面的手臂伸向头前，将头枕在上面，另一手臂屈肘于胸前撑地面。然后，将上面的腿抬起，至最高点，慢慢还原。重复练习 15~20 次。

转身换另一侧卧，抬另一条腿。腿抬起时不得弯曲。

（七）大腿部

（1）仰卧，双腿屈膝置于胸前，然后伸直上举，与上体垂直，慢慢还原。每分钟15~20次。

（2）直立，一手扶支撑物，另一手撑腰，然后用力摆腿做侧上举动作。两腿交替进行。每分钟25~30次。

（3）双手握椅背下蹲，然后站起，下蹲。每分钟25~30次。

（4）直立，双手叉腰，然后两腿屈膝交替上抬至胸前。每分钟25~30次。

（5）跪腿后踢。体前屈双手撑地，屈膝跪地，上体与地面平行，抬头目视前方。然后，先将一腿伸直，向后上方踢抬，还原。换另一条腿。左右各做一遍为1次，做15~20次。

（八）小腿部

（1）直立，两手扶一固定物体，前脚掌踩在一块砖头上，脚跟悬空。然后将脚跟提起，尽量抬高，稍停后下落。注意保持平衡，不要左右摆动。每分钟做15~20次。

（2）背靠椅子坐下，大腿抬起。然后上举小腿，尽量展直，还原。每分钟15~20次。

（3）站立，上体前倾，脚跟着地，脚尖朝上。用脚后跟向前走动。

（手持器械最好是可调节重量的哑铃，如果没有，可用书籍等代替）

第二节　体育舞蹈

一、体育舞蹈的概述

（一）体育舞蹈的起源与发展

体育舞蹈起源于欧洲、拉丁美洲，由民间舞蹈演变而成，人们以前叫它为国际标准交谊舞，原名称为“社交舞”，为欧洲贵族在宫廷举行的交谊舞会。社交舞早在14—15世纪在意大利出现，16世纪传入法国，并在1768年在巴黎开办了第一家交际舞厅，法国革命后“社交舞”流传民间至今。第二次世界大战后，美国人将该舞蹈散播到全国各地，并形成一股跳舞热潮，至今不衰。

1924年，由英国发起的欧美舞蹈界人士在广泛研究传统宫廷舞、交谊舞及拉美国家的各式舞的基础上，对此进行了美化与加工，于1925年正式颁布了华尔兹、探戈、狐步、快步等四种舞的步伐，总称摩登舞。

1950年，由英国ICBD（世界舞蹈组织）主办了首届世界性舞蹈大赛“黑池舞蹈节”，并把规范后的舞蹈命名为国际标准交谊舞，以后每年的5月底，在英国的“黑池”举办一届世界性的大赛。随着这种舞蹈在世界各地的不断推广，自身也得到了发展，摩登舞中又增加了维也纳华尔兹。

国际标准交谊舞20世纪30年代传入中国，80年代发展较快，先后与日本、美国、英国等国家进行交流活动。我国自1986年正式引进后，发展迅速。1991年5月，中国体育舞蹈运动协会成立。从1998年开始，体育舞蹈被列入中国文化部“荷花奖”的评奖单项，从此体育舞蹈事业在中国又开辟了一个崭新的篇章。

（二）体育舞蹈的概念

体育舞蹈是一门融体育、音乐、美学、舞蹈为一体，以身体动作舞蹈化为基本内容，以双人或集体配合练习为主要运动形式的娱乐健身型的运动项目。它是一项既有健身作用又有竞技性的体育运动，具有其他运动项目无法比拟的独特艺术魅力和社交、观赏等功能。

（三）体育舞蹈的分类

体育舞蹈分两个项群，十个舞种。其中摩登舞项群含有华尔兹、维也纳华尔兹、探戈、狐步和快步舞，拉丁舞项群包括伦巴、恰恰、桑巴、牛仔和斗牛舞。每个舞种均有各自舞曲、舞步及风格。根据各舞种的乐曲和动作要求，组编成各自的成套动作。

（四）体育舞蹈的基本知识

1. 舞程线

在跳舞时为了防止碰撞，必须按规定的行进线路有序前进，特别是在连续行进和旋转时就更为必要。因此规定舞者必须按逆时针方向行进，这条线路就是舞程路。

2. 方位

为了便于舞蹈进行中正确地辨别方位和检查旋转的角度，根据国际上记录各种舞蹈的惯例，在舞场上要规定一定的方位。一般情况下，多以乐队演奏台的一面为规定方位的基点，定为“1 点”。每向顺时针方向转动 45 度角则变动一个方位。

3. 赛场

进行国际体育舞蹈比赛的场地是有一定规格的，一般赛场地面应平整光滑，场地的面积为 15 × 23 m。赛场长的两条边线叫 A 线，短的两条边线叫 B 线。

二、体育舞蹈中几种舞步的跳法

（一）探戈舞

探戈舞的后舞曲是 2/4 拍，速度为每分钟 30~40 小节。舞步分快步和慢步两种。快步（缩写为 Q）占一拍，慢步（缩写为 S）占二拍。探戈舞风格庄严、高雅。舞者的动作铿锵有力，表情严肃，左顾右盼。舞步顿挫明显，动静交织。

1. 前进步

（1）准备动作。闭式舞姿。

（2）男舞步。（S）左脚前进；（S）右脚前进；（Q）左脚小步前进；（Q）右脚小步前进，并步。

（3）女舞步。同男舞步，方向相反。

2. 后退步

（1）准备动作。闭式舞姿。

（2）男舞步。（S）左脚后退；（Q）右脚后退；（Q）左脚后退一小步；（S）左脚稍后交步。

（3）女舞步。同男舞步，方向相反。

3. 常步分身

（1）准备动作。闭式舞姿。

（2）男舞步。（S）左脚弧形前进；（S）右脚弧形前进；（Q）左脚前进；（S）右脚右横成散式舞姿，头快速左转。

（3）女舞步。同男舞步，方向相反。

4. 侧行并步

（1）准备动作。散式舞姿。

（2）男舞步。（S）左脚前进；（Q）右脚侧进；（Q）左脚左横成闭式舞姿；（S）并左脚。

（3）女舞步。同男舞步，方向相反。

5. 后退左侧转

（1）准备动作。闭式舞姿。

（2）男舞步。（S）左脚后退；（Q）右脚后退；（Q）左脚左横步左转 90°；（S）并左脚。

（3）女舞步。同男舞步，方向相反，唯旋转方向一致。

（二）伦巴舞

伦巴舞的舞曲是 4/4 拍，速度每分钟 28~31 小节。伦巴舞有一个非常重要的特点："先出胯，后出步。"这种舞动作舒展，舞姿优美，配上缠绵委婉的音乐，使舞蹈充满浪漫情调，令人陶醉。

1. 横行步

（1）准备动作。闭式舞姿。

（2）男舞步。1）左脚左横步；2）右脚并左脚；3）左脚左横步；4）右脚靠向左脚，出右胯。5）~8）同 1）~4），方向相反。

（3）女舞步。同男舞步，方向相反。

2. 十字步

（1）准备动作。闭式舞姿。

（2）男舞步。1）左脚直进一步；2）右脚后回一步；3）左脚左横一步，成单拉手势；4）出右胯，左脚在右脚旁点地。

（3）女舞步同男舞步，方向相反。

3. 扇形步

（1）准备动作。单手拉舞姿。

（2）男舞步。1）出左胯，右脚收向左脚；2）右脚退一步；3）左脚向左斜进一步；4）右脚横一步，身体展开成扇形。

（3）女舞步。1）出右胯，右转 90° 左脚收回；2）左脚向斜前方进一步；3）右脚向右后方退一步，左转 45°；4）左脚向左后方横步，重心左移，身体展成扇形。

（三）恰恰舞

恰恰舞的舞曲是 2/4 或 4/4 拍，速度为每分钟 32~34 小节。恰恰舞热情奔放，动作频率较快，旋律轻松、愉快。

1. 进退恰恰步

（1）准备动作。闭式舞姿。

（2）男舞步。1）左脚进一步；2）右脚后回步；3）左脚退一步，膝盖弯曲，脚跟离地；4）右脚并左脚，膝盖弯曲，脚跟离地；5）左脚退一步，前脚推后脚。6）~8）同 1）~4），方向相反。

（3）女舞步。同男舞步，方向相反。

2. 横恰恰步

（1）准备动作。闭式舞姿。

（2）男舞步。1）左脚进一步；2）右脚后回步；3）左脚左横上，双膝弯曲，脚跟离地，右脚并左脚；4）左脚左横步，双腿伸直。5）~8）同1）~4），方向相反。

（3）女舞步，同男舞步，方向相反。

三、体育舞蹈竞赛规则简介

对体育舞蹈规则的介绍，有利于学生在熟悉项目、了解运动特点的基础上，更好地欣赏体育舞蹈；在欣赏体育舞蹈竞技性、艺术性的基础上，更深入地去领略该项运动的魅力。

（一）裁判组组成

裁判组通常设裁判长1名，裁判员若干名。场上裁判人数必须为单数。全国性、国际性大赛设裁判员7~11名。裁判姓名用英文字母A、B、C、D……代表，在裁判评分夹上表示出来。

（二）评判要素

评判主要涉及以下六大要素。其中，前三项主要指选手的技艺品质，后三项是选手的艺术魅力。在第一、二次预赛中，裁判着重于前三条要素的评判，在半决赛时，着重于后三条要素的评判；在决赛中，应全面地评价选手各项要素的完成情况。

（1）基本技术。裁判主要从足部动作、身体姿态、动作的平衡稳定和移动几方面进行评判。

（2）音乐表现力。裁判可从选手对音乐节奏和风格的理解及动作的表现力上对选手的表现进行打分。

（3）舞蹈风格。从各种不同舞种之间的风格和韵味上的细微差别，以及个人不同的风格特点展现来进行评判。

（4）动作编排。可从动作的新颖性、流畅性，动作体现舞种基本风韵的情况，动作与音乐的配合程度，动作本身具有的技术难度性，以及编排的章法和场地利用情况等多方面因素来进行评判。

（5）临场表现。应从选手在赛场上的应变能力，竞技状态的表现情况和临场自我控制发挥能力等方面进行打分。

（6）赛场效果。可从舞者的风度、气质、仪表及出入场时的总体形象等方面进行打分。

（三）对选手的规定

选手不应在同类舞场中交换舞伴；应准时入场，违者按弃权论处；编组后不能随意改变组别；摩登舞比赛必须男女交手跳舞，拉丁舞比赛中不许做托举上肩、跪腿等动作。

（四）比赛场地

赛场的地面应平整、光滑。比赛场地长23 m，宽15 m，标准舞及拉丁舞中的桑巴舞、斗牛舞按逆时针方向运行，交换舞程线时应过中心线。

（五）比赛服装

比赛服装规定：摩登舞男选手穿燕尾服，女选手穿不过脚踝的长裙；拉丁舞服装应具拉美风格，男、女选手服装必须搭配协调，男选手穿紧身裤或萝卜裤，女选手穿露背短裙；专业选手背号为黑底白字，业余选手背号为白底黑字。

（六）比赛仪容

男选手发型可留分头，前不掩耳，后不过领，不能留长发长须；女选手为短发或长发盘髻，可加头饰，不可披长发。

（七）计分规则

体育舞蹈的计分方法以顺位法为依据，即决赛时裁判给选手评判的名次通过顺位排列的方法计算单项和全能名次。

1. 单项舞顺位规则

（1）在各位次上领先获得过半数裁判判定的选手便获得该顺位的名次。

（2）在同一顺位上有两对以上选手获过半数判定，则按数值的多少决定名次，多者名次列前。

（3）在同一顺位上出现相等数时，则将顺位数相加，用括号表示，积数少者名次列前。

（4）在第一顺位上所有选手未获过半数判定，则降下位计算，直至出现过半数判定为止。

2. 全能顺位规则

（1）将总分顺位表的单项名次数相加，按合计数的大小，排列选手名次，数小的名次列前。

（2）如果名次合计数相等，则看获得的顺位次数多少，多的名次列前。

（3）如果合计数、顺位数都相等，则看顺位积数多少，少的名次列前。

（4）如果合计数、顺位数、顺位积数都相等，则需将相等者的各单项名次顺位全部列出，重新计算。如又相等，则可加赛或用其他方法解决。

第三节　健美操

一、健美操运动概述

（一）健美操运动的起源与发展

健美操是近几十年发展起来的一项新兴的体育运动项目，它起源于传统的有氧健身操，是融体操、舞蹈、音乐为一体的运动。健美操动作能充分体现男子刚劲有力、女子柔中有刚之美。健美操传入我国是在20世纪80年代，一开始便受到了青年学生的喜爱，并且在高校和社会普及开来。在不断的发展过程中，健美操已经逐渐形成了一套科学的健身、训练、竞赛体系。

健美操不仅在美、英、法等国家迅速发展，而且在一些发展中国家和地区也得到不同程度的开展。苏联早已把健美操列入大、中、小学的体育教学大纲。在亚洲地区，日本、菲律宾、新加坡等国家也建有许多健美操活动中心及健身俱乐部，人们都开始将健美操作为自己的主要健身方式，由此形成了世界范围内的“健美操热”。

（二）健美操的功能

长期进行健美操锻炼，能够增进健康，增强体质，改善体形体态，矫正畸形，调节心理活动，陶冶美好情操，提高神经系统机能，培养顽强的意志品质。

1. 增强体质，增进健康

长期参加健美操锻炼可以使心肌增厚，心腔容量增大，血管弹性增强，进而提高心脏的功能，使心搏有力，心排血量增加，从而提高全身供氧能力。健美操锻炼对呼吸系统的机能也有良好的影响。它能提高呼吸深度，增加每次呼吸时的气体交换量，这既有利于呼吸肌的休息又可提高呼吸系统的功能储备，从而保证在激烈运动时满足气体交换的需要，提高技能水平。健美操锻炼还能提高消化系统的机能。因为肌肉活动可消耗大量能源，加之健美操的髋部全方位活动比较多，刺激了肠胃蠕动，可增强消化机能，有助于营养物质的吸收和利用，从而提高对疾病的抵抗能力。

2. 改善体形，培养端庄体态

体形主要是指全身各部位的比例是否匀称和谐，体态主要是指整个身体及主要部位的姿态是否端庄优美。俗话说"站如松，坐如钟"。如果长时间不注意体态端正，就可能影响某些骨骼的正常生长发育，造成如脊柱弯曲、含胸驼背等不良体态。

3. 缓解精神压力，娱乐身心

通过优美明快的音乐节奏、活泼愉快的形体动作，使人陶醉在美的韵律之中，很快排除心理上的紧张和烦恼，身心得到全面调节，精神面貌和气质修养都会有所改善和提高。

4. 益智功能

现代科学研究证明，坚持体育锻炼，能保证大脑能源物质与氧气的充足供应，使大脑神经细胞发育充分。健美操运动通过改善学生大脑的物质结构和机能状况，全面发展观察力，广泛训练记忆力，启迪诱导想象力，帮助提高思维力，为智力的开发创造良好的生理条件和环境条件。

二、健美操基本技术

（一）手的基本动作

健美操中的手型有很多种，是从芭蕾舞、现代舞、迪斯科、武术中吸收和发展的。手形是手臂动作的延伸和表现，运用得好，会使健美操动作更加丰富多彩、生动活泼，更具有感染力。健美操手型主要有掌和拳两种。

（1）并拢式。五指伸直，相互并拢。大拇指微屈，指关节贴于食指旁。

（2）分开式。五指用力伸直，充分张开。

（3）芭蕾手势。五指微屈，后三指并拢，稍内收，拇指内扣。

（二）头、颈部动作

（1）屈。指头颈关节角度的弯曲。包括向前、后、左、右的屈。

（2）转。指头颈部绕身体垂直轴的转动。包括向左、右的转。

（3）绕和绕环。指头以颈为轴心的弧形和圆形运动。包括左、右绕和左、右绕环。

做各种形式头颈动作时，上体保持正直，速度要慢，头颈移动的方向要准确，颈部被动肌群充分伸展。

（三）肩部动作

（1）提肩。指肩胛骨做向上的运动。包括单肩、双肩的同时提和依次提。

（2）沉肩。指肩胛骨做向下的运动。包括单肩、双肩的同时沉和依次沉。

（3）绕肩。指以肩关节为轴做小于 360° 的弧形运动。

（4）肩绕环。指以肩关节为轴做 360° 及 360° 以上的圆形运动。包括单肩向前、后绕环，双肩同时或依次向前、后绕环。

（5）振肩。指固定上体，肩急速向前或向后的摆动。包括双肩同时前、后振。

提肩时尽力向上，沉肩时尽力向下，动作幅度大而有力。绕肩时上体不能摆动，两臂放松，头颈不能前探；动作连贯，速度均匀，幅度大。

（四）上肢运动

（1）举。指以肩为轴，臂的活动范围不超过 180° 而停止在某一部位的动作。包括单臂和双臂的前、后、侧，以及不同中间方向的举（如前上举、侧上举等）。

（2）屈。指肘关节产生了一定的弯曲角度。包括头上屈、头后屈、肩侧屈、肩上侧屈、肩下侧屈、肩上前屈、胸前屈、胸前平屈、腰间屈、背后屈。

（3）绕。指双臂或单臂向内、外、前、后做 180° 以上、360° 以下的弧形运动。

（4）绕环。指以肩关节为轴，双臂或单臂做向前、向后、向内的绕环。

（5）摆。指以肩关节带动手臂来完成臂的摆动动作。包括单臂和双臂同时或依次向前、后、左、右的摆。

（6）振。指以肩为轴，手臂用力摆至最大幅度。包括上举后振、下举后振、侧举后振。

（7）旋。指以肩或肘为轴做臂的旋内或旋外动作。

（五）胸部动作

（1）含胸。指两肩内合，缩小胸腔。

（2）展胸。指两肩外展，扩大胸腔。

（3）移胸。指髋部固定，做胸左、右的水平移动。

练习时，收腹、立腰。含、展、移胸要达到最大极限。

（六）腰部动作

（1）屈。指下肢固定，上体沿矢状轴和水平轴的运动。包括前、后、左、右的屈。

（2）转。指下肢固定，上体沿垂直轴的扭转。包括左、右转。

（3）绕和绕环。指下肢固定，上体沿垂直轴做弧形和圆形运动。包括左、右绕和绕环。

练习时，身体远端尽力向外延伸，绕环幅度要大，充分而连贯，速度放慢。腰前屈、转时，上体立直。

（七）髋部动作

（1）顶髋。指髋关节做急速的水平移动。包括前、后、左、右顶髋。

（2）提髋。指髋关节做急速向一侧上提的动作。包括左、右提髋。

（3）摆髋。指髋关节做钟摆式的连续移动动作。包括左、右侧摆和前、后摆。

（4）绕髋和髋绕环。指髋关节做弧形、圆形移动。包括向左、右的绕和绕环。

髋关节做顶、提、摆、绕和绕环时应平稳、柔和、协调，稍带弹性，上体要放松。

（八）下肢动作

（1）滚动步。两脚同时交替做由前脚尖至全掌依次落地动作。

（2）交叉步。一脚向另一脚前或后交叉行进。

（3）跑跳步。两脚交替进行，跑后支撑阶段有一次跳的过程。

（4）并腿跳。双腿并拢，直膝或屈膝跳。

（5）侧摆腿跳。单腿跳起，同时另一腿向侧摆动。

跳跃要轻松自如，有弹性，注意呼吸配合。

（九）基本站立

1. 立

（1）直立。指头颈、躯干和脚的纵轴保持在一条直线上。

（2）开立。指两脚左右分开与肩同宽或宽于肩。

（3）点地立。指一腿直立（重心在站立脚上），另一腿向各方向伸直，脚尖点地。包括前点立、侧点立、后点立。

（4）提踵立。指两脚跟提起，用前脚掌站立。

2. 弓步

指一腿向某方向迈出一步，膝关节弯曲成 90° 左右，膝部与脚尖垂直，另一腿伸直。包括左、右腿的前、侧、后弓步。

3. 跪立

指大腿与小腿成直角的跪姿。包括双腿跪立、单腿跪立。

（1）站立时，头正直，上体保持挺直、沉肩、挺胸、收腹、收臀、立腰、立背、直膝。

（2）弓步时，前弓步和侧弓步的重心在两腿之间，后弓步的重心在后腿。

（3）提踵立时，两腿内侧肌群用力收紧，起踵越高越好。

（十）健美操基本步伐

（1）踏步。两脚交替，不间断地做屈膝上提，然后踏地的动作。包括脚尖不离地的踏步、脚离地的踏步、高抬腿的大幅度踏步。落地时，由脚尖过渡到脚跟着地；屈膝时，胯微收。两臂自然前后摆动。

（2）吸腿跳。单腿跳起，同时另一腿屈膝向前、侧上提。大腿用力上提，小腿自然下垂。

（3）踢腿跳。单腿跳起，同时另一腿直腿向前、侧方向踢出。包括小幅度和大幅度的踢腿。踢腿时，须加速用力，上体保持正直、立腰。

（4）后踢腿跳。两脚交替有短暂腾空过程（类似跑步），小腿向后屈。髋和膝在一条线上，小腿叠于大腿。

（5）弹踢腿跳。单腿跳起，同时另一腿经屈膝向前、侧方向弹踢。大腿抬起至一定角度后，小腿自然伸直，膝关节稍有控制。

（6）开合跳。并腿跳至开立，分腿跳至并立。分腿时，两腿自然外开，膝关节沿脚尖方向弯曲；跳起与落地时，屈膝缓冲。

（7）弓步跳。并腿跳起，落地时成前（侧、后）弓步。跳成弓步时，把握住身体重心。

视频　第三套大众健美操二级

三、健美操竞赛规则

（一）比赛项目和年龄

（1）竞赛项目。健美操竞赛项目有女子单人、男子单人、混合双人、三人、集体六人。

（2）年龄。全国性比赛可不分年龄组，普及性比赛可按年龄或运动水平分甲、乙、丙组。

（二）运动员着装与仪容

女运动员着一件套泳装健美操服，前或后可有开口，但上下端要在同一处合拢，服装遮体恰当，紧身，必须着裤袜；男运动员着一件套短的连衣裤或背心、短裤，内穿紧身三角裤；运动员必须穿旅游式运动鞋、运动袜；服装上可有装饰（如花边、亮片等），但不得有悬垂物，比赛中不得换衣、脱衣；运动员不得戴任何饰物（首饰）、手表（发带、发卡除外）。

（三）比赛场地要求

集体六人竞赛场地为 10 m × 10 m，男子单人、女子单人、混合双人、三人的竞赛场地为 7 m × 7 m 的地板或地毯，并用 5 cm 宽白色标志带做边线（该带宽度包括在场地内）。

竞赛台高 80~140 cm，帷幕要有会徽，帷幕及比赛台光照不得有阴影。光照度标准为 4 000~5 000 Lx（要有顶光和低光）。

（四）时间

成套动作时间是从运动员做动作开始至动作结束止；音乐时间是从音乐起到音乐止；成套动作时间不足或超过都将相应减分。健身健美操成套动作时间为 2 分 30 秒至 3 分，竞技健美操成套动作时间为 1 分 45 秒，可有加减 5 秒的宽容度。

第四节　瑜伽

一、瑜伽运动概述

（一）瑜伽运动的起源与发展

瑜伽起源于古印度，流行于世界，距今有 5000 多年的历史。“瑜伽”一词来自梵文“YUJ”，之后又被翻译成“YOGA”，意思是“连接，统一”或“和谐”，也可理解为人与自然的“天人合一”。瑜伽运动蕴含丰富的健身与养生理念。它作为一种最自然、最有亲和力的身体运动，是环境、体能、情绪、精神与自我的联结。走近瑜伽、接触瑜伽，亲身感受瑜伽运动的身体姿势、呼吸及其静思冥想，将会给你带来无与伦比的美妙感受。瑜伽发展到今天，已经成为世界广泛传播的一项身心锻炼修习法。

（二）瑜伽运动的作用

瑜伽运动可以帮助人们释放和缓解精神上的紧张和压力，改善身体的柔韧性，塑造健美的体形，排除杂念，提高集中精神的能力，稳定情绪、调节心情，按摩内脏，平衡、调理内分泌系统，预防如失眠、偏头痛、脊椎病、肠胃病、哮喘、关节炎等各种疾病。

（三）瑜伽术语

1. 前倾式

前倾式包括坐姿和站姿两部分，向前倾的坐姿不仅能安抚整个神经系统，还能使大脑镇定下来。对初学瑜伽的人来说，前倾的坐姿要比前倾的站姿容易完成一些，因为完成前倾的站姿需要多花一点力气，而且要具备一定的平衡能力。前倾式可以同时对许多身体中的能源中心（气轮）和重要器官产生影响，但是其中最受益的是力源穴（又称中心轮，或第二气轮）。这个气轮掌管着肾和肾上腺，因此，练习前倾式是平衡和加强这些器官功能的有效的练习动作。前倾式主要包括钻石式、束角式、跨骑式、单腿交换伸展式、射箭式、背部伸展式、牛面式、船式。

2. 脊椎扭曲式

脊椎扭曲式对排列各个脊椎骨的位置特别有用,它能有效地扭曲腰部以上的脊椎。脊椎扭曲式能够温柔地按摩腹部区域的内脏,并提供新鲜的血液滋养这些器官,还能扩胸,为更好地呼吸创造条件,特别是使用胸腔的呼吸。脊椎扭曲式让神经系统的神经中枢重新焕发活力,这些神经中枢从脊椎一直延伸到身体外围。

3. 站姿

在瑜伽运动中,站姿非常重要,进行站姿锻炼可以使身体恢复对称,同时这些反姿势还能使大腿和脊椎得到放松伸展。站姿主要分为山式、蹲伏式、弯腰伸展式、侧面弯腰伸展式、战士第一式、战士第二式、三角伸展式、旋转/翻转三角式、侧三角伸展式。

4. 平衡的姿势

平衡的姿势是指通过平衡或均等地使用身体,使身体灵活地移动,摆姿势和协调四肢。它能使你的大脑宁静安详,注意力集中。平衡姿势主要分为树式、战士第三式、半月式、鹰式、舞蹈式、平衡式、支架式、斜支架式、孔雀式、后仰支架式、乌鸦式、手倒立式。

5. 休息和放松的姿势

有效动作在发挥最大能量时,往往就是最放松的时候。放松的姿势主要分为仰卧放松功、卧英雄功、半身仰卧放松功。

二、瑜伽练习的六项基本内容

1. 姿势

瑜伽运动所有动作的基础和起始点都是姿势,它应该是舒适、稳定并能持久的,并能反映人们内心的平衡和安宁。练习瑜伽的身体姿势要领是保持肩膀放松,挺胸,让呼吸更加顺畅;膝关节放松,把身体的重量平均地分配到腿和脚上。一个正确、健康的姿势能让练习者更好地学习瑜伽,并且进步更快。

2. 呼吸

呼吸是指呼气和吸气,是人与大自然进行的空气交换。一呼、一吸是人类有生有息的生命特征。瑜伽的调息法主要是指对呼气和吸气的延长和加深,实际上是做深呼吸,更充分地训练呼吸。

3. 放松

放松有身体放松和心理放松。瑜伽运动中的放松是指练习时人的身心要处于一种自我放松的状态,或是一种平和的心境。只有放松身体,放松肌肉,放松心情,放下包袱,忘却烦恼,让身心进入平静、忘我状态,全神贯注,方可开始练习瑜伽。

4. 冥想

瑜伽的静思与冥想是指通过大脑思维的调节,使人的心理状态趋于稳定、平和、自信的一种心理训练方法。冥想的最高境界是感悟自我,感悟自然,达到天人合一的精神状态。

5. 饮食

瑜伽运动主张进食乳品、蔬菜类食品,包括新鲜水果和蔬菜、坚果、豆制品、粮食、奶制品和蜂蜜等，认为食物对人的身体同时具有生理和心理的作用，而富有营养、健康、自然的食品能够帮助人们排除体内毒素，保持身体清洁、柔软，提高人体的免疫能力。

6. 生活

练习瑜伽时，人的身心首先要处于一种平和、安宁的真我状态，而这种心态、心情的获得，来自瑜伽练习者平时对生活、对大自然中生命的领悟和态度。假如练习者平时生活中没有爱心，那么在从事瑜伽练习时就很难做到身心平和、心情安宁，更谈不上聚精会神，达到忘我的境界。因此，瑜伽练习者平时生活中的“我”与练习瑜伽时的“我”理应是自然统一的“真我”。

三、瑜伽的练习技巧

瑜伽的运动动作缓慢，当利用丹田进行腹部深呼吸，使体内供氧量充足时，再借瑜伽各种不同的姿势，能充分伸展身体的肌肉与韧带，在训练筋骨的柔软度上有相当好的效果。尤其是伸展脊椎的动作，以刺激自律神经，促进新陈代谢，做完一堂课后气喘吁吁、全身汗流浃背。瑜伽的减肥效果比不上有氧运动立即而明显，但长期持续练瑜伽，能修饰全身曲线获得均匀的线条，等你练习一段时间后就会发觉腰腹部位穿衣服时明显变得宽松，体态也更匀称。

清晨、早饭之前是瑜伽锻炼的最佳时间，傍晚或其他时间也可以练习，但要保证在空腹或饭后三四小时练习，在多喝水的情况下，最好是在喝水后半小时才开始练习。一般早晨可以练习体位法，晚上多练习冥想，每天练习 40 min 左右。

四、瑜伽的益处

以下是从事瑜伽后出现的益处，要有耐性，瑜伽需要时间展现效果。几周内，你就会觉得内心较以前平静，注意力较集中。几个月后，器官与腺体的回春会开始发生。

（1）活力增加，来自瑜伽对脑部与腺体的作用。

（2）外观与心情的年轻。瑜伽减少面部皱纹，产生天然的“拉皮”效果。这主要归功于倒立。我们通常的直立体位，促使地心引力将肌肉下拉。假以时日，面部肌肉逐出现下塌现象。每日倒立数分钟，我们得以扭转地心引力的作用，使其成为我们回春的助力，令面部肌肉不致松弛，它使皱纹减少，皮肤自然拉平。瑜伽倒立体位经常能使灰发恢复其原来色泽，并延缓灰发现象。这是因为倒立使得流向头皮内发囊的血液数量增加。这个体位令颈部弹性增加，除去了颈部血管与神经的压力，使得更多血液流向头皮肌肉。也就是说，发囊得到更多营养，产生更丰富的健康头发。

（3）活得更久。瑜伽影响所有长寿的条件：脑部、腺体、脊柱与内部器官。

（4）增加疾病抵抗力。瑜伽锻炼出一副健壮的体格，免疫能力也增加。这个加强的抵抗力可以对付从感冒到诸如癌症的各种严重病症。

（5）改善视力与听力。正常的视力与听力主要是靠眼睛与耳朵得到良好的血液循环与神经传送。供应眼睛与耳朵的神经与血管必须通过颈部。年岁增长时，颈部正如脊柱其他部分一样失去弹性，神经与血管经过颈部时就有可能遇到滞疑难行的状况。如此便妨碍神经与血液对眼睛与耳朵的供应，因而影响它们的运作。瑜伽体位与瑜伽颈部运动能改善颈部状况，进而加强视力与听力。

（6）心智情绪的改善。由于瑜伽使包括脑部在内的腺体神经系统产生回春效果，心智情绪自然会呈现积极状态。它使你更有自信，更热诚，而且比较乐观，每天的生活也会变得更有创意。

五、注意事项

（1）瑜伽宜保持空腹状态练习，进食后至少一小时以后才能做瑜伽练习。

（2）在做各种瑜伽练习时一定要在自己极限的边缘温和地伸展身体，千万不要用力推拉牵扯。如果做超出自己极限边缘的动作就是错误的练习。

（3）如果在练习的过程中出现体力不支，或身体颤抖，请即刻收功还原，不要过度坚持。

第八章　游泳

第一节　游泳概述

一、游泳概述

作为一项运动，游泳直到19世纪开始才得到普遍训练。1837年，英国国家游泳协会成立，并开始举行比赛。早期大部分运动员都采用蛙泳或者类似的泳姿。19世纪70年代，英国游泳教练J.Arthur Trudgeon到南美洲旅游，看到当地土著以左右手上下拨动方式来游泳，便将这种泳姿引入英国。

自1896年第一届现代奥运会以来，游泳就成为奥运会的比赛项目了。在1896年奥运会上，只有男子赛事。女子比赛从1912年斯德哥尔摩奥运会开始才有。1896年奥运会只有4项游泳比赛。这些年来，比赛项目逐渐增多，2008年举行的奥运会游泳赛事已经增至34项了。已经废除的赛事，像海里100 m自由泳（1896年雅典奥运会）、潜泳（1900年巴黎奥运会）以及水上跳远（1904年圣路易奥运会），现代奥运会都不再举行了。继1896年游泳比赛使用了泽亚湾、1900年使用了巴黎塞纳河以及1904年使用了人造湖之后，1908年伦敦奥运会首次使用游泳池作为游泳比赛场地。与北京2008年使用的50 m长泳池不同，1908年用的100 m长泳池是建在径赛跑道上的。在1908年的伦敦奥运会举行期间，成立了国际游泳联合会。1973年，该协会在前南斯拉夫贝尔格莱德举办了首次世界游泳锦标赛。

二、游泳的分类

游泳大致分为实用游泳、竞技游泳、花样游泳三大类。军事上、生产上、生活服务上使用价值较大的游泳方式称为实用游泳。如爬泳（自由泳）、蛙泳、侧泳、潜泳、踩水、水上救护、武装泅渡、反蛙泳；有特定技术要求，按游泳竞赛规则规定进行竞赛的游泳项目称为竞技游泳；花样游泳也称为“艺术游泳”，是融舞蹈、体操、游泳等项目于一体的竞技体育项目，对运动员的身材、泳装、头饰、音乐及动作编排都有很高的要求。以下介绍四种常见的游泳方式。

（一）蛙泳

蛙泳是一种模仿青蛙游泳动作的古老泳姿，是第一个作为比赛的泳式，而且自由泳及蝶泳也是从中发展出来的。据有关资料记载，早在2 000~4000年前的中国、罗马、古埃及，就有类似这种泳姿。蛙泳速度慢，所以在比赛中游蛙泳的人越来越少了。直到1904年第3届奥运会才把蛙泳和其他泳姿分开，增设了男子400 m蛙泳项目。1 924—1933年期间，蛙泳最大的革新是两臂由水中前移改为由空中前移，但仍采用蛙泳的蹬夹动作，出现了蛙泳的变形——蝶泳。1936年国际游联对蛙泳规则做了补充，允许在蛙泳比赛中采用蝶泳技术，于是蝶泳取代了蛙泳。

（二）蝶泳

蝶泳在四种竞技游泳姿势（蛙泳、仰泳、蝶泳、自由泳）中是最年轻的项目。蝶泳出现在1933年，美国人亨利·米尔斯在布鲁克林青年总会比赛中，首先采用两臂从空中移向前方，脚做蛙泳蹬水动作。当时并没有单独的蝶泳比赛项目，而是在蛙泳比赛中出现的。蝶泳与蛙泳分开后，蝶泳技术得到了很快的发展。1953年5月31日匈牙利运动员乔治·董贝克首先创造了蝶泳世界纪录，他的技术动作是一个周期内打三次腿。到了20世纪60年代蝶泳形成了三种技术类型：一是两臂宽划水，打一次腿，拖一次腿；二是窄划臂，第一次打腿重，第二次打腿轻；三是高肘划水，臂划水线路成钥匙洞形，两次打腿均较重，有效划水线路长，目前许多优秀运动员都采用这种技术。

（三）仰泳

仰泳是在蛙泳之后产生的。在长距离游泳中有人发现只要把身体仰卧在水中，手臂和腿稍加动作就可以自然地漂浮在水面和向前进，并可以借此在水中休息。1794年就出现了原始的仰泳技术。以后在很长的时间里仰泳均采用两臂同时在体侧向后划水，两腿做蛙泳的蹬水动作，所以当时也叫作反蛙式仰泳。1902年爬泳的技术被引用到仰泳中去，1912年第5届奥运会上，美国运动员赫布涅尔采用两臂轮流划水，两腿向下打水，并以1分21秒的成绩获100 m冠军，证实了爬式仰泳技术的优越性。1936年第11届奥运会上，美国选手克菲尔以1分5秒9的成绩获得100 m冠军，他的技术动作比较完善合理，奠定了现代仰泳的基础。目前仰泳技术是两次划臂，腿打水六次或四次，一次呼吸的配合技术。

（四）自由泳

目前世界上短距离运动员多数采用六次打腿技术，长距离运动员多数采用两次打腿技术。据现有的记载，较早采用两臂轮流划水的是一个英国人丁·杜鲁穗金。以后又相继出现了配合两腿的上下打水动作，两次打腿和拖腿的自由泳技术。1900年举行的第2届奥运会上，匈牙利人哈尔曼就是采用两臂轮流划水、拖腿的方法获得了200 m的铜牌、400 m比赛的金牌。进入20世纪70年代，不少优秀运动员采用两次打腿两臂中后交叉的配合技术，在长短距离自由泳项目中均取得了出色的成绩，于是这项技术开始发展起来。

三、游泳的价值

（一）对心血管的作用

游泳对心血管系统的改善有相当重要的作用。冷水的刺激通过热量调节作用与新陈代谢能促进血液循环；此外游泳时水的压力和阻力还对心脏和血液的循环起到特殊的作用，在水面游泳时，身体所承受的水压就已达到0.02~0.05 kg/cm^2，潜水时随着深度的加大，物理条件的变化，压力还会增大，游泳速度的加快也会加大压力负荷，心房和心室的肌肉组织能得到加强，心腔的容量也能逐渐有所加大，心脏的跳动次数减少，这样心脏的活动就能节省化，整个血液循环系统却能得到改善，静止状态下舒张压有所上升，收缩压有所下降，因此血压值变得更为有利；血管的弹性也有所提高。

（二）对呼吸系统的作用

在游泳练习时，新陈代谢过程和心血管系统工作的节省化，都离不开大量供氧，然而由于水压迫着胸腔和腹部，给吸气增加了困难，曾有人做过专门的试验，游泳时人的胸廓要受到 12~15 kg 水的压力，那么要想使身体获得足够的氧气，呼吸肌就必须不断克服这种压力；另外游泳时呼气一般都是在水下完成，而水的密度要比空气的密度大得多，因此要想呼气就必须用力，这样不管是吸气还是呼气都能增加呼吸肌的收缩力，从而能增强呼吸系统的功能，加大肺活量。

（三）对人体皮肤的作用

在游泳过程中，由于水温的刺激，机体为了保证足够的温度，皮肤血管参与了重要的调节作用，冷水的刺激能使皮肤血管收缩，以防热量扩散到体外。同时身体又产生热量，使皮肤血管扩张，改善对皮肤血管的供血，长期坚持锻炼能使皮肤的血液循环得到加强。

（四）增强抵抗力

游泳池的水温常为 26~28 ℃，在水中浸泡散热快，耗能大。为尽快补充身体散发的热量，以供冷热平衡的需要，神经系统便快速做出反应，使人体新陈代谢加快，增强人体对外界的适应能力，抵御寒冷。经常参加冬泳的人，由于体温调节功能改善，就不容易伤风感冒，还能提高人体内分泌功能，使脑垂体功能增强，从而提高对疾病的抵抗力和免疫力。

四、游泳比赛规则

（一）自由泳

（1）自由泳比赛中可采用任何泳式。

（2）转身和到达终点时，可用身体任何部分触池壁。

（二）仰泳

（1）运动员面对出发端，两端抓住握手器，两脚（包括脚趾）应处于水面下，禁止蹬在水槽内、水槽上或用脚趾钩住水槽边。

（2）出发和转身后，运动员应蹬离池壁，并在整个游泳过程中呈仰卧姿势。除在做转身动作外，运动员必须始终仰卧。仰卧姿势允许身体做转动动作，但必须保持与水平面小于 90°，头部位置不受此限。

（3）在整个游进过程中，运动员身体的某部分必须露出水面。在转身过程中，允许运动员完全潜入水中。但在出发和每次转身后，运动员潜泳距离不得超过 15 m，在 15 m 前运动员的头必须露出水面。

（4）在转身过程中，当运动员肩的转动超过垂直面后，可进行一次连续单臂划水或双臂同时划水动作，并在该动作结束前开始滚翻。一旦改变仰卧姿势，就不允许做与连续转身动作无关的打水或划水动作。运动员必须呈仰卧姿势蹬离池壁，转身时运动员身体的某部分必须触壁。

（5）运动员在到达终点时，必须以仰卧姿势触壁。

（三）蛙泳

（1）出发和每次转身后，从第一次手臂动作开始，身体应保持俯卧姿势，两肩应与水面平行。

（2）两臂和两腿的所有动作都应同时、在同一水面上进行，不得有交替动作。

（3）两手应同时在水面、水下或水上由胸前伸出，并在水面或水下向后划水。除最后一个动作外，在手臂的完整动作中，两肘不得露出水面。除出发和每次转身后的第一次划水动作外，两手向后划水不得超过臂线。

（4）在蹬腿过程中，两脚必须做外翻动作，不允许做剪夹、上下交替打水或向下的海豚式打水动作。只要不做向下的海豚式打腿动作，允许两脚露出水面。

（5）在每次转身和到达终点时，两手应在水面、水上或水下同时触壁，触壁前两肩应与水面平行。在触壁前的最后一次向后划水动作结束后，头可以潜入水中，但在触壁前的一个完整或不完整的配合动作中，头应部分地露出水面。

（6）在每个以一次划臂和一次蹬腿顺序完成的完整动作周期内，运动员头的某一部分应露出水面。只有在出发和每次转身后，运动员可在全身没入水中时，做一次手臂充分的向后划至腿部的动作和一次蹬腿动作。但在第二次划臂至最宽点并在两手向内划水前，头必须露出水面。

（四）蝶泳

（1）除在做转身动作时身体必须始终俯卧外，从出发和每次转身后的第一次手臂动作开始，至下一个转身或到达终点止，两臂均应与水面平行，任何时候都不允许转成仰卧姿势。

（2）两臂必须在水面上同时向前摆动，并同时在水下向下划水。

（3）两脚的动作必须同时进行，允许两腿和两脚在垂直面上同时做上下打水动作。两腿或两脚可不在同一水平面上，但不允许有交替动作。

（4）在每次转身和到达终点时，两手应在水面、水上或水下同时触壁，触壁前两肩应与水面平行。

（5）在出发和每次转身后，允许运动员在水下做一次或多次打水动作和一次划水动作，这次划水动作必须使身体升到水面。

（五）混合泳

（1）个人混合泳须按照下列顺序进行比赛。

蝶泳、仰泳、蛙泳、自由泳（蝶泳、仰泳、蛙泳以外的任何泳式）。

（2）混合泳接力须按照下列顺序进行比赛。

仰泳、蛙泳、蝶泳、自由泳（仰泳、蛙泳、蝶泳以外的任何泳式）。

（3）在个人混合泳和混合泳接力项目的仰泳转蛙泳过程中，运动员转肩动作超过垂直面之前必须呈仰泳姿势触及池壁。

第二节　游泳的安全与卫生

“水能载舟，亦能覆舟。”游泳是在水中进行的活动，如果不注意安全和卫生，不仅会发生各种伤病，损害身体健康，甚至可能发生溺水死亡事故。因此，应当高度重视游泳的安全与卫生，了解游泳的安全卫生知识，掌握科学锻炼的方法，防止意外事故的发生。

一、游泳的安全措施

游泳时，如果不熟悉水性，很容易呛水或失去平衡，以至出现溺水而危及生命。对于会游泳的人，也有可能因各种原因而出现意外事故。生命是珍贵的，但又不能因噎废食，放弃这种具有极高价值的运动。因此,在开展游泳活动时,必须把安全摆在首位,要认真考虑并落实安全措施,做好充分的准备,保证万无一失。游泳的安全措施主要包括以下几方面的工作:

(一)强化安全教育

安全教育必须贯彻于游泳活动的全过程。首先,必须强调游泳安全的意义,树立安全意识,克服麻痹思想。只有保证安全,才能真正发挥游泳对于增进身心健康的作用。对游泳活动的组织者来说,更要清醒地认识到,不能由于疏忽大意而造成他人的不幸。其次,要加强组织纪律教育,要求严格遵守有关纪律和制度,一切行动听指挥,做到令行禁止。安全教育要经常宣传,反复宣传,以引起每个人的充分重视,培养游泳者的安全意识。

(二)选择安全的游泳场所

选择好游泳场所是保证游泳者生命安全的极其重要的方面。游泳场所分为两类,一类是人工修建的游泳池、馆,另一类是江河湖海等天然水域。不论是到哪类场所进行游泳活动,都要充分考虑好安全问题。

(1)游泳池、馆。到游泳池、馆进行游泳活动时,应事先熟悉池、馆环境,包括池的大小、深浅区划分、禁止标示、水深、水质、水温、附属建筑等。一般要求池、馆结构合理、深浅区有明显标志、深度适合游泳对象的水平、水质符合卫生要求、水温适宜、有良好的救生设施和良好的管理。

(2)天然水域。利用天然水域进行游泳活动,一般应选择水质较好、浅水区较宽、水温适宜、水底平坦无淤泥、水下无障碍物、水流平缓、河岸开阔、下水和起水方便的水域。凡被生活或工业废水污染的水域、有暗流漩涡的水域、有暗礁乱石的水域、有血吸虫的水域、有鲨鱼出没的水域、杂草丛生的河湖港汊、河流急弯处或桥墩附近、船只来往频繁的码头附近、靠近主航道处、木排竹排停放处等,都不宜作为游泳活动的场所。

二、游泳的卫生要求

(一)了解健康状况

为了保证健康和安全,防止疾病传染,游泳者每年都必须进行一次全面的健康检查,以便清楚地了解自己的身体状况,确定能否参加游泳锻炼。如果身体患有某些疾病,不仅很难承受游泳时各种生理机能的变化,还会使病情加重,甚至会出意外事故;同时还可能造成某种传染病的传播,危害公众健康。一般来说,游泳池、馆都要求游泳者持有当年健康证,才允许购票入池游泳。

凡患有严重高血压、心脏病、活动性肺结核、传染性肝炎、细菌性痢疾、妇科病(如滴虫病)、性病、化脓性中耳炎、皮炎、精神病及有开放性创伤的病人,都不宜游泳。凡患有腹泻、伤风感冒、咳嗽、严重沙眼、急性结膜炎等疾病的人也暂时不宜下水游泳。这些疾病都是暂时的,只要经过治疗和休息,待病愈后即可下水游泳。

(二)选择游泳时机

(1)饱食后不宜游泳。饱食后消化器官的活动增强,此时若下水游泳,血液将首先满足肌肉活动的需要,而消化器官的供血必然不足,将降低消化器官的功能,影响食物的消化和吸收。此外,由于水的刺激,胃肠的蠕动受到限制,容易引起胃痉挛,出现腹痛或呕吐。因此，饱食后不能马上游泳，一般应休息 30 min 以上再下水活动。

（2）饥饿时不宜游泳。空腹饥饿时也不宜马上下水游泳。游泳时能量消耗大，如果肚中饥饿，体内血糖浓度下降，不能及时提供足够的能量以满足运动和维持正常体温的需要，就会出现头昏、四肢无力等症状，严重时甚至会昏厥。因此，饥饿时不要下水游泳。如果是长时间、长距离的游泳，在中途最好能补充一些营养成分高且容易消化吸收的饮料。

（3）剧烈运动或重体力劳动后不宜游泳。剧烈运动或重体力劳动后，身体处于疲劳状态，肌肉的收缩和反应能力减弱，动作不易协调。此时若下水游泳，会造成疲劳的积累，易引起呛水、肌肉痉挛，甚至发生溺水事故。此外，剧烈运动刚结束，人体新陈代谢尚未恢复正常，体温较高，出汗量大，身体处于最不稳定状态。此时若下水游泳，身体突然受到冷水的刺激，体温急剧下降，抵抗力减弱，容易引起感冒。因此，在剧烈运动或重体力劳动后，必须经过充分的休息，待体力恢复正常后才能下水游泳。

（4）饮酒后不宜游泳。酒中所含的乙醇对人的神经系统有麻醉作用，会使人体的机能下降，身体的反应能力减弱，动作协调性变差。这时下水游泳就无法清醒地处理可能发生的意外情况，很容易发生溺水事故。另外，饮酒后皮肤血管扩张，加快体内热量的散发，容易引起伤风感冒而损害健康。因此，酒后千万不要马上下水游泳。

（三）做好准备活动

游泳的准备活动，一般可做慢跑、徒手操、拉长肌肉与韧带的练习及游泳模仿动作。要特别注意颈、肩、腰、臀、膝、踝、肘、腕等关节的活动，对负担较重的部位更要活动充分。准备活动的量可根据气温高低而定，一般应做到身体微微出汗为止。游泳者下水后，还可以做一些水中换气练习，以更快地适应水环境。

（四）掌握好游泳时间与运动负荷

游泳锻炼的时间长短要视气温、水温及个人的身体状况而定。一般来说，天气热、水温高时，水中活动的时间可长些；天气冷、水温低时，水中活动的时间不宜太长。一般人游泳的适宜水温为 26 ℃~32 ℃。少年儿童的皮肤较薄，身体表面积与体积之比大于成人，相对散热速度快，在水中活动的时间不宜太长。

游泳锻炼时还要注意控制好运动负荷，即游泳的强度和量。一般来说，短距离快速游强度较高，主要发展速度和肌肉爆发力；长距离中速或慢速游强度较低，主要发展心肺功能和肌肉耐力。下水后，活动的强度应逐渐增大，以使身体机能逐步调动起来适应运动的需要，切不可一下水就猛游一通，以免突发性抽筋或休克。游泳锻炼的量指的是游泳的距离，应因人而异，强度高时量宜少些，强度低时量可多些。

控制游泳时间和运动负荷的原则是量力而行，适时起水。如果在水中已经出现寒战、嘴唇青紫、皮肤起鸡皮疙瘩，应立即上岸，擦干身上的水，穿上衣服，晒晒太阳或活动活动身体，使身体暖和起来。有可能的话还可以喝些热饮料，以驱除寒冷。在水中停留时间过长，散热过多，容易出现肌肉抽筋，起水后易受凉而患感冒。

（五）注意个人和公共卫生

在参加游泳活动前，要备好干净的不透明的游泳衣、裤，必要时亦可准备好游泳帽和游泳眼镜；要修短指甲，以免划伤自己或他人；要清除耳垢，以防耳道积水诱发耳病。

三、游泳中异常现象的预防与处理

（一）皮肤过敏

在游泳时，有些人下水后受到冷水的刺激或被风吹，会出现皮肤过敏，轻者皮肤发红、起疤疼，重症者会出现头晕、眼花、头痛等现象。如果出现上述情况，应及时上岸，洗净并擦干身体，穿好衣服，注意保暖，喝点开水，出点汗，一般能很快恢复，适应一段时间就可以消除。若反应严重，则应请医生诊治。

（二）头晕、头痛

在游泳时，引起头晕的主要原因包括下水后身体受冷水刺激引起血管收缩，造成脑部暂时供血不足；人体在水中散热快，体力消耗大，游泳时间过长而造成血糖下降过多；水中呼吸方法不正确，脑部缺氧，或进行呼吸练习时二氧化碳过量呼出等。以上几种情况都是正常的生理反应，休息片刻便能很快恢复。

（三）呛水

呛水有两种，一种是鼻呛水，即鼻腔进水，会引起反射性头痛；另一种是口呛水，即水从口腔进入气管，会引起反射性咳嗽和呼吸障碍。初学游泳时，由于没有掌握好正确的水中呼吸方法，很容易发生呛水。即使是会游泳的人，如果没有把握好风浪的规律和呼吸的时机，或者在做滚翻转身等动作时没有用鼻缓慢呼气，也会发生呛水。

（四）外耳道进水

游泳时外耳道进水是常见现象。但如果水滞留耳中，不仅会带来不舒服的感觉，影响听力，还容易引起中耳炎。所以游泳后应及时将耳内的水排出。以下介绍 5 种简便而有效的排除耳内积水的方法。

（1）吸水法。用消毒棉签或卷成细条的柔软干净的吸水纸轻轻伸进外耳道将水吸出，这种方法一般在游泳结束后采用。

（2）甩头法。先把头偏向进水耳的异侧，然后迅速甩向进水耳一侧，重复几次，即可将耳内积水甩出。这种方法简便易行，随时可用。

（3）压引法。将头偏向进水耳一侧，用同侧手掌紧压在耳廓上，不留空隙，屏住呼吸然后迅速拉开手掌，重复几次，水就会被吸引出来。

（4）跳空法。站在岸上，将头偏向进水耳侧，使进水的耳朵朝下，口微张开，用同侧腿在原地连跳数次，水就会被震出来。

（5）灌甩法。将头偏向进水耳的异侧，使进水的耳朵朝上，用手指沾几滴干净的水注入进水的耳朵，轻轻晃动头部，使水滴一直流进耳道深处，与里面的积水汇合。然后将头朝进水耳侧用力一甩，水就会被甩出来。

（五）抽筋

抽筋是在游泳中经常遇到的问题。抽筋是肌肉痉挛的俗称，指的是肌肉发生不自主的强直收缩，引起局部疼痛和活动障碍。下水前没有做好准备活动、身体过于疲劳、水温过低等，都是引发抽筋的主要原因。肌肉过分紧张、体内缺盐等，也容易引起抽筋。以下是常见抽筋的自我缓解方法。

（1）手指抽筋。游泳时手指抽筋较常见。抽筋时，可将抽筋之手握成拳，然后用力张开,重复数次即可缓解。

(2)手掌抽筋。用一手掌将抽筋的手掌用力向下压,并做振颤动作,直至抽筋消除为止。

(3)小腿或脚趾抽筋。游泳时小腿或脚趾抽筋也较常见。抽筋时,可站立浅水中,或迅速起水坐于岸边,或深吸一口气仰卧水中,用患肢对侧的手握住抽筋腿的脚趾,并用力向身体方向拉回,同侧手压在抽筋腿的膝部使之伸直,直至抽筋消除。同时可轻轻揉捏抖动小腿肌肉,使痉挛缓解。

(4)大腿抽筋。先深吸一口气仰卧水中,抽筋的腿弯曲,双手或单手抱住小腿使之与大腿折叠紧,并尽量使大腿贴近胸部,然后松手,用力将腿伸直展开。反复进行,直至抽筋消除。

(六)腹痛

有的人在游泳时腹部会隐隐作痛,甚至发生腹肌痉挛。除了腹部慢性疾患外,这种现象多半是由于准备活动不充分,或下水后运动强度突然增大而引起的。由于心脏功能尚未充分动员起来,搏动无力,影响静脉血液回流,再加上呼吸节律没调整好,呼吸短浅,胸内压上升,造成腹腔内的血液不能顺利通过静脉向心脏汇集,引起肝脾肿胀,因而产生反射性腹痛。

第三节　游泳技术及练习方法

一、蛙泳

蛙泳比其他竞技游泳姿势速度慢,但动作平稳,容易掌握,呼吸便利,适于长距离游泳。又便于观察和掌握方向,实用价值较大;是救护、潜泳、泅渡江河湖泊的常用姿势。

(一)蛙泳的技术要领

1. 身体姿势

蛙泳时,身体姿势不是固定不变的,而是随着臂、腿及呼吸动作的周期性变化而不断变化着的。当蹬腿结束后,两臂并拢前伸,两脚向后蹬直并拢,身体处于较好的流线型滑行状态,身体较平,头略抬起,水浸于前额处,胸部、腹部和大小腿处在水平姿势。这时身体纵轴与水平面成 5°~10°。

2. 腿部运动

蛙泳的腿部动作很重要,是推动身体前进的主要动力,可分为 4 部分,即收腿、翻脚、蹬夹腿、滑行,它们之间是紧密相连的完整动作。

(1)收腿。开始收腿时,两腿随着吸气的动作自然向下。同时两膝开始弯曲并自然分开,小腿向前回收,回收时,两脚放松,脚踵向臀部靠拢,边收边分。收腿时力量要小,两脚和小腿回收时,要收在大腿的投影截面内。收腿结束时大腿与躯干成 130°~140°,两膝内侧与髋关节同宽,为翻脚和蹬夹腿做准备。

(2)翻脚。翻脚是收腿的继续,蹬水的开始。收腿将结束时,脚仍向臀部靠近。这时大腿内旋,膝关节稍内;同时两脚向外侧翻开,勾足尖,使脚和小腿内侧对准蹬水方向,使腿在蹬夹时与水有一个良好的接触面。

（3）蹬腿。翻脚结束后，立即以腰腹和大腿同时发力向后蹬水。先伸髋，再伸膝，以大腿、小腿内侧和脚掌向后做急速而有力的蹬夹动作。在蹬夹腿过程中，当两腿并拢时略向下压，以形成前后鞭打动作。该动作是推动身体前进的重要动力来源。

（4）滑行。蹬腿结束后，脚处于较低的位置，脚距离水面为 30~40 cm。此时，两腿迅速并拢伸直，身体适度紧张，呈流线性，做短暂滑行，为下一个动作周期做好准备。滑行时间的长短与水平高低和个人技术风格有关，也与游泳距离的长短有关。初学者一般滑行时间较长，以便掌握动作节奏。

3. 臂部动作

现代蛙泳广泛采用高肘、快频率的手臂动作。动作可分为抓水、划水、收手和向前伸臂 4 个紧密相连的阶段。

（1）抓水。从两臂前伸并拢、掌心向下的滑行开始，前臂、上臂立即内旋，掌心转向外斜下方，略屈腕，两手分开向侧斜下压水至两手间距离约为两倍肩宽处，手掌和前臂感到有压力时，便开始划水。此阶段动作速度较慢。

（2）划水。当两手做好抓水动作，两臂分至 40°~45° 夹角时，手腕开始逐渐弯曲。这时两臂、两手逐渐积极地做侧下后方屈臂划水。划水时肘关节的最大屈角为 90°。划水应用力，使上体上升到较高位置，为下一阶段收手、向前伸臂做好充分准备。

（3）收手。收手是划水阶段的继续。收手过程也能产生较大的前进作用和升力。收手过程手臂向里、向上收到头前下方。这时，前臂与肘几乎同时做动作。收手时不应降低划水速度，而是以更快速度积极完成。收手结束时，肘关节低于手，大小臂成锐角。

（4）伸臂。伸臂动作是由伸直肘关节、肩关节来完成的。掌心由朝上逐渐转向下方，手指朝前。同时迅速低头，将头夹于两臂之间。动作完成时，两臂伸直并拢充分伸肩，掌心向下，成良好的流线型向前滑行。

4. 配合技术

视频 蛙泳

现代多采用一个动作周期呼吸一次的“晚吸气”配合。在抓水过程中，随着头、肩的上升，口露出水面将气吐尽，两腿保持稍紧张的伸直姿势；当划水结束时，头、肩向前上方升至最高位置时快速吸气，同时两膝开始弯曲；当收手并开始前伸臂时迅速低头闭气，迅速收腿；滑行时向水中呼气。整个动作要协调连贯，使游速更加均匀。

（二）蛙泳的练习方法

蛙泳简单易学，省力、耐久，能负重，游动声音小，便于观察和掌握方向。蛙泳通常是划一次臂，蹬一次腿，呼吸一次。腿的动作是基础，可先通过陆上模仿练习体会动作要领，然后在水中反复练习。呼吸是关键，呼吸动作要与划臂动作密切配合。要根据不同的情况，抓住主要矛盾进行练习。学会蛙泳后，应进行长距离锻炼，增强体力，提高技术。

1. 腿的练习

（1）俯卧于长凳上，做蛙泳腿部的模仿动作。

（2）陆上站立，体前屈，双脚分开与肩同宽，抬头，双臂前伸。轮流用一只腿做收、翻、蹬的动作。

（3）坐在地上、凳上或池边，躯干后仰，双手背后撑地，做蛙泳腿部练习。

（4）双臂前伸扶板做腿部练习。

腿的练习如图 8-3-1 所示。

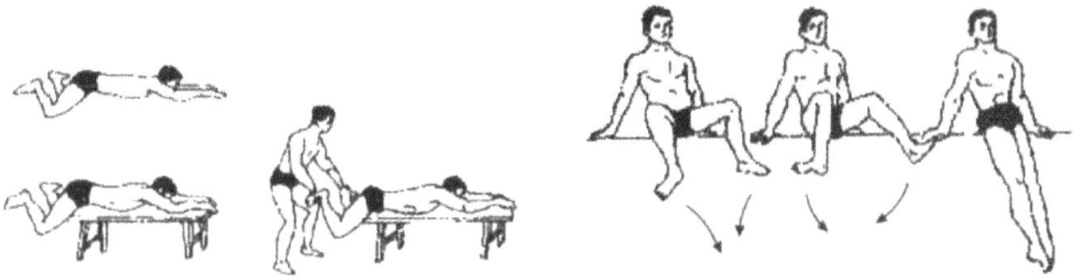

图 8-3-1

2. 手臂划水和呼吸配合

（1）划臂练习

两臂伸直，向斜后方边划边屈臂。当臂划至肩的侧下方时，收手夹肘伸向前。如图 8-3-2 所示。

图 8-3-2　划臂练习

（2）臂和呼吸配合

1）抬头划臂张口吸。先抬头，两臂同时向斜后方划水时吸气。抬头不要太高太猛。2）用力划臂吸足气。提肘屈臂向后加速划水时，迅速吸气。3）收手夹肘闭住气。臂划至肩的侧下方时收手夹肘将手收至颌下，脸入水中闭气。4）两臂前伸慢呼气。臂前伸时，两手自然并拢，掌心转向下方，并呼气。

3. 连贯动作

（1）开始划臂腿不动。两手分开向斜后方划水，两腿自然伸直，准备收拢，开始抬头。

（2）用力划臂腿前收。臂划近肩下时，两腿自然分开，屈膝前收，抬头吸气。

（3）收手夹肘收好腿。臂划至肩的侧下方时，收手夹肘将手收至颌下，同时完成收腿动作。头逐渐浸入水中闭气。

（4）伸臂翻脚再蹬腿。两臂前伸同时向外翻脚，立即用力向后做弧形夹水。

（5）身体向前滑一会儿。蹬腿结束后，臂腿收拢，脸浸入水中，向前滑行。

二、仰泳

仰泳是身体成仰卧姿势的游泳。两臂轮流在体侧向后划水，两腿交替上下打水。

（一）仰泳的技术要领

1. 身体姿势

尽量使身体与水平面平行。通过微向前耸肩使脊背保持挺直。髋部下沉会带来较大的阻力，而且使腿的负荷加大，在比赛前半段就会耗费较多能量。克雷泽伯格的髋部很高，因为在他快速游进时身体漂在水面较高的位置，身体保持平衡。反过来，游得越快，身体位置也会越高。

2. 腿部动作

仰泳时腿部动作的作用主要是维持身体平衡，控制身体姿势，产生一定的推进力。整个动作是以髋关节为轴，由大腿发力，腿、膝关节带动小腿和脚来完成，呈现有节奏的重复上踢水和下压水过程。可用“屈腿上踢、直腿下压”来形容仰泳时腿的动作过程。

下压水是由腿伸直与水面平行时开始的。当臀部肌肉收缩时直腿下压，下压到占整个移动线路的2/3时，大腿停止下压准备上踢。后1/3由小腿和脚利用继续下压的惯性屈膝来完成。

上踢水是腿下压动作结束，大腿用力向上和股四头肌用力收缩开始的。此时，由于水的阻力和股四头肌的牵制，大腿与小腿构成130°~140°角，小腿与水平面成40°~45°角。大腿向上，直至超过髋关节水平线，与此同时，由大腿带动小腿向上踢水，直至腿完全伸直为止。仰泳时两腿的主要推动力是靠向上踢水产生的。向上踢水时，在任何情况下都不要使膝和脚踢出水面，否则会影响踢水效果。

3. 臂部动作

仰泳时臂的动作与爬泳一样，都是产生前进力量的主要因素。目前一般都采用两臂交替在体侧屈臂划水技术。在一个动作中，臂部动作分为入水、抱水、划水、出水和空中移臂五个紧密相连的阶段。

（1）入水

入水紧接着空中移臂后开始。入水时手臂自然伸直，手掌展平，入水点在肩的延长线上。手臂入水的顺序一般是先上臂入水，然后前臂和手几乎同时入水。

（2）抱水

抱水是为划水创造有利的条件。手臂入水后，躯干向入水的一侧转动，借助前移的速度，直臂向深水处积极抓水，并做转腕和肩臂内旋的动作，同时开始屈臂，使手臂和前臂处在最有利的划水位置，形成有利的划水面，即抱水。

（3）划水

划水动作从抱水开始，包括拉水和推水。开始拉水时，前臂内旋，肘关节向下弯曲，并逐渐下沉至靠近腰部，以手臂和前臂对准水划。当手臂划过肩关节垂直面时，即开始推水。推水应充分利用拉水速度和划水面，使整个臂同时用力向后下方做推压动作。

（4）出水

手臂自然、放松、迅速，并且要先压水后提肩，肩部露出水面后，由肩带动大臂、小臂和手依次出水。

（5）空中移臂

臂出水后，应迅速地沿着与水平面接近90°角的垂直面由后向前移动。移臂时手臂要自然伸直，速度要快。

4. 呼吸与臂、腿的动作配合

仰泳时身体成仰卧姿势，脸一直露出水面，因此呼吸技术简单、自然，只要张口有节奏地呼吸即可。呼吸可与移臂动作配合，当一臂空中前移时吸气，而另一臂空中前移时则呼气。

为了增加臂划水力量，在吸气后应有一个短暂的闭气过程。仰泳腿、臂和呼吸的配合一般采用“6∶2∶1”，即在一个循环动作内腿打水 6 次、臂划水 2 次、呼吸 1 次。

视频　仰泳

（二）仰泳的练习方法

1. 腿的练习

（1）坐在地上、岸边或游泳池上，身体稍后仰，双手撑于身后，两腿举起，脚离地面，脚面绷直，两腿一上一下交替摆动打腿。腿下压时要直，腿向上踢时要大腿带动小腿和脚面做“鞭状”上踢动作。

（2）先坐在池边，两腿放入水中，上体后仰平卧，两手置于体侧，两腿做交替打水。

（3）站立于浅水处，背对池壁，两手绕肩反握池壁或同伴双手，两臂稍伸直之后，身体后仰卧水面，提髋，两腿浮于水面后做打腿练习。

（4）站立于浅水中面对池壁，两手扶池壁，上体下蹲，两腿弯曲，膝盖上举，两脚平行放于池壁，然后双手用力推离池壁，同时两脚用力蹬池壁而身体仰卧于水中。两腿借惯性力做上下交替打水，两手放于体侧，手心朝下压水，直到两腿打不动而下沉为止。

2. 臂的练习

（1）身体仰卧在长条板凳上，两臂交替在体侧做仰泳的移臂和划水的模仿练习。移臂时肘关节要伸直，经身体上方移动，要尽量做到上臂贴近自己的耳朵，手在同侧肩后方做“入水”“抱水”和向后“划水”练习。练习之初先做单臂分解练习，再逐渐过渡到两臂交替练习。开始时可直臂划臂，之后再练习屈肘的划臂练习。也可以身体直立做臂的模仿划水动作的练习，一臂体侧上举，勾手提肘，然后在体侧做向下的划水模仿练习。

（2）单手扶池边，身体仰卧自然伸展于水面，另一臂做划水和移臂的练习。

（3）在同伴协助下做分解的单臂或双臂的划水、移臂练习。此练习应在浅水处进行。

（4）手把持胸前的扶板，身体仰卧水中，两腿交替打水，另一臂做划水和移臂的练习。

（5）在腰际系上绳子仰卧水面，同伴站在岸上拉住绳子的另一端，并缓慢连续拉绳，练习者仰卧水面两腿较用力做打腿练习，主要练习和体会臂的划水动作。

（6）利用两脚蹬离池壁后的惯性做划水练习，两腿要用力打水，以利于身体上浮和延长划水练习次数。

三、自由泳

自由泳不受任何姿势的限制，爬泳的速度最快。这种姿势结构合理，阻力小，速度均匀，是最省力的一种游泳姿势。

（一）自由泳技术要领

1. 身体姿势

自由泳时身体俯卧在水面成流线型，背部和臀部的肌肉保持适当的紧张度，在游进中保持头部平稳，躯干围绕身体纵轴有节奏地自然转动 35°～45°。

2. 腿部动作

自由泳打腿主要起维持身体平衡的作用，可以使下肢抬高，保持身体有较好的流线型，同时协调配合两臂用力的划水动作，并能提供一定的推动力。

打水动作脚掌伸直并略内转，踝关节自然放松，以髋为支点，动作从髋关节开始，大腿发力稍内旋，带动小腿，力量通过大腿、膝、小腿，最后到足部形成上下鞭打状打水动作，两腿分开的距离为 30~40 cm，向上打水膝关节弯曲 140°~160° 角，向下打水结束时，脚离水面 30~35 cm。

3. 臂部动作

自由泳时臂部动作是推动身体前进的主要动力。以一个周期分为入水、抱水、划水、出水和空中移臂五个不可分割的阶段。

（1）入水。

臂入水时，肘关节略屈并高于手，手指并拢伸直，向斜下方切插入水；或掌心暂向外侧切入水中，使手掌与水面的角度为 30°~40°。动作要自然放松，臂入水时在身体中线与延长线中间。臂的入水顺序为：手—前臂—肘—上臂。如图 8-3-3 所示。

（2）抱水。

臂入水后，在积极向下方插入的过程中，手掌从向斜外下方转向斜内后方并开始屈腕、屈肘，肘高于手，以便能迅速过渡到较好的划水位置。抱水结束，手掌已经接近对水，肘关节屈至 150° 左右，整个手臂像抱着一个大圆球似的为划水做准备。如图 3-3-4 所示。

图 8-3-3 入水

图 8-3-4 抱水

（3）划水。

划水是发挥最大推进作用的主要阶段，其动作过程可分为拉水和推水两个部分。紧接抱水阶段进入拉水，这时要保持抬肘，并使大臂内旋。同时继续屈肘，使手的动作迅速赶上身体的前进速度，能使水动作造成合理的动作方向和线路，同时，也使主要肌肉群在良好的工作条件下进入推水动作，拉水至肩的垂直平面后，即进入推水部分，这时肘的屈度约 100° 左右。大臂保持内旋姿势，带动小臂，用力向后推水。同时，使肩部后移，以加长有效的划水线路。向后推水有一个从屈臂到伸臂的加速过程，手掌从内向上，从下向上的动作线路加速划至大腿旁。如图 8-3-5 所示。

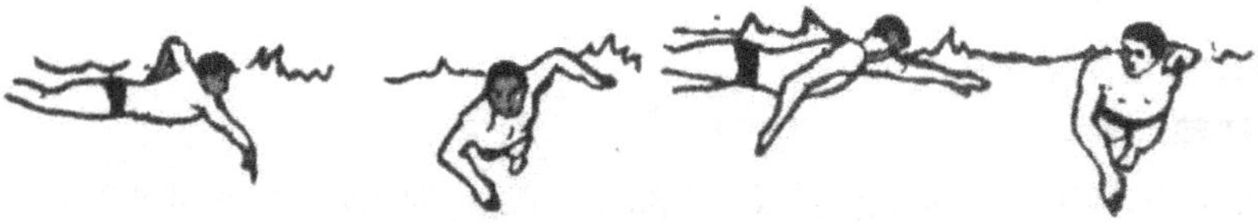

图 8-3-5 划水

（4）出水。

在划水结束后，臂由于惯性动作而很快地靠近水面。出水时，手臂放松，微屈肘，肘部向上方提起带动前臂出水面，掌心转向上方。手臂出水动作必须迅速、柔和、放松而不停顿。如图 8-3-6 所示。

图 8-3-6 划水

（5）空中移臂。

臂在空中前移的动作是手臂出水的继续。移臂开始时，手掌几乎完全向后，提肘向上，手腕放松，手落后于肘关节。当手前摆过肩时，应与肘成一直线。这时手和前臂逐渐向前伸出，掌心也从后上方转向前下方，接着做准备入水的动作。如图 8-3-7 所示。

图 8-3-7 空中移臂

4. 两臂配合技术

自由泳时两臂划水发生的交叉位置有前交叉、中交叉、后交叉三种类型。前交叉是指一臂入水时，另一臂已前摆至肩前方与平面成 30° 左右。前交叉有利于初学者掌握自由泳动作和呼吸。中交叉是指一臂入水时，另一臂处在向内划水阶段与水平面成 90°。后交叉是指一臂入水时，另一臂划至腹下，手与水平面成 150° 左右。

5. 臂、腿与呼吸配合的完整动作

自由泳采用转头吸气的方法。这里以向右吸气为例，右手入水后，嘴与鼻慢慢呼气。右臂划水至肩下时，头向右侧转，呼气量增大。右臂推水快结束时，用力呼气，直至嘴出水面。右臂出水时吸气，移臂至与肩平齐时吸气结束。随之臂继续向前移动，转头还原闭气。自由泳的呼吸与臂、腿的配合是呼吸 1 次、臂划 2 次、腿打 6 次，即 1∶2∶6。

视频 自由泳

（二）自由泳的练习方法

1. 腿的练习

（1）坐在池边或地上，两手后撑，两腿伸直，腿内旋使脚尖相对，脚跟分开成八字，两腿放松，以髋为轴，大腿带动小腿，上下交替打水。

（2）俯卧打水。手握池槽，或由同伴托其腹部，成水平姿势，两腿伸直，做直腿或屈腿打水。如图 8-3-8 所示。

（3）滑行打水。向上提腿时膝关节稍屈，向下打水时脚面绷直，脚尖稍向内转。打水幅度为 30~40 cm。如图 8-3-9 所示。

2. 臂和呼吸的配合

（1）划臂呼气。

以左臂为例，左臂在肩前插入水后，逐渐屈臂向后划水，同时呼气。划臂不要超过身体中线。如图 8-3-10 所示。

图 8-3-8　俯卧打水

图 8-3-9　滑行打水

（2）推水吸气。

右臂向后推水时转头吸气，提肘出水时同时完成吸气动作。抬头不要太高太猛。如图 8-3-11 所示。

（3）移臂闭气。

左臂从体侧向前移臂时，头逐渐转入水中闭气。如图 8-3-12 所示。

图 8-3-10　划臂呼气

图 8-3-11　推水吸气

图 8-3-12　移臂闭气

3. 单臂划水

两腿连续打水，一臂前伸一臂划。两臂交替进行，逐渐过渡到连贯动作。

4. 连贯动作

（1）右臂下滑要伸肩，左臂推至大腿边（呼气）。

伸肩：右臂下滑时，尽量向前下方拉开肩带肌肉，掌心向下。

（2）右臂肩前抱好水，左臂提肘出水面（呼气）。

抱水：右臂向外提肘屈臂，使手掌和小臂向后抱好水。

（3）右臂肩下屈臂划，左臂前伸插入水（呼气）。

划水：右臂划至肩下时，大小臂屈成 120° 角左右，加速向前划水。

（4）右臂推至大腿边，左臂下滑要伸肩（转头吸气）。

推水：右上臂靠近体侧，小臂用力向后推水。吸气要深、要快。

（5）右臂提肘出水面，左臂肩前抱好水（完成吸气）。

出水：右臂利用推水速度的惯性，在腿侧提肘出水向前移臂，肌肉放松。

（6）右臂为伸插入水，左臂肩下屈臂划（闭气）。

入水：右手自然合拢，右肘高于手，在肩前部插入水。

第四节　水上救护知识

一、救护基本知识

（一）间接救护

间接救护是指救护者利用救生器材对溺水者进行施救的一种救护方法，下面介绍几种常用的救护器材和使用方法。

（1）救生圈。在救生圈上系一条绳子，当发现溺水者时，可以将救生圈掷给溺水者，并采取措施协助他游回。

（2）竹竿。在长竹竿端扎一个约 50 cm 直径的藤圈，将藤圈套住溺水者，或让他抓住藤圈，将其拉回。

（3）绳子。在长约 25~30 m 的绳索一端缚上一个易于辨别的浮物，抛给溺水者。待溺水者抓住浮物后，迅速将绳索连同溺水者一同拉回。

（4）木板。在没有其他救护器材的情况下，可把木板当作救护器材使用。将木板扔给溺水者，还可扶木板游向溺水者，然后将溺水者拖上岸。

（二）直接救护

直接救护是指救护者在不借助任何救生器材的情况下，徒手对溺水者施救的一种技术。直接救护包括入水前的观察、入水、游近溺水者、拖运、上岸和岸上急救等过程。

1. 入水前的观察

救护者入水前，要对溺水者落水地方或周围水域进行观察，判断溺水者与自己的距离、方位，然后迅速选择合适的入水地点。

2. 入水

救护者入水动作要快，目标要准确，根据不同的情况和环境，采取不同的入水方法。

（1）在游泳池或熟悉水情的地方，可以做头先入水的出发动作。这种动作快，跳得远，而且入水后出水也快。

（2）在水情不熟悉地区，可以用脚先入水的动作。入水后，两腿应立即向下夹水，手臂向下划水，使身体处于较高位置并能看到目标。

（3）在较高的地势入水，可采用屈腿、两臂抱膝团身入水法。入水后应立即展开四肢，使身体浮出水面。

3. 游近溺水者

救护者应采用速度较快的抬头自由泳或抬头蛙泳，以便观察溺水者的情况。正面接近溺水者。离溺水者约 3 m 左右时，深吸一口气潜入水中，用蛙泳潜近溺水者，在水中用两手抱住其髋部，将其身体转为背向自己，同时将其抬起，使溺水者头部露出水面。在水面上正面接近溺水者，可用左手反手抓住其左手腕，然后用力向左拉，使溺水者背向自己，并使其头部露出水面。

4. 拖运

（1）对稳定的溺水者，可采用从背后以双手托住其腋窝或下颏（不要压迫气管和颈部血管），用仰泳拖回。拖运时要使其面部露出水面。如图 8-4-1 所示。

（2）对乱动的溺水者，可以用右臂从溺水者右臂上方从背后穿过，抓住其左手腕，并以右臂顶住溺水者的背，用侧泳拖回。如图 8-4-2 所示。

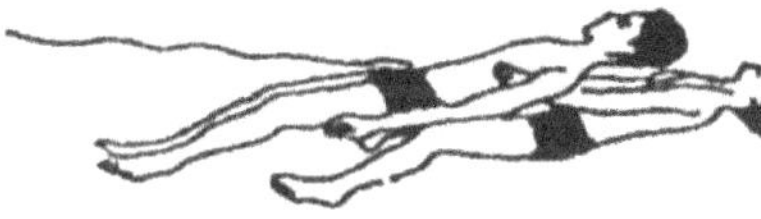

图 8-4-1　稳定溺水者拖运

图 8-4-2　乱动溺水者拖运

5. 上岸

（1）池边上岸。用右手握住溺水者的右臂，将其右手放在岸上，再用左手压住溺水者右手，然后自己上岸。上岸后，双手抓住溺水者两手腕，先将其下沉一下，随即借助水的浮力拉其上岸。如图 8-4-3 所示。

（2）斜坡上岸。将溺水者拖运至水齐胸深处，救护者将溺水者托在肩上，涉水上岸。上岸后，救护者跪下左腿，左手撑地慢慢坐下，先将溺水者下肢放在地上，再将其上身放在地上。如图 8-4-4 所示。

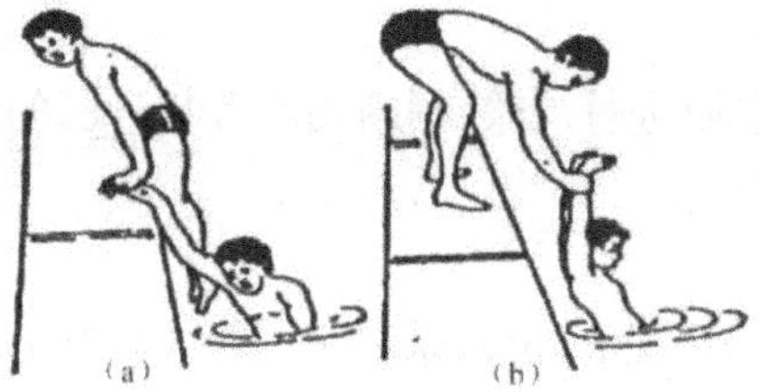

图 8-4-3 池边上岸

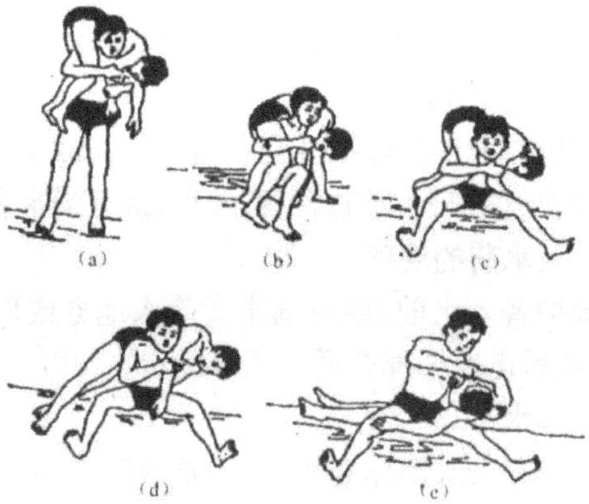

图 8-4-4 斜坡上岸

6. 岸上急救

溺水者被救上岸后，应迅速采取急救措施。边做急救边擦干溺水者身体，边通知医院。急救动作不能中断，要有耐心。

（1）上岸后的处理。对已经昏迷、呼吸很弱者要做人工呼吸。先清除溺水者口鼻内淤泥、杂草和呕吐物，如有活动假牙应取出，牙关紧闭时，可用两手食、中指向下扳下颌骨，使口张开，溺水者身上的衣服、腰带等都应解开。

（2）观察病况。检查溺水者有无意识；是否昏迷、休克；呼吸是否微弱或停止；心脏是否跳动或有无脉搏；喝水是否过多，喝水过多者腹部突出；有无骨折及其他伤害；是否真死等。根据病状进行临时急救，可做人工呼吸或心脏按压等，再转送医院急救。

（3）控水。经上述处理后，应进行控水，使溺水者呼吸道、肺部和腹中的水排出。救护者单腿下跪，一腿屈膝，把溺水者的腹部放在救护者的屈膝的大腿上，救护者一手将溺水者头按下，另一手稍用力压溺水者的背部和腹部，时而轻拍使水排出。

（4）人工呼吸。溺水者控水后，如呼吸仍未恢复，可采用人工呼吸，用口对口吹气法。将溺水者仰卧，救护者用一手捏紧溺水者鼻子，以免吹气时鼻孔出气。救护者深吸一口气，用嘴对溺水者的嘴，将气吹入溺水者肺中，接着放松捏紧鼻子的手，离开嘴，并用手压一下溺水者的胸廓，帮助呼气，每分钟 16~20 次，开始稍慢些，以后可适当加快，直到溺水者呼吸正常为止。

（5）心脏按压。当溺水者心脏停止跳动时，除做人工呼吸外，还可以做胸外心脏按摩。使溺水者成仰卧姿势，救护者双手重叠放在溺水者胸骨正中线的下三分之一处，借助身体的重量,稳健地向下垂直加压,使溺水者胸骨下陷,压挤心脏,然后抬起手腕。如此有规律地进行,每分钟 60~70 次,动作不要过猛,面积不要过大,可与人工呼吸同时进行。要有耐心,有时要抢救、按摩几小时才能见效。

(6)醒后处理。溺水者醒来时,可给他喝一些热姜汤或糖水,并立即替他穿好衣服以保暖,必要时送医院检查。

(三)自我救护

1. 头晕

初学者入水后感到心跳加快,头晕眼花,站立不稳,往往是由于不熟悉水性的心理因素而引起的,只要镇静或经过练习是可以克服的。有一些身体不太好、游得时间过长或体力消耗过大者也会出现头晕,这种头晕只要休息一下就会好转。

2. 抽筋

(1)手指抽筋。将手握拳,然后用力张开。反复做几次,直到消除抽筋为止。

(2)小腿或脚趾抽筋。先吸一口气浮出水面,用抽筋肢体对侧的手握住抽筋肢体的脚趾,并用力向身体方向拉,同时用同侧手掌压在抽筋肢体的膝盖上,帮助抽筋腿伸直。

(3)大腿抽筋。可采用拉长抽筋肌肉的办法解救。在游泳中抽筋是经常发生的,抽筋是肌肉连续收缩造成的。易发生的部位是大腿、小腿、手指、脚趾甚至胃部。寒冷的刺激、过分紧张、动作不协调,也会发生抽筋现象。

3. 呛水

呛水是指水从鼻腔和口腔吸入呼吸道。一般初学者经常呛水,这是由于没有掌握好游泳呼吸技术而发生的。呛水后,不必慌张,身体要保持平衡。如果连续发生呛水,容易使身体下沉,造成溺水。为了防止呛水,要练习呼吸动作,待熟练后即可避免呛水。

4. 耳内进水

耳内进水时,在水中可以将头偏向进水的一侧,用手掌紧压进水的耳朵,然后迅速提起手掌,反复做几次,水可以出来。也可以在岸上用跳空法。站在岸上将头偏向进水的耳朵一侧,以该侧的腿支撑身体,原地连续跳几次,使水从耳朵内流出来。

第九章　武术运动

第一节　武术运动的基本功

武术运动的基本功包括手型手法、步型、腿功、腰功、肩功等内容，通过练习不仅可以掌握武术的基本动作、基本技术、基本方法，为学习拳术与机械套路，提高武术的技术水平打下良好的基础，还可以有效地提高身体素质，增进健康，减少运动损伤。

一、手型和手法

1. 手型

（1）拳。四指并拢卷握，拇指紧扣食指和中指第二节。

（2）掌。四指伸直并拢，拇指弯曲紧扣于虎口处。

（3）勾。五指第一指节捏拢在一起，屈腕。

2. 手法

（1）冲拳。

两脚左右开立，略宽于肩，拳心向上，两手握拳抱于腰间，肘尖向后，上臂挟紧，拳心向上，挺胸、直腰，眼平视前方。右拳向前冲出，拳心向下，高与肩平，眼视右拳。继而，左拳向前冲出，同时右拳收抱于腰间，交替反复练习。

冲拳时，拳从腰间到肩前的运动线路是一条直线；出拳要快速，须发出先柔后刚的寸劲，同时，做拧腰、顺肩动作。拳由体前收抱于腰间时，应先外旋小臂，使拳心向上，然后肘向后牵拉，将拳收于腰侧。

（2）推掌。

两脚左右开立，略宽于肩，拳心向上，两手握拳抱于腰间。右拳变掌，掌指朝前，以掌外沿或掌心为力点，向前立掌快速推出。臂伸直，高与肩平。眼视右掌。继而，左掌向前推出，同时右掌变拳收抱于腰间，交替反复练习。掌推至体前时，要翘掌，使掌与臂尽量成直角。其余同冲拳要领。

（3）亮掌。

两脚左右开立，略宽于肩，拳心向上，两手握拳抱于腰间。右拳变掌，经体侧向右、向上划弧，拳至头部向右前方时抖腕亮掌，臂成弧形，掌心向上。眼睛始终随右手动作转动，抖腕亮掌时，转头注视左方。两掌交替进行。

二、步型和步法

1. 步型

（1）弓步。

两腿前后错步开立，前足尖微内扣，屈膝半蹲，大腿接近水平，膝部与脚面垂直。后腿挺膝伸直,足尖斜向前方,两足全脚掌着地。上体正对前方,眼向前平视。两拳抱于腰间。弓步时要前腿弓;后腿足跟蹬、膝关节绷、髋部沉;挺胸、立腰。

(2)马步。

两脚左右开立,约为本人脚长的三倍,脚尖内扣正对前方,屈膝半蹲,大腿接近水平,全脚掌着地,身体重心落于两腿中间,两拳收抱于腰侧。马步时要挺胸、立腰、足尖朝前、足跟外蹬。

(3)仆步。

两腿左右开立,一腿屈膝全蹲,全足掌着地,膝、足尖稍外展(约45°);另一腿伸直平铺,全足掌着地,足尖内扣;上体微向仆腿侧转并前倾;眼向仆腿方向平视。铺左腿为左仆步,铺右腿为右仆步。仆步时要挺胸、塌腰、沉髋。

(4)虚步。

两腿前后分开,后足外展45°,屈膝半蹲,重心落于后腿;前腿微屈,足背绷紧,足尖稍内扣,虚点地面;两拳抱于腰间;眼平视前方。左腿在前为左虚步,右腿在前为右虚步。下蹲时,后腿膝部微内收。挺胸、塌腰,虚实分明。

(5)歇步。

两腿交叉全蹲,前足尖外展,全脚掌着地;后腿膝部贴近前腿外侧,前脚掌着地;臀部坐于后腿接近足跟处。左腿在前称左歇步,右腿在前称右歇步。前足尖一定要外展。挺胸、塌腰,两腿靠拢并贴紧。

2. 步法

(1)垫步。

两腿前后开立,同肩宽。两手叉腰。后足提起,向前足处落地,前腿立即蹬地向上稍跳起,将步位让于后脚,然后向前落步。起跳在空中时,上体正直,侧对前方。

(2)弧形步。

右腿屈膝半蹲,左腿在后屈膝提起,稍离地面,两手叉腰。两脚向侧前方走弧形步,每步略比肩宽。眼向前平视。挺胸、塌腰,保持半蹲姿势,身体重心平稳,不要有起伏。落地时由脚跟迅速过渡到全脚掌,注意转腰。

三、肩臂和腰部

1. 肩臂练习

(1)压肩。

两腿分开同肩宽,两手扶助木或墙壁,两臂伸直,上体前俯,低头、塌腰、收髋、下振或两人对面分腿站立,互相扶对方肩部,直臂低头,做体前屈的下振压肩动作。也可借同伴助力,作用于肩部。两臂、两腿要伸直,振幅应逐步加大,压点集中于肩部。增加助力时应由小到大。

(2)绕环。

成左弓步,左手按在左膝上(也可两脚开立,左手叉腰),右臂后摆。右臂经下、向前、向上抡臂绕环。也可向后上、向前、向下、向后绕环。前者为后绕环,后者为前绕环。练习时左右交替进行,也可双臂同时进行。要做到臂直,肩放松,运动要圆,逐渐加速。

2. 腰部练习

腰部是贯通上下肢体的枢纽，是表现身法的关键部位。俗语有“练拳不活腰，终究艺不高”的说法。这里主要介绍俯腰、甩腰、涮腰的练习。

（1）俯腰。

并步站立，两手手指叉，直臂上举，手心上翻；继而上体前俯，两手尽量贴地；接着两手松开，抱住两脚跟腱处，使胸部尽量贴靠腿部。还可以向左侧或右侧俯腰，两手在脚外侧尽量贴触地面。练习时，可持续一定的时间后起立。要做到两膝挺直、收髋、尽量折体。

（2）甩腰。

开步站立，两臂伸直前举，以腰为轴，上体做前后屈和甩腰动作，两臂也随之甩动。要做到两腿伸直，腰部放松，后甩时抬头挺胸，甩腰动作紧凑而有弹性。

（3）涮腰。

两脚开立，略宽于肩，上体前俯，两臂向左前下方伸出；继而以髋为轴，两臂带动上体，向前、向右、向后、向左绕环。要做到尽量增大绕环幅度。

四、腿部

1. 压腿

（1）正压腿。

面对一定高度的物体，将一腿举起，足跟放在物体上，膝关节绷紧，踝关节紧屈，另一腿站直，立腰、收髋，两手按扶上腿膝部；上体前屈，向前、向下做振压动作，或两手抱住脚掌，尽量用前额、鼻尖或下颌触及足尖。练习时，左右腿交替进行。要做到直体向前，向下压振并逐渐加大振幅，逐步提高腿的放置高度。

（2）侧压腿。

身体侧对物体，一腿支撑，脚尖外撇，脚内侧正对物体，另一腿举起，脚跟搁放在物体上，足尖勾起、踝关节紧屈。上体向上举腿侧屈、压振。要做到同正压腿，逐步过渡到体卧在被压腿上。

2. 踢腿

（1）正踢腿。

两脚并立，两臂侧平举，两手成立掌或握拳。一腿向前上半步，直立支撑，另一腿勾紧脚尖，向前额处踢起；两眼平视前方。左右交替进行。要做到预备姿势挺胸、立腰；踢腿时脚尖勾起，过腰后加速。

（2）侧踢腿。

两脚并立，两臂侧平举，两手成立掌或握拳。右脚尖外展，向前上半步，身体微右转，左脚尖勾紧，向左耳侧上踢，同时右臂上举亮掌，左臂屈肘立掌附于右肩前或垂于裆前。踢左腿为左侧踢，踢右腿为右侧踢。要做到立腰、开髋、侧身。

（3）外摆腿。

两脚并立，两臂侧平举，两手成立掌或握拳。一腿向前上半步，另一腿脚尖勾紧，向异侧方向直腿踢起，经面前向同侧上方摆动，落在支撑腿旁；眼平视前方。同侧掌在侧方可做击响，也可不击响。左右腿交替练习。要做到挺胸、立腰、松髋、速度要快、幅度要大。

（4）里合腿。

两脚并立，两臂侧平举，两手成立掌或握拳。一腿向前上半步，另一腿脚尖勾紧，向同侧上方踢起，经面前向异侧上方（向内）做扇形直腿摆动，落于支撑腿前外侧，眼平视前方。异侧掌在异侧上方可迎击足掌（击响），也可不击响。左右交替进行。要做到挺胸、立髋、里合速度要快、幅度要大。

（5）弹腿。

两脚并立，两手叉腰。右腿屈膝提起，脚面绷直。当大腿接近水平时，腿向前弹出，大腿与小腿成一直线，高与腰平，力达足背，左腿（支撑腿）伸直或微屈。眼平视前方。要做到上体正直，脚面绷紧，弹击要猛发寸劲（即爆发力）。

（6）蹬腿。

两脚并立，两手叉腰。右腿屈膝尽量上提，脚尖勾紧，继而向前蹬出，高与腰平。左腿（支撑腿）伸直或微屈。眼平视前方。要做到上体正直，脚尖勾紧，水平直线蹬出，力达脚跟。

五、跳跃

1. 腾空飞脚

右脚上步，左腿向前上摆踢，右腿蹬地向上跳起，身体腾空，右臂由下向前、向头上挥摆，在额前右手背迎击左手掌；在空中，右脚背绷平，向前上方弹出，右手掌击拍右脚背；左手在击响后摆至左侧方变勾手，略高于肩。此时左腿屈膝，收控于右腿侧，脚背绷平，脚尖向下，眼平视前方。右腿弹击在空中时，腿高必须过腰；在空中，左腿屈膝收控于右腿侧须持续一定的时间；拍击动作要急促、准确、响亮，在接近腾空的最高点完成。

2. 大跃步前穿

并步站立，左腿向前上一步，两腿微屈，重心前移，左掌向后摆，右掌向左侧下摆至左腰，眼看右掌；右腿屈膝向前提起，左腿立即猛力蹬地向前上跃起。同时上体右转，两掌由下向前、向上成圆挥摆，眼看右掌；然后，右脚落地，左脚随即落地。两臂轮摆与蹬跳要协调一致；应向前上方跳起；在空中须抬头、挺胸、展体，落地要轻稳。

六、平衡

1. 提膝平衡

右腿直立，左腿屈膝提起，贴靠于胸前，脚面绷直内收，眼向左平视。要做到挺胸、立腰，一腿脚趾扒地站稳，另一腿提膝过腰，脚内扣。

2. 望月平衡

支撑腿伸直或稍屈膝站稳；上体前倾并向支撑腿方向拧腰上翻；另一腿屈膝后上举，脚背绷直，底朝上；眼视后斜上方。要做到挺胸、塌腰、屈膝、拧身。

第二节 二十四式简化太极拳

一、太极拳概述

二十四式简化太极拳是中华人民共和国成立后推行的简易太极拳套路。为了便于在广大人民群众中推广太极拳，1956年在杨氏太极拳的基础上，删去繁杂动作，选取二十四式编成“简化太极拳”。

（一）太极拳的特点

体会心静，柔和缓慢，上下相随，虚实分明，刚柔相济，动作、呼吸和意念相结合。

（二）太极拳的锻炼价值

修身养性，调节心理状况；强身健体，提高身体机能；娱乐身心，丰富文化生活；康复医疗，增进身体健康。

（三）太极拳的技术分析

虚灵顶劲；气沉丹田；含胸拔背；松腰敛臀；圆裆松胯；沉肩坠肘；舒指坐腕；尾闾中正；内宜鼓荡；运动如抽丝，迈步如猫行。

二、二十四式简化太极拳动作要领

视频 二十四式简化太极拳

（一）起势

双脚并步，身体自然直立，双手垂于大腿外侧，目视前方。身体重心移至右侧，左脚慢慢开立同肩宽。两臂自然前举，两手心向下。两腿慢慢屈膝半蹲，同时两掌轻轻下按至腹前。

左脚开步时，要缓慢柔和，脚跟先提起，开步后脚尖先着地，随重心的移动慢慢过渡到全脚掌。两手下按时，要松肩、沉肘，手指自然微屈。

（二）左右野马分鬃

1. 左野马分鬃

1）抱球收脚。上体微向右转至面向南偏西，身体重心在右腿上。同时右手略上提收在胸前，右臂在胸前平屈，右手手心向下，左手手心逐渐翻转向上，右臂屈肘向下方划弧至与腹同高，两手手心向下相对，在胸前右侧成抱球状，左脚收到右脚内侧，脚尖点地，眼看右手。

2）转体迈步。上体转向南偏东，随之左脚向左前侧方迈出一步，脚跟着地；右脚保持原屈膝程度承担体重，两脚跟之间的横向距离约为20 cm。随转体和左脚迈出，两手开始分别向右上、右下斜线分开，视线随左手移动。

3）弓步分手。上体继续转至面向东方；随转体左脚全脚掌逐渐踏实，左脚尖正向东。左腿屈膝慢慢向前弓出，身体重心移至偏于左腿，左膝与左脚尖上下相对在一条垂直线上；右腿自然伸直，右脚跟后蹬稍外展，成左弓步；随转体两手继续分别向左上、右下斜线分开，视线随左手移动，直至左手向左上移至体前，高与眼平；手心斜向上，展掌、舒指；右手向右下方落按于右胯旁，手心向下，指头朝前，最后眼看左手。

2. 右野马分鬃

1）后坐翘脚。右腿屈膝，上体慢慢后坐，身体重心移至右腿；左脚尖翘起，同时身体微向左转,两手开始边翻掌边划弧,准备"抱球"。眼看左手。

2)后坐翘脚。上体继续左转。同时两手继续划弧,左手在上,右手在下,在胸前左侧成抱球状。身体重心慢慢移至左腿;随即右脚跟进至左脚内侧,脚尖点地,眼看左手。

3)转体迈步、弓步分手。动作与左野马分鬃相同,只是左右式相反。

(三)白鹤亮翅

1)跟步抱球。上体微向左转。右脚脚跟先离地。随即向前跟进半步,前脚掌着地,身体重心仍在左腿,同时左手翻掌向下,平屈于胸前;右手翻掌向上,向左前方划弧至左腹前,两手手心上下相对,在胸前成抱球状。

2)后坐转体。上体微向右转,右脚全脚掌着地,身体后坐,身体重心移至右腿。同时两手随转体开始向右上、左下分开。视线随右手移动。

3)虚步分手。身体微向左转面向前方。同时两手继续向右上、左下分开,右手上提停于额前右侧,手心斜向左后方,虎口朝上,展掌、舒指;左手下按至胯前,手心向下,指尖朝前,坐腕、展掌、舒指。同时左脚稍向前移,脚前掌着地,膝盖微屈成左虚步,眼看前方。

胸部不要挺出,两臂保持弧形,以腰带臂转动。

(四)左右搂膝拗步

1. 左搂膝拗步

1)转体落手。上体微向左转。同时右手微向右、向下翻掌,由额前下落至面前;左手开始外旋向上翻掌。眼看前方。

2)转体收脚。上体向左转。随转体右手继续下落,经胯侧再向右后方上方划弧至与耳同高,手心斜向上;左手由左胯侧向上经面前再向右下划弧至右肩前,肘部略低于腕部,手心斜向下。同时左脚收至右脚内侧,脚尖点地,身体重心在右腿。眼看右手。

3)迈步屈肘。上体微向左转。右腿保持原屈膝程度,身体重心仍在右腿;随转体,左脚向左前方迈出一步,脚跟着地,两脚跟的横向距离约为 30 cm。同时右臂屈肘将右手收至右耳侧,虎口对耳,掌心斜向左下方;左手下落至右腹前,手心向下。眼转看前方。

4)弓步推搂。上体微转至面向前方。左脚掌踏实,左腿弓屈,右腿自然伸直成左弓步;身体重心移至左腿,上体正直,松腰松胯。同时右手从耳侧向左推出,手指高与鼻平,推掌时沉肩垂肘,推到高点时要坐腕、展掌、舒指;左手继续向前、向下、向左划弧由膝前搂过,按在左胯稍偏前,手心向下、指尖朝前,坐腕、展掌、舒指。眼看前方。

2. 右搂膝拗步

1)后坐跷脚。右脚屈膝,上体后坐,身体重心移至右脚;左腿自然伸直,左脚尖跷起,略向外撇;同时身体微向左转。同时两手放松,开始翻掌划弧。眼看右手。

2)转体跟脚。上体继续左转。同时左脚掌逐渐踏实,左腿屈膝前弓,重心移至左腿;右脚跟至左脚内侧,脚尖点地。同时两手继续划弧,左手由胯侧边向上翻掌、边向左上方划弧至手与耳同高,手心斜向上;右手由右侧向上经面前向左下划弧至左肩前,肘部略低于腕部,手心斜向下。眼看左手。

3)迈步屈肘、弓步推搂。与左搂膝拗步相同,只是左右式相反。

(五)手挥琵琶

1)跟步松手。身体重心移至左腿,右手向前跟进半步,前脚掌着地。

2)后坐挑掌。身体后坐,重心移至右腿,身体稍向右转,左脚轻轻抬起,同时,左掌由下向左、向上划弧至体前,掌心斜向前方,高与鼻平;右臂屈肘回带,右手收至胸前,掌心斜向下前方。视线随右手移动。

3)虚步合臂。上体微向左转,但仍保持稍向右侧身状。同时,左脚稍向前移,脚跟着地,膝部微屈,成左虚步;两臂向里相合,左手心向右,高与鼻平;右手合在左前臂里侧,手心向左;两臂肘部微屈。眼看左手。

身体平稳自然,沉肩垂肘,胸部放松。

(六)左右倒卷肱

1. 左倒卷肱

1)转体撤手。上体稍右转,同时随转体右手边向上翻掌,边由下经由胯侧向右后上方划弧,平举至与耳同高,手心斜向上,肘部微屈;左手随之在体前翻掌向上。眼随转体先略向右肩再转向前看左手。

2)提膝屈肘。上体微向左回转。同时左腿屈膝轻轻提起,脚尖自然下垂,准备向后退步。同时右臂屈肘将右手收于耳侧,手心斜向前下方。眼看前方。

3)退步错手。上体继续微向左转至朝前同时左腿向后略偏左侧退步落下,前脚掌着地,身体重心仍在右腿。同时右手经耳侧开始向前推出,手心向前下方。左手开始向后收回,手心向上。右手在上、左手在下,两手在体前交错眼看右手。

4)虚步推掌。身体重心后移至左腿,右脚以前脚掌为轴将脚扭正,右膝微屈成右虚步。左臂沉肩垂肘,右掌继续前推,推到顶点时与鼻平。左掌继续向下、向后划弧收回至左胯侧,掌心向上。眼看右手。

2. 右倒卷肱

1)转体撤手。同时左手由左胯侧向左后上方划弧举至与耳同高,手心斜向上,肘部微屈。右手随之反掌向上。

2)提膝屈肘、退步错手、虚步推掌。与左倒卷肱中的动作相同,只是左右式相反。

(七)左揽雀尾

1)"掤"。上体向右转,左手向下向右划弧,掌心向上,与右手成抱球状,同时左脚收于右脚内侧,成丁步,目视右手前方。左脚向左前方上步,脚跟先着地,左手向前上,右手向右下同时分出。重心前移,左脚落实,右脚跟向后蹬转,成左弓步,同时左手继续向前分出,高与肩平,掌心向后,右手下落至右胯旁,掌心向下。

2)"捋"。上体微向右转,左手随即前伸翻掌向下,右手翻掌向上,重心随即后移。重心后移至右腿,身体随即右后转,右手随转体向右后上方弧形摆掌,左臂平屈收于右胸前,掌心向下。

3)"挤"。上体左转,右手折回,向左手腕内侧挤,左手翻转掌心向内。重心前移,上体左转成左弓步,同时右掌指根部附于左手腕内侧,左臂屈肘横于胸前,双手及左前臂同时向前慢慢挤出,目视前方。

4)"按"。左手翻掌,手心向下。两手左右分开,与肩同宽,重心后移。上体后坐,左脚尖翘起,同时两手屈肘回收至腹前,掌心向下。重心前移,左脚落实,成左弓步,同时两手向上向前按出,掌心向前,腕高与肩平。

掤时，两臂前后需保持弧形，弓步时，两脚横向距离约 10 cm；下捋时，上体不可前倾，臀部不要突出，两臂下捋需随腰旋转，仍走弧线；挤时，上体要正直，挤的动作要与松腰、弓腿协调一致；向前按时，两手需走弧线，手腕部高与肩平，两肘微屈。

（八）右揽雀尾

动作同左揽雀尾，唯方向相反。

（九）单鞭

1）转体运臂。上体后坐，上体左转，右脚尖内扣，重心移至左腿，左手随转体向左划平弧，右手经腹前至左肋前，掌心向后上方。视线随左手移动。

2）勾手收脚。重心右移，上体右转，左脚收于右脚内侧成丁步，脚尖点地，同时右手向右上方划弧，掌心由内转向外，至右侧时变成勾手，臂与肩平；左手向下至左腹前向上划弧，掌心向内，最后停于右肩前。视线随右手移动，目视右勾手。

3）弓步推掌。左脚向左前方上步，脚跟先着地，身体同时左转，左手向左前方平行划弧。重心前移，左脚落实成左弓步，同时左手翻掌向前推出；掌心向前，高与眼平，右勾手停于身体右侧斜后方。目视前方。

上体要保持正直，松腰。完成动作时，右臂肘部稍下垂，左肘与右膝上下相对，两肩下沉。左手向外翻掌前推时，要随转体边翻边推出，不要翻掌太快或突然翻掌。全部过渡动作，上下要协调一致。

（十）云手

1）转体勾手。身体重心后移，左脚尖翘起。上体右转，左脚尖内扣，左手向下经腹前向右划弧至右肩前，掌心向内。目视右手前方。右勾变掌，掌心向外，左手继续向上划弧，掌心仍向内。

2）左云收步。上体向左转腰，重心向左移动，随转体左掌经脸前向左划弧，掌心转向右方，右掌向下经腹前向左上摆起。视线随左手运转。

3）右云开步。上体右转，重心右移，左脚横开一步，两脚之间保持 10 cm，脚尖向前，右手继续向上弧形摆起，掌心向内，右掌翻掌下落，掌心向下。身体向右转腰，右掌经面前右划弧，掌心向内，左掌下落至左肩斜前方。视线随右手运转。

身体转动要以腰脊为轴，松腰、松胯，不可忽高忽低。第三个云手，右脚最后跟脚时，脚尖微向里扣，便于接单鞭动作。

（十一）单鞭

1）转体勾手。上体继续右转，重心右移，左脚跟提起；右手向左划弧，至右前方掌心翻转变勾手；左手经腹前向右上方划弧至右肩前，掌心向内。眼看勾手。

2）弓步推掌。同前弓步推掌。

与前单鞭式相同。

（十二）高探马

1）跟步翻手。重心前移，右脚向前跟进半步，重心再后移，左掌翻转，掌心向上，右勾手变掌，掌心斜向上。

2）虚步推掌。上体稍向右转，重心后移，左脚向前移步，脚尖点地，成左虚步，上体左转，右手经右耳旁向前推掌，掌心向前，手指与眼同高，左手收至左侧腰前，掌心向上，目视前方。

上体自然正直,双肩要下沉,右肘微下垂。跟步移换重心时,身体不要起伏。

(十三)右蹬脚

1)穿步上手。上体稍向左转,左脚提收向左前方迈出,脚跟着地;右手稍向后收,左手前伸经右手手背上方向前穿出,两手相互交叉,左手心斜向上,右手心斜向下。

2)分手弓步。重心前移成左弓步;上体微向右转,随即两手分开,掌心皆向外;眼看右手。

3)抱球收脚。右脚收成丁字步;两手向腹前划弧相交合抱,举至胸前,右手在外,两手心皆转向内。

4)分手蹬脚。两手手心向外推掌,两臂展于身体两侧,肘关节微屈,腕与肩平;左腿支撑右腿屈膝上提,用脚后跟用力慢慢向前上方蹬出,脚尖勾起,膝关节伸直,右腿与右臂上下相对。方向为右前方约30°。目视右手。

身体要稳,不可前俯后仰。两手分开时,腕部与肩齐平。蹬脚时左腿微屈,右脚尖回勾,劲使在脚跟。分手和蹬脚必须协调一致。

(十四)双峰贯耳

1)屈膝并手。右腿屈膝小腿收回,左手向前平摆至胸前,两掌心斜向上。两手继续体前下落至右膝两侧。右脚向右前方落步,脚跟先着地,再全脚落实,两手收落于腰间,掌心向上。

2)弓步贯拳。重心前移,成右弓步,同时两掌变拳,分别从两侧向上,向前划弧至前方,高与耳齐,与头同宽,拳眼斜向下。目视右拳。

完成式时,头颈正直,松腰、松胯,两拳松握沉肩坠肘,两臂均保持弧形。

(十五)转身左蹬脚

1)转体分手。重心后移,上体左转,右脚尖翘起后内扣,两拳同时变掌,分别向左右两侧分开。眼视左手。

2)抱手收脚。重心移向右脚,左脚收于右脚内侧,成丁步,同时两手分别向下划弧,在腹前交叉后托至胸前,左掌在外,掌心均向内。左腿屈膝收回,脚尖向下。

3)分手蹬脚。动作同右蹬脚,方向相反。

左蹬脚与右蹬脚成180°。

(十六)左下势独立

1)收脚勾手。左脚屈收于右小腿内侧;上体稍右转,右掌变成勾手,左掌向上向右划弧落于右肩前,掌心斜向后,目视右手。

2)仆步穿掌。上体左转,右腿屈膝,左腿向左侧(偏后)平仆,成左仆步;左手下落至右腹前。左手继续沿左腿内侧向前穿出,掌心向外,上体左转,右勾手下落体后。目视左手前下方。

3)弓腿起身。重心前移,左脚尖外撇,右腿蹬直,脚尖里扣,成左弓步,上体微向左转并向前抬起;同时左臂继续向前伸出(支撑),掌心向右,右勾手下落,勾尖转向上,目视前方。

4)独立挑掌。右腿慢慢屈膝提起,成左独立式;同时右勾手下落变掌,并由后下方顺右腿外侧向前弧形挑起,屈臂立于右腿上方,肘膝相对,掌心向左;左手落于左胯旁,掌心向下,指尖向前。目视右手前方。

上体要正直，独立的腿要微屈，右腿提起时脚尖自然下垂。

（十七）右下势独立

落脚勾手。右脚下落于左脚内侧，脚掌着地，然后左脚以脚跟为轴脚尖外展，身体随之左转，同时左手向左后平举变勾手，右掌向左摆至左胸前，掌心向内，目视左勾手。仆步穿掌、弓腿起身、独立挑掌动作同左下势，唯左右相反。右脚尖触地后必须稍微提起，然后向下扑。

（十八）左右穿梭

1. 右穿梭

1）落脚抱球。身体稍向左转，左脚向前落地，脚尖外撇，随转体落步重心前移；左手翻转，手心向下至左胸前，右掌向左划弧至左腹前与左手成抱球状。

2）弓步架推。重心前移，右脚向前跟于左脚内侧，脚尖点地。上体稍右转，右脚轻轻抬起，右手向右斜前方弧形摆起，左手下落至左腰间。右脚向前方上步，重心前移，成右弓步，同时左手从腰间向前推出，右手经面前向上翻掌停于额前，掌心斜向上，目视左手前方。

2. 左穿梭

1）抱球收脚。重心稍向后移，微向左转腰，重心前移，左脚收至右脚内侧，脚掌着地，右手翻转，手心向下至右胸前，左手同时向下划弧收至右腹前，与右手抱球。

2）弓步架推。与右穿梭弓步架推动作相同，左右相反。

完成姿势时面向斜前方。手推出后，上体不可前俯，手向上举时，防止耸肩。一手上举、一手前推，要与弓腿、松腰协调一致。

（十九）海底针

1）跟步提手。重心前移，右脚向前跟进半步，重心再后移至右腿，左脚轻轻提起，在跟步的同时，身体稍向右转，同时右手下落经体前向后，向上提至右耳旁，左手向右胸前划弧后，随身体左转落于左胯前，掌心向下，指尖斜向右。

2）虚步插掌。左脚向前落步，脚尖点地，成左虚步，同时右手由右耳旁向前下插掌，掌心向左，指尖斜向下，左手收于左胯旁。眼视右手。

身体要先向右转，再向左转。完成姿势，面向正西。上体不可太前倾。避免低头和臀部外凸。左腿要微屈。

（二十）闪通臂

1）提手收脚。上体右转，直立，左脚轻轻抬起，同时右手向上提起，左手向上摆至右腕下；左脚收于右脚内侧。

2）弓步推掌。左脚向前上步，脚跟先着地再全脚落实，重心前移，成左弓步，同时右手外翻，掌心斜向上，架于右额头斜上方，左手向前平推，高与鼻尖平，掌心向前。目视左手。

完成姿势上体自然、正直，松腰、松胯；左臂不要完全伸直，背部肌肉要伸展开；推掌、举掌和弓腿动作要协调一致。

（二十一）转身搬拦捶

1）“搬”。重心后移，上体右转，左脚尖翘起后内扣，两手同时向上向右转动，重心移向左腿、左手至头前，掌心向外，右手继续向右前下划弧后，握拳收至左胸前，拳心向下。上体继续右转,右脚轻轻抬起,脚尖外撇,右拳向前下搬盖,拳心向上,左手落于左胯旁。目视右拳前方。重心前移,右脚落实,成右弓步,同时右拳继续向前下搬盖。

2)“拦”。重心前移,左脚向前迈一步,同时上体继续右转,左掌向前上划弧拦出,掌心向右,右拳向右划弧后收至右腰间。目视前方。

3)“捶”。重心前移成左弓步,右拳向前打出,拳眼向上,高与胸平,左手附于右前臂内侧。

右拳不要握得太紧。右拳回收时,前臂要慢慢地内旋划弧,然后外旋停于右腰旁,拳心向上。

(二十二)如封似闭

1)穿手翻掌。左手翻转向上,由右腕下向前穿出,右拳变掌,两手掌心翻转向上,两手交叉举于体前。

2)后坐收掌。重心后移,身体后坐,左脚尖向上翘起,两手左右分开并屈肘回收。两手在胸前向内翻转,向下至腹前,掌心斜相对,眼视前方。

3)弓步按掌。重心前移,左脚落实,成左弓步,两手向上、向前推出,腕高与肩平,掌心向前。目视前方。

身体后坐时,避免后仰,臀部不可凸出。两臂随身体回收时,肩、肘部略向外松开不要直着抽回。两手推出宽度不要超过两肩。

(二十三)十字手

1)转体扣脚。重心后坐,左脚尖翘起,上体右转,左脚尖内扣,上体继续右转,右手向右划平弧,右脚尖外撇,重心移至右腿。目视右手。

2)弓腿分步。上体继续右转,右脚尖外撇侧弓,右手继续划弧至身体右侧,两臂侧平举,手心皆向外;眼视右手。

3)交叉搭手。上体左转,重心左移,左腿屈膝侧弓,右脚尖内扣。两手划弧下落,交叉上举成十字形,右手在外,手心皆向内。

4)收脚合抱。上体转正,右脚提起收拢半步,两脚距离同肩宽,两腿伸直,成开立步,同时,两手向下向内交叉合抱于胸前,右手在外,掌心向后。目视前方。

两手分开和合抱时,上体不要前俯。站起来时身体自然正直,头要微上顶,下颌稍后收。两臂环抱时须圆满舒适,沉肩垂肘。

(二十四)收势

1)翻掌分手。两手向外翻掌,手心向下,两臂慢慢下落,停于身体两侧,眼视前方。

2)并脚还原。左脚慢慢收至右脚旁并步。恢复成预备姿势。

两手左右分开下落,要注意全身放松,同时气也徐徐下沉。呼吸平稳后,把左脚收至右脚旁,再走动休息。

第三节　跆拳道

一、跆拳道概述

跆拳道起源于朝鲜半岛，早期是由朝鲜三国时代的跆跟、花郎道演化而来的，是韩国民间流行的一项技击术。1955 年以前，韩国是没有跆拳道一词的，韩国的武术也以空手道和民间少数的跆跟等为主。日本战败后，韩国获得民族独立，大批空手道、唐手道道馆兴起，韩国早期空手道传播者们将民族传统武术跆跟与空手道相结合，称为唐手道。

“跆拳道”一词，是 1955 年由韩国的崔泓熙将军命名。崔泓熙将军早年在留学日本时，学习了日本松涛馆流空手道，并将其与韩国传统武技跆跟、手搏等技术融入跆拳道中去。总之，现代的跆拳道是结合当代东亚武技之长的韩国发源武术运动之一。

跆拳道是经过东亚文化发展的一项韩国武术，以“始于礼，终于礼”的武道精神为基础。跆拳道的套路共有 24 套，另外还有兵器、擒拿、摔锁、对拆自卫术及 10 余种基本功夫等。跆拳道于 1988 年奥运会时为示范项目；于 1992 年的巴塞罗那奥运会开始为试验比赛项目；到 2000 年的悉尼奥运会成为正式比赛项目。跆拳道在全世界的组织主要分为两个体系，分别为：国际跆拳道联盟（ITF）和世界跆拳道联盟（WTF）。奥运会采用的是 WTF 体系。

二、跆拳道的发展历程

（一）起源

跆拳道起源于朝鲜半岛，距今已有两千多年的历史。朝鲜民族古时以农业及打猎为生，在抵御野兽、对抗入侵与祭祀活动的舞艺中，逐渐演变成有意识的攻防技巧及格斗自卫武艺的雏形。在两千年前的高丽皇室墓葬的壁画中，画有两名男子在用跆拳道的攻防姿势互相争斗。所谓跆拳道，跆（TAE），意为以脚踢、摔撞；拳（KWON），以拳头打击；道（DO），是一种艺术方法。跆拳道是一种利用拳和脚的艺术方法。它是以脚法为主的功夫，其脚法占 70%。跆拳道的套路共有 24 套；另外还有兵器、擒拿、摔锁、对拆自卫术及 10 余种基本功夫等。跆拳道是经过东亚文化发展的一项朝鲜武术，以东方心灵为土壤，承继长久传统，以“始于礼，终于礼”的武道精神为基础。在跆拳道没有正式命名之前，韩国徒手的搏击流派有很多，名称也有跆跟、手搏、唐手、托肩、花郎道等。从 20 世纪 50 年代起，其内涵风格以及名字均得到规范和统一。“跆拳道”一词，是 1955 年由韩国的崔泓熙将军所创，他退伍以后，在跆拳道中融合民间元素，最后成型。

（二）发展

第二次世界大战后，朝鲜自卫术再度兴起，从异国他乡回归故土的朝鲜人也将各国的武道技艺带回本国，逐渐与跆拳道融为一体。

1955 年 4 月 11 日，由韩国各界著名人士组成的名称制定委员会，包括崔泓熙少将（韩国第三军管区司令员），李享根陆军大将（国军联合参谋总长），国会副议长，国会议员，著名企业家，著名武馆馆长等提出了各自的名称。通过无记名投票，一致通过了崔泓熙将军提出的“跆拳”二字。由此，产生了“跆拳道”。从此，结束了唐手、空手及各种朝鲜古典武道等名称混杂的局面，朝鲜的武道开创了新世界，跆拳道开始了它的历史创造。

1961 年 9 月韩国成立了唐手道协会，后更名为跆拳道协会，并成为全国运动会正式竞赛项目。

1966 年第一个国际组织：国际跆拳道联盟（简称 ITF）成立，崔泓熙被选为主席。

1972 年，国际跆拳道联盟总部迁到加拿大的多伦多。

1973 年 5 月，当时的韩国总统朴正熙在韩国首都汉城（现称“首尔”）成立世界跆拳道联盟，并任命金云龙为主席。同时第一届跆拳道世界锦标赛也在汉城举行，这一届比赛有来自 19 个国家和地区的选手参加。1975 年，世界跆拳道联盟（WTF）被接纳为国际体育联盟正式会员。1980 年，国际奥委会正式承认了世界跆拳道联盟。

跆拳道于 1988 年汉城奥运会时列为示范比赛项目；于 1992 年的巴塞罗那奥运会开始被列为试验比赛项目；到 2000 年的悉尼奥运会成为奥运正式比赛项目。

1989 年，韩国世界跆拳道联盟首次在北京举行跆拳道培训班，WTF 跆拳道首次作为竞技体育被介绍到中国。1992 年 10 月 7 日，中国跆拳道筹备小组成立。

1995 年 5 月，共有 22 个单位 250 多名运动员参加了在北京体育大学举行的第一届全国跆拳道锦标赛，从此，跆拳道运动在中国迅速发展起来。

1995 年 8 月正式成立了中国跆拳道协会，魏纪中当选为第一任协会主席。1995 年 11 月，中国跆拳道协会被世界跆拳道联盟 WTF 接纳为正式会员。

三、主要技术特点

（一）腿法为主，拳脚并用

由于竞赛的需要、规则上的限制和跆拳道在进攻方法方面的特点，使得跆拳道技法主要是以腿法攻击为主、拳法攻击为辅。据统计在跆拳道技术当中，腿法约占总技法体系的 70%。因此腿击无论在攻击范围、攻击力量等方面都远远超过拳法的攻击，而拳法的招式一般偏重于防守和格挡。

（二）强调呼吸，发声扬威

在跆拳道的练习当中要求在气势上给人以威严的感觉，练习者常以洪亮并带有威慑力的声音来显示自己的威力。据日本有关研究资料证明，人在无负荷工作时百分之十的肌肉会由于发声使他们的收缩速度提高百分之九，在有负荷工作时更是可以提高百分之十四。这就是为什么在比赛当中，运动员会发出响亮的喊叫声的原因。在发声的同时停止呼吸，可以使人体内部的阻力减小；提高动作速度，集中精力使动作发挥出更大的威力。

（三）动作追求速度、力量和效果，以击破为测试功力的手段

跆拳道不讲究花架子，所有动作都以技击格斗为核心；要求速度快、力量大、击打效果好，在功力的检测方面则以击破力为测试的手段。就是分别以拳脚击碎木板等，以击碎的厚度来判定功力。

（四）以刚制刚，方法简练

受跆拳道的精神影响，运动员在比赛当中多是直击直打；接触防守、躲闪技术运用得比较少，进攻都采用直线连续进攻，以连贯快速的脚法组合击打对手。防守多采用格挡技术或采取以攻对攻，以攻代防的技术。

（五）礼始礼终，内外兼修

在任何场合下，跆拳道练习者始终以礼相待。练习活动都要以礼开始，以礼结束，以养成谦虚、友好、忍让的作风，在道德修养方面不断提高自己。

四、主要技术类型

（一）技术型

运动员在比赛中动作稳健，腿法多变，技术成熟，心理稳定，攻防一体，常常使对手在不知不觉中败下阵来。

（二）力量型

运动员身体条件好，腿长肌肉爆发力强，先天素质高人一筹，攻势凌厉，常以力量取胜。

（三）散手型

运动员作风顽强，比赛中多主动进攻，攻守得宜，自成一体，动作非常实用，有很高的训练水平和比赛技术。

（四）进攻型

运动员进攻意识强烈，经常是追着对手攻击，用快速连续的技术动作压制对手。

（五）防守反击型

运动员的技术训练水平很高，也有很多的大赛经验，多是试探性进攻，在对手反击或进攻时找出弱点，然后很直接地回击。

五、常见技术动作

跆拳道是一种以腿法为主的武技，实战中步法的灵活运用对保证充分发挥腿的威力、取得实战的胜利具有极其重要的意义。腿法使用时多以后腿进攻，因此跆拳道的步法具有鲜明的特点，即重心落在两脚之间或偏于前脚，而且身体姿势大都以侧向站位，以便保护身体和下面要害部位和使后腿通过拧腰转髋发力，增大击打的力量加快击打的速度。

（一）前踢

初学者的第一个腿法；实战姿势的基本姿势开始。右脚蹬地髋关节向左旋转，双手握拳置于体侧；同时，右腿以髋关节为轴屈膝上提。当大腿抬至水平或稍高时，关节向前送，向前顶，小腿以膝关节为轴快速向前上方踢出，力达脚尖，整条腿至脚尖绷直。踢击后迅速放松，右腿沿原线路弹回，将右脚放置在左脚前面仍成实战姿势。

膝关节夹紧，小腿放松，要有弹性；往前送，高踢时往上送；小腿回收与前踢的速度一样快。主要攻击部位有面部、下颌、腹部、裆部。

（二）推踢

初学者的第二个腿法；实战姿势开始。右脚蹬地，重心前移，右脚以髋关节为轴提膝前蹬，用右脚脚掌向前蹬推，力点在脚底，推力向正前方，踢击后右腿沿原线路弹回，将右脚放置在左脚前面仍成实战姿势。

提膝后尽量收紧膝关节，膝盖尽量贴近胸口，脚尖勾起；重心略微往前压，利用身体的重量和力量；推的时候腿往前伸展，送髋；推的线路水平往前。推踢的主要攻击目标是胸腹部。

（三）横踢

跆拳道学员黄带的腿法，也是跆拳道中最主要的实战腿法；实战姿势开始。右脚蹬地，重心前移至左脚，右脚屈膝上提，两拳置于胸前；左脚前脚掌碾地内旋，髋关节左转，左膝内扣；随即左脚掌继续内旋至 180°，右腿膝关节向前抬至水平状态，小腿快速向左前横向踢出；击打目标后迅速放松收回小腿。右腿落回原地成实战姿势。

膝关节夹紧，向前提膝，尽量走直线；支撑脚外旋 180°；髋关节往前顺，身体与大小腿成直线，支撑腿膝盖可以略微弯曲（一是可以增加稳定性；二是可以增加击打的长度）；严格注意击打的力点在正脚背；踝关节放松，击打的感觉是“面团”“鞭梢”。横踢攻击的主要部位有头部、胸部、腹部和肋部。

（四）下劈

实战姿势开始。右脚蹬地，重心前移至左脚。同时，右腿以髋关节为轴屈膝上提，两手握拳置于胸前；随即充分送髋，上提膝关节至胸部，右小腿以膝关节为轴向上伸直，将右腿伸直举于体前，右脚过头脚尖勾起。然后放松向下以右脚后跟快速击打目标，脚面绷平（同时腰部发力）下压击打，力量在空中快速爆发，右脚自然落地成实战姿势。

距离一定要注意，不能过近；支撑脚要旋转 180°，在发力时腿尽量往高，往头后举，要向上送髋而且是尽量往前，重心往高起；脚放松往前落，落地要有控制；起腿要快速、果断；踝关节要放松。劈腿的主要攻击部位有头顶、脸部和锁骨。另外离合下劈是打近距离的，主要是贴靠时分开的一瞬间使用；外摆下劈是打远距离的，用的是脚底，如果近距离时用外摆下劈，可以用脚背击打；而在两者的距离之间是前面说的下劈。

（五）侧踢

实战的基本姿势开始；右脚蹬地右腿以髋关节为轴屈膝提起，两手握拳置于体侧；随即左脚以前脚掌为轴外旋 180°，旋转同时提膝，髋关节向左旋转，勾脚尖成为足刀，右腿以膝关节为轴向前踢出，右脚快速向右前上方直线踢出，力点在足刀。发力后沿起腿线路收腿，放松，重心落下（原处或向前均可），再次回到实战姿势。

起腿时大小腿、膝关节夹紧；踢出发力时头肩、腰、髋、膝、腿和踝成一直线；大小腿直线踢出，原线路收回。侧踢动作的主要攻击部位有膝部、腹部、肋部、胸部和头面部。

（六）勾踢

实战姿势开始。右脚蹬地重心前移，右腿以髋关节为轴屈膝上提，两手握拳置于体侧；左脚以前脚掌为轴外旋 180°，右腿以膝关节为轴继续向前上方伸成直线，顺势右脚的脚掌用力向右侧屈膝鞭打，顺鞭打之势上体右转，右腿屈膝回收，右脚落回原处，成实战姿势。

提膝，伸直，右侧屈膝鞭打动作要连贯快速，没有停顿；击打点在体前偏右侧，以脚掌为击打点；左脚旋转支撑保持平衡，踹击后迅速将腿收回。摆踢攻击的主要部位是头面部和腹胸部。

（七）后踢

实战姿势开始。两脚以两脚掌为轴均内旋约 180°，身体右转约 90°，两拳置于胸前。上体右转时扣肩转头，右脚蹬地将蹬地的力量与上体拧转的力量合在一起，左脚掌为轴内旋约 90°，同时将右大小腿收紧并夹紧大腿，然后向后直线踢出，自然收腿转身成为新的实战姿势。后踢动作的主要攻击部位有膝部、腹部、裆部、胸部和头面部。

（八）后旋踢

实战姿势开始。两脚以两脚掌为轴均内旋约 180°，身体随之右转约 90°，两拳置于胸前。上体右转，与双腿拧成一定角度。右脚蹬地将蹬地的力量与上体拧转的力量合在一起，右腿继续向右后旋摆鞭打，同时上体向右转，带动右腿弧形摆至身体右侧，右腿屈膝回收；右脚落到右后成实战姿势。

转身旋转，踢腿连贯进行，一气呵成，中间没有停顿，初学者可以理解为转身侧踢变勾踢；击打点应在正前方 11 点发力到 1 点后发力结束，呈水平弧线自然收回；屈膝起腿的旋转速度要快；重心在原地旋转 360°。后旋踢攻击的主要部位有面额和胸部。

（九）单腿连踢

同一条腿连续进行两次以上的进攻方法。这种技术也属于跆拳道高难技术动作。

（十）双腿连踢

两条腿连续进行两次以上的进攻。这种技术同样属于跆拳道高难技术动作。

第十章　部分民族传统体育项目

第一节　民族传统体育概述

一、民族体育的概念

关于“民族体育”，有人认为“民族体育的概念通常用来表述与世界范围内规范传播的现代体育竞技活动相对的民间传统体育活动”。也有人认为“民族体育是指作为近代体育前身的民族民间传统的体育及娱乐活动”。但笔者认为，将“民族体育”与“现代体育”相对应，或仅以时间界限来界定民族体育存在着逻辑关系上的问题都是片面的。从概念的隶属关系看，民族体育作为上位概念，它应该包括民族的传统体育和民族的现代体育，从严格意义上讲，民族体育具有传统性，它也包括民族现代体育。民族体育仅限于民族的；现代体育是各民族共同接受的，就像乒乓球在我国不能叫民族体育。

随着民族及民族文化的发展，体育也经历了形成、传播、融合等文化发展模式，部分体育项目始终为个别民族所实践，部分体育项目则扩散传播到更多的民族。总之，作为一种具有独特的发生发展机制的文化类型，民族体育与在全世界范围内普遍流行的世界体育存在着极大差异，具有古朴、自然、轻松、和谐以及生活气息浓厚、娱乐色彩浓郁等特点，是当今体育不可缺少的重要组成部分。本章所介绍的主要是少数民族的传统体育。

二、民族体育的起源

体育的萌芽和艺术的萌芽一样，与劳动、军事、生活、娱乐有着密切的联系。受生产力水平和认识自然、改造自然能力的限制，出于生理需要和社会需要，从远古时代开始，各民族就创造了丰富多彩的传统体育和体育节庆活动。

（一）生产劳动和生活节律的需要

在原始生产方式条件下，强健的体魄往往是一个人生产甚至是生存所必须具备的基本条件。这种现实的需要使人们意识到体能和技能锻炼的重要性。生活在山林和草原的部落族群在狩猎和牧业生产中离不开奔跑追逐、投掷射击，甚至还要与野兽搏斗、与牲畜角力，因此产生了赛跑、射箭、射弩、赛马、摔跤、投掷等体育活动。例如：赫哲族“叉草球”的体育游戏，是河里叉鱼的陆上训练；鄂伦春族的滑雪与在林海雪原游猎有关；壮族的打扁担，苗族的打泥脚、打草球，侗族的打手毽、踩石轮、骑木马，瑶族的打箕圈、催工舞等，都与生产活动有密切联系。大自然的一切都是有节律的，人类的生产生活同样也需要有张有弛。许多少数民族体育就是人们在劳动间隙因地制宜创造出来的。

（二）军事训练的需要

各民族在早期发展中，为了族群的生存和民族利益，与异族时有争端，从劳动中产生的体育技能往往也能用于战斗。古代神话传说中就有炎黄部落与蚩尤族的“涿鹿之战”、炎帝与黄帝之间的“阪泉之战”以及禹伐九黎三苗的战争。作为一种直接动力，军事战争的需要进一步促进了赛马、射箭、射弩、角力等具有军事功能的民族体育的发展，并产生了一些富有趣味的训练方法。

（三）原始信仰崇拜的需要

在人类的发展史上，万物有灵曾经是原始初民对自然界的概括认识，超自然的神成了人和自然的最高主宰。这种对自然现象和社会现象的认识，促使人类童年时代对无所不在的自然力充满了恐惧与疑惑，与此同时产生了征服自然、支配自然的原始巫术行为和原始宗教崇拜。巫术是远古时期最盛行的信仰方式，个体对世界的无力感是巫术产生的最基本根源。

（四）经济活动的需要

在自然经济时代，散居在山区各村寨的西南少数民族人民，由于农事繁忙和交通不便，一般只在节日里相聚。许多传统的节庆集信仰、经济、社交、娱乐等多种功能于一身，也是商人们难得的交易时机。有些体育活动和节庆本身就是商人们出于商业活动的需要而产生的。例如，号称“东方橄榄球”的抢花炮，是流行于湘、黔、桂的独具特色的侗族传统文体活动，在节庆期间，村民卖掉自己的土特产，同时买回所需的日用品，因此，花炮节也是一个民间贸易的盛会。

三、民族体育的发展

现在，民族体育已开始从单一民族区域的存在模式中解放出来，民族体育已逐渐地进入世界体育的范畴，民族体育开始具有大众体育和竞技体育的双重特征，并以一种科学的模式迅速发展。

（一）地域对民族体育的影响逐渐淡化

各民族的体育活动是在共同地域内形成的。共同地域是一个民族长期共同生活并发生内部联系的空间条件。中国自古就有“南人善舟，北人善马”和“南拳北腿”之说，这是对地理环境影响人类身体活动的概括。随着社会的发展，尤其是交通的发达，传统体育从狭小的地域内放射性地迅速扩大影响范围，在各民族的密切交往中飞速发展。随着开展空间的不断扩大，21 世纪的民族体育将成为人们增加体验的特殊形式。每个民族都有自己的长处，也有自己的弱点，民族之间的差别，很突出地表现在文化的差异上。

（二）民族体育进入学校

中国的民族体育是一笔无形的文化遗产，必须利用教育的渠道来继承和发扬。民族体育进入学校，同时又是大文化的组成部分，标志着古老的原始体育形态已成为人类社会的一个自成体系的独立分支。我们应该珍视民族独有的宝贵资源，选择部分高校作为试点，在丰富体育课程内容的同时弘扬民族文化，然后向全国推广普及，这样做可取得深远的社会效益。民族体育进入学校，将为中国体育的发展带来一种新气象。各民族通过长期和广泛的经济文化交流和共同的劳动生活，各自的传统体育活动中有继承和发展价值的内容逐渐为大家所接受，通过民族传统文化融合因素的积累，最终将使各民族体育活动中的有益成分被全人类所接受，从而走向国际化的坦途。

第二节 龙舟

一、发展概述

龙舟，俗称龙舟竞渡，又称为赛龙舟、划龙船，在我国有着相当的群众基础，深受各族人民喜爱。划龙船起源很早，古代文献中有不少关于人们以“龙”为图腾的记载。我国古越一带，因林木繁茂，水网交错，人民很早就学会使用舟船了。据迄今为止所发现的最早有关舟的材料——浙江河姆渡遗址第四层的木桨，考证其年代距今已七千余年。到新石器时代晚期的杭州水田畈遗址第四层和浙江吴兴钱山漾遗址下层均出有木桨等水上用具，足见当时的古越人已能制造和使用舟船。1976 年在浙江鄞县出土的春秋时期的青铜钺，据考，乃属越族铜器，铜钺的一面在边框线内，上方有两条相向的龙，前肢弯曲，尾向内卷，昂首向天。下部以边框线表示狭长的轻舟，上坐四人，头戴羽冠，双手划船，极为形象地表现了古越水网地区人民的一种与图腾信仰有关的水上生活。

二、龙舟基本技术与教学方法

（一）龙舟基本技术

1. 握桨方法

龙舟握桨方法是根据划桨操作的位置而定，如果是在右舷划桨，那么桨手用左手握在手柄上，四指从外向内并拢，大拇指从内向外包住桨把，而右手握在桨把的下端（桨叶与桨把的交界处），四指从外向内并拢，大拇指从内向外包住桨把，划桨时要自然放松，不要握得太紧，以免手心起泡破皮。左舷划桨与右舷相反。通常我们把握在上面的手称为“上手”或“推手”，握在下面桨柄处的手称为“下手”或“牵引手”，上手臂的肩称为“推肩”或“上肩”，下手臂的肩称为“牵引肩”或“下肩”。

2. 船上坐姿

右排坐姿：左脚在前，全脚掌踏在母船板上；右脚在后，位于自己臂部下方，前脚掌踏母船板上，脚跟稍起，大腿和臀部的外侧紧靠贴在船舷内沿。左排坐姿的技术要求与右排相反。

3. 划桨技术

（1）入水动作。入水是从桨叶尖端接触水面到桨叶全部浸入水中的阶段。入水是力量传递的重要部分。运动员在前一个恢复阶段有力摆动的基础上，再加速将桨叶靠近船体，向前与船体平行地推出，使桨叶入水角度在 80°~90° 为宜。这时，运动员的躯干前倾，转体伸肩，扭紧躯干，使背部接近于面向划桨一侧，两臂伸直，抬高推桨的肘部，使拉桨肩向前，推桨肩稍后移，肘弯曲，手在头的上方。

（2）拉桨动作。桨叶入水后，推桨手迅速前推并撑住，使桨叶的抓水力度达到最大值。拉桨手的肩后移，利用抬体和转体的力量直臂向后拉桨。从入水后到拉桨，运动员应将身体重量压在桨上。拉桨时腰背同时用力，臀部肌肉紧张。拉桨手拉过臀部开始屈臂。拉桨手的手腕先向内转，同时肘部向外翻，到上体抬至接近垂直时拉桨结束。扣桨动作是由一连串连续的同时向两个相反方向运动的动作所组成，要尽可能地保持用力的距离。

（3）出水动作。拨桨时，两臂继续向上提桨，使桨叶迅速从水中提出。起桨向前时，桨的下叶不能碰水面，以免产生阻力，也不能提得太高，影响向前伸展手臂和入水时间以及配合划行时的速度。

（4）恢复（回桨）。从桨叶出水到下一次桨叶入水之间，桨叶不在水中划行，属回桨阶段。当桨叶达到坐姿时，推桨手转动桨把并上提向前，拉桨手则在髋部附近和同侧髋部一起有力地前移。桨叶出水后，运动员上身挺直，转动上体，将桨继续向前上方推出。在恢复阶段，应强调肌肉的放松和呼吸，这是使划桨动作连贯、协调的重要阶段。

4. 集体配合

龙舟运动很讲究完美协调、快节奏技术、同步一致和合理地安排桨位。要求握桨把一致，入水角度一致，入水深度一致，用力均匀一致，并要绝对服从指挥，听哨声或鼓声划行。其节奏应是咚（鼓声）喳（划水声）；呼吸方法：起桨时——吸气，划桨时——哼声吐气。领桨手要求节奏好，抓水有力，出水快，个性顽强，平衡能力好，船尾舵手要求操作熟练，善于把握航道。

（1）完美协调。完美协调是指在一条船上的二十几名运动员，其个人的体质、生物特性、技术和心理上的特点，可以互相弥补、互相取长补短而形成一个完美的整体。在生物特性方面，运动员对规定的运动量几乎有相同的反应，其中包括心率和恢复时间。这可以使教练员采用同一个训练计划而取得同样的提高。而另一方面，在一条船上，运动员最好能在不同的时间出现“极点”，这可以使运动员相互弥补，不致因同时出现“极点”而导致突然减速。完美协调还包括运动员心理上的协调。运动员之间应相互了解，团结协作，相互信任。大家都要有一个共同的长远目标，真正做到一条船一个心，完美地合作，高度地团结，从而取得集体的胜利。

（2）快节奏技术。龙舟技术首先要强调单人划船的规范技术。除了完美协调，在划桨技术上不要求更快的节奏。龙舟的抓水动作要快，角度要小些。特别是桨手要适应第一位桨手划桨后形成快速流动，桨手要更快地在流水中找到最大的支撑力，这种支撑力对桨叶产生最大的反作用力以推动船体快速前进，这是龙舟技术中最重要和最困难的。由于水流速度快，拉桨时既要更快地用力，又要防止推桨臂过早地前移而造成力量转移。

（3）同步一致。龙舟要求所有桨手从抓水到出水完全同步一致，形同一个人在划桨。但是每个桨手不能丢失个人的风格，不能因为要取得技术上的同步一致而降低其个人的划桨效率。同步一致对左右舷前一、二、三号位的桨手提出了很高的要求，他们必须对鼓手的鼓点频率高度敏感，不能出现任何差错。

（二）呼吸、起航和冲刺技术

（1）呼吸。龙舟的桨频较低，与呼吸较易配合，通常在桨叶出水到下一次抓水前，强调肌肉的放松和呼吸。而在摆桨的最后阶段，桨手开始屏气，以保持肌肉的紧张，为抓水做准备。

（2）起航。当初学的运动员在船上有了信心，并学会一定的划桨技术，有节奏时，就可以开始进行一般性的起航练习。起航是将船速尽快地加大到最大比赛速度。起航开始的3~4 m 要求划桨弧度大且有力，其效率高但稳定性差。运动员双臂弯曲，因此大部分力量均通过躯干及肩进行传递。将静止的船很快加速需消耗大量能量。一旦船速在 50~60 m 距离中达到所需的船速，桨频就加大了，推桨的手一般高于头，这时候桨频的变化应有节奏，不应破坏船匀速前进。拉桨之前一定要有 3~4 次深呼吸，增加肺的吸氧量。在最开始划的 3~4 桨中，不能呼气，使肌肉群体保持紧张，更好地进行力量传递。龙舟运动员要根据自己划左右桨的特点来排坐，划左桨的运动员将头略向左偏，划右桨的运动员将头略向右偏。

（3）冲刺。冲刺，实际上是冲线技术。当船体接近终点时的一瞬间，屏住气，加大划行，用力蹬船的同时身体后仰，使船体加速向前，完成最后冲刺动作。

（三）龙舟学习方法

在龙舟的学习过程中，要处理好人、水、器材三者的关系，根据水上运动的特点，学习时要注意以下事项：上船之前掌握游泳技术和能在风浪中游泳与踩水；要强调对器材的爱护和保养，学会对翻船事故的处理。

龙舟技术学习步骤。龙舟是单边划桨，训练开始前首先要确定学员的划桨位置是在右边还是在左边，所以对此要预先做好安排。

青少年（12~14 岁）选手进行龙舟学习时，两侧要同时练习，避免出现肌肉发展不对称和背部骨骼变形的缺陷，两侧同时进行划桨练习对多人船选手来说也是最佳的训练方法。在码头或划桨池中划桨，用窄桨或桨的反面划非常有好处，因为标准桨从静止动作（或固定位置）划时需要的力量更大。对初学龙舟的学员，可以用约 120 cm 长的桨杆或木棍在陆地上进行划桨技术模仿练习，这种划桨练习对技术训练和准备活动也有很大帮助，它的优点是不需要在水上进行。进行划桨技术学习时，首要目标是让学员动作自然、连贯，不要太注重技术细节，而应注重神经、肌肉达到一定程度的协调。第一次基本的划桨教学应当在陆地、专用木凳、码头或专用的设施上，如划桨池中。在必要的示范之后，让每一位新手都单独练习，力争动作准确。实际操作时可手把手地教。

龙舟学习开始时，应先学习握桨方法和坐立姿势。

（1）握桨。拉桨臂握桨杆，推桨臂正握桨柄，两手都不要握得太紧，要稍稍放松，两手间的距离随人的身高和桨长而变化，高个子远一点，矮个子近一点。

（2）坐立姿势。先在陆上训练，按龙舟姿势坐在垫子上。坐时两脚向前伸直，小腿稍向内偏，脚尖着地，支撑腿脚掌着地，脚稍向内偏，大腿与小腿的夹角为一钝角，保持膝部舒服。

（3）模仿练习。龙舟的划桨动作是不对称的，由 4 个部分组成，部分之间是彼此连贯的。模仿练习可以在陆上或划桨池进行分解教学。划桨动作分为插桨、拉桨、出水、恢复。下面以右桨手为例进行分析。

1）插桨入水。右臂（拉桨臂）伸出，左臂稍屈在头上方，两手轻松握桨，肩和躯干转向左边，几乎是背对拉桨边，上体前屈，桨叶与水面成锐角，绝不能成钝角，否则插桨动作不对。2）拉桨。两臂伸出插桨以后，躯干和肩转动，桨开始向后运动。拉桨的力量来自肩部，并通过手臂传达到桨上。拉桨之前右肩稍降低，左肩稍抬起。左肩向前下转动的同时，左臂向前下方推桨。开始拉桨时，尽量转动肩部，直起上体使身体离桨远一点。随后拉桨臂（右臂）稍稍弯曲，推桨臂伸直，使桨接近身体。拉桨结束时，桨柄在身体前面，推桨臂完全伸直，拉桨臂弯曲。3）出水。拉桨动作在腰部位置结束，此时桨已空载，运动员两臂向上提起，将桨叶从水中抽出。4）恢复。这是出桨动作的继续，桨叶一离开水，就用推桨臂向船中心转动桨柄，让桨叶边向前顺着船的前进方向。同时腰和肩转动，躯干前屈，拉桨臂伸直摆动桨向前，推桨臂微屈过头，手腕逐渐转动桨柄，使桨叶处于和船的轴线垂直的位置，然后便插桨，开始下一个动作循环。

（4）水上练习。学员在板凳上练习的时间不宜过长（因为桨悬在空中没有依托，所以握桨时间长容易疲劳），只要练习到掌握动作要领就可以了。转入划桨池练习时，水会对桨产生阻力，因此桨的选择十分重要。学员最好使用专门的“教练桨”。这种桨长度一般，但桨叶面比较小，桨叶宽为 10~13 cm，长为 65~70 cm，用这种桨练习时，拉桨比较轻松。

第三节　抢花炮

一、发展概述

抢花炮，是流行在侗族、壮族、仫佬族等民族中的一项具有浓郁民族特色的民间体育活动，深受广大民族同胞的欢迎，被誉为勇敢者的运动。据考证，抢花炮已有五百余年的历史。由于有强烈的对抗性、娱乐性和独特的民族风格，在湘、桂、渝、黔等省、市、自治区边境地区有着深厚的群众基础，深受该地区少数民族同胞的喜爱，数百年来长盛不衰。据广西三江侗族自治县《民国志卷二·赛会娱乐篇》记述：“花炮会，六甲人、僮人皆盛行，而全县率参加……于集合地点演剧舞狮子及各种游艺助兴，届时男女云集。”

抢花炮，在农历三月三或秋收以后最为踊跃。侗乡流行这样的诗句：“侗乡三月风光好，天结良缘抢花炮。要得侗家姑娘爱，花炮场中称英豪。”谁抢到红炮圈之后，还必须在争抢中“过关斩将”，将其送到庙里的裁判台上才算获胜。因此，抢一炮一般都要争夺 2 h 左右。当选手把红炮圈送到庙里的裁判台上后，庙里顿时钟鼓齐鸣，并鸣炮三响，以表示“头炮”胜利结束。接着还要进行二炮、三炮的争抢，一般是抢三炮结束比赛。凡是抢得“头炮”者，来年的抢花炮活动便由该村寨主办。

二、抢花炮基本动作分析

抢花炮的基本动作包括进攻的基本动作和防守的基本动作两类。

（一）进攻的基本动作

进攻的基本动作包括抢空中炮、抢地上炮、传炮、接炮、奔炮、发点炮、发界外炮、发任意炮、掩护、假动作十大基本动作。

1. 抢空中炮

抢花炮的比赛由抢空中炮开始，抢空中炮的基本动作由判断、起跳、接炮、保护炮等环节组成。

（1）判断。判断是抢到空中炮的先决条件。判断包括花炮从发炮器发出升空后的高度、方向和攻守双方运动员的站位情况，然后迅速做出抢空中炮前的一切准备。

（2）起跳。在判断的基础上，先跑向花炮落点，抢占有利地位，并迅速以单脚起跳的动作尽量向上跳起，两臂微屈于胸前，当跳到最高点时收腹向花炮伸臂并吸气，百会穴向上顶。

（3）接炮。接炮分单手接、双手接和空中拨拍三种。

1）单手接炮。拇指伸直与其余并拢的四指分开成锐角，虎口对准炮边，当手触及炮边时，五指钳紧微向后收并握紧炮，迅速收至小腹前，另一手协助持稳炮。2）双手接炮。拇指伸直，并使拇指与食指微分，小指一侧向外张开，使两掌成锐角，并对准花炮边。当花炮边进入两掌形成的锐角或触及拇指时，两掌迅速合拢，微向后收接住花炮，并迅速收至腹前。3）拨拍炮。当自己不能用单或两手接住花炮时，可用拨或拍打的动作将花炮拨或拍打给本方队员。在抢接空中炮时，不管是用单手或双手接炮，应尽量接住炮，一般不采用拨或拍打炮的方式。

（4）保护炮。接住炮后应迅速做出保护炮的动作。最好的保护炮的方法是持炮跑步攻炮台；较次的保护炮的方法是将炮传给本方已摆脱防守的队员；除此之外，还可将炮稳固守于小腹前，最后用身体将炮压在地上。

2. 抢地上炮

抢地上炮是由于空中炮掉地后或传接过程中未接稳炮而掉地时的争抢。抢地上炮的动作由判断、前扑（或侧扑）、控制炮等动作组成。

（1）判断。判断是抢得地上炮的先决条件。判断包括该炮可能落在什么地方、周围双方队员的站位情况、与自己的距离等，使自己在抢地上炮前，思想上有一个充分的准备。

（2）前扑（或侧扑）。在准确判断的基础上，当炮落在身前不远的地方时，可用前扑的动作跃出，将炮控制在身下胸腹前；若炮落在体侧时，则用侧扑的动作，将炮牢牢地控制在胸腹前。

（3）控制炮。抢得地上炮后，周围一定有双方队员来围抢，此时控制炮的稳当办法首先是将炮传给已摆脱防守的本方队员，其次是持炮进攻，再次是与本方队员配合转移炮，最后是将炮控制在自己身下。

3. 传炮

当炮持在手中，自己不便持炮跑步进攻，对方队员有可能抢断炮时，将炮传给本方已摆脱防守的队员是最好的选择。传炮一般是用单手传炮，以右手传炮为例，将炮收回至左胸腹前，然后沿顺时针方向爆发用力，甩腕传出，幅度不要高，手指拨炮，并使炮沿顺时针方向旋转飞行。

4. 接炮

接炮动作包括判断、接炮和控制炮等。

（1）判断。准确的判断是接好炮的先决条件。必须判断来炮的方向、飞行角度、速度，估计落在什么地方，周围双方队员活动的情况等，为接炮做好充分准备。

（2）接炮。接炮动作基本与抢空中炮的动作相同，所不同的是移动，即接炮前的抢位。接炮的移动可用一步或两步移、直线跑、侧身跑、后退跑等。

（3）控制炮。接炮后，首先是进攻，其次是传，再次是与队友转移炮，当这些都无法完成时，则将炮压在胸腹前的身下，以防对方队员抢夺炮。

5. 持炮进攻

持炮进攻就是攻对方炮台，将炮攻入对方花篮，其动作有直线跑进、曲线跑进、迂回跑进等，这要根据场上情况而定。不管哪种跑进，均要拿稳炮，并使炮远离防守方。

6. 发点炮

凡在罚炮区犯规均判罚点炮。罚方可任选一名运动员站在罚点炮线后，用手将花炮投向花篮。罚中得 1 分。发点炮的动作，与近距离传炮动作相似，左或右手均可。

7. 发界外炮

发界外炮包括发端线和边线的界外炮。其动作与传炮动作相同,所不同的是发界外炮时无人防守干扰,因而可充分利用全身的力量将炮发得更远、更平稳、更准确。

8. 发任意炮

其动作与发界外炮相同。

9. 掩护

掩护既是基本动作,又是简单的战术配合,在掩护时采用拦截、拉手、抱腰等动作,使自己的队友摆脱防守。掩护有固定掩护、随机掩护两种。

10. 假动作

在抢得花炮后,两手捧住小腹部,做出持炮的动作,左右虚摆、急起急停、突然改变跑动方向等均属假动作。因此,有些假动作属于战术范围。

(二)防守的基本动作

防守的基本动作包括抢断炮、拦截、拉手、抱腰、推出界外等内容。

1. 抢断炮

抢断炮包括抢断攻方队员之间的传接炮和从对方队员手中抢夺炮两种。

(1)抢断传接炮。指防守队员抢断进攻队员之间的传接炮。其动作包括判断、抢位、抢接和拍打。

1)判断。是抢断传接炮成功的先决条件。首先是判断出攻方队员的传球动机,便于抢先移动而抢断成功;其次判断出攻方传出的炮飞出的方向,抢占有利位置;再次是判断出自己无法抢断到炮时,可跳起拍打炮,以破坏对方顺利进攻。2)抢位。是抢断传接炮成功的关键,当攻方队员传炮后,防守队员已判断出花炮飞行的轨迹后,提前移动,抢占有利位置,可利用一步、两步移动,也可通过直线或弧线的侧身跑来抢占有利位置。3)抢接。是断对方的传炮。其接炮动作同进攻时抢空中炮和接炮动作。4)拍打。估计不可能抢断到攻方队员的传炮时,跳起后将花炮拍打给本方队员或拍打掉地,破坏攻方队员的传接,其动作是跳起后尽量拍打到花炮或攻方队员接炮的手,使攻方队员接不稳花炮。

(2)抢夺炮。抢夺炮动作包括判断、抱腰、拉手、抢夺等要素。判断正确,是抢夺成功的先决条件,首先应判断出花炮在攻方哪位队员手中,然后通知队友协同抢夺,即抱腰、拉手,最后将花炮硬抢过来。其程序是判断、抱腰、拉手、抢夺。关键是要尽量利用规则,在不犯规的前提下以多防少,实在抢夺不过来,也不要让进攻方轻易将炮传出。

2. 拦截

拦截包括拦和截两个内容。拦:凡是攻方队员进入罚炮区之前必须将其拦住。因为一是进入罚炮区之后可能接炮攻入炮台区而得分;二是在罚炮区内,进攻队员可以为同伴做掩护;三是可能持炮攻入炮台区而得分。所以在攻方队员进入罚炮区前一定要将其拦住。截:就是截断去路或截住炮。拦截,就是不使攻方队员进入罚炮区,或者不使其给队友进行掩护或战术配合。

3. 拉手

拉手是一个协防抢夺动作。当进攻队员持炮进攻时,队友已抱腰,此时迅速拉对方队员手臂,为队友抢夺花炮创造条件。

4. 抱腰

当拦截对方队员进攻时，只要他持炮进攻，此时可抱腰防守，为队友拉手、掰手指抢夺花炮创造条件。一旦对方队员撒手以示手中无炮时，则不能抱腰，尤其不能抱腰摔。抱腰，是防守动作中较难掌握的一个动作，凡是在拦截进攻队员时，只要他两手按其腹部，即可以用抱腰动作防守。拦腰抱住后，一手抓住自己的另一手腕，一般不做手指交叉抱腰的动作。

5. 推出界外

防持炮进攻队员的有效方法是将其推出界外，以获得本方发界外炮的权利。在推出界外的过程中，最好是协同防守，以不犯规为前提。防守的基本动作就是上述这些，此外的防守动作大多属于战术配合，如实在判断不出花炮在谁手里，便可采用犯规战术，如抱腰防守时，加上抱摔而犯规，则由进攻方在持炮队员的就近处发任意炮，从而知道炮在何处。

（三）抢花炮教学与训练

1. 抢空中炮

抢空中炮是抢花炮比赛的开始，它和篮球的中圈跳球开始比赛的性质是一样的。抢空中炮的教学与训练最好在学会传接炮以后进行。比赛的花炮是由发炮器将炮发射升空，而平时训练则由教练员手抛花炮进行。其教学与训练的程序为：不设防的抢空中炮和有队友配合的抢空中炮两种。

（1）不设防的抢空中炮。

1）两人对抢空中炮。教练员手抛炮后，两人争抢。主要训练运动员的观察判断、抢占有利位置、跳起抢到炮。2）4 或 6 人抢空中炮。教练员手抛炮后，各人判断、抢位、跳起抢到炮。

（2）在队友配合下抢空中炮。

1）4 人抢空中炮。教练员手抛炮后，由一个抢炮一个拦截或者在掩护下为队友抢到炮。两人的互相配合分固定掩护和不固定掩护两种情况，分别进行多次。2）6 或 8 人抢空中炮。其抢法与掩护法基本同上，只是抢空中炮的人增多，增大了抢空中炮的难度，使之逐步接近比赛情况。

2. 抢地上炮

抢地上炮也是抢花炮比赛开始后，空中炮未被运动员抢到而掉在地上后的抢炮方法。教学与训练分为两人对抢、多人不设防抢和设防的多人抢地上炮的过程。

教练员任意手抛花炮，由两人采用判断、抢位后的前扑或侧扑抢炮，然后多人争抢教练员手抛的地上炮。多次重复练习，以提高运动员的判断、抢位、快速度前扑或侧扑抢地上炮的能力。可以拦截、推拉、掩护抢地上炮。

3. 传接炮

（1）二人原地传接炮练习。二人相距 3~5 m，共一个炮，一人传一人接，然后交换练习。接炮时以单手和双手，其手形与动作见基本动作。传接炮的弧度可大可小，但传炮要平稳，接炮要牢，不使花炮落地。

（2）二人行进间传接炮。具体传接动作与上同，只是须传至行进间前面 1~2 m 处，用跑步接炮。可以单手接炮，也可以双手接炮。

（3）二人相距 5 m 以上的行进间传接炮。传炮的弧度可大可小，传至前进方向 3 m 以外，传炮前可以预跑几步，也可以加上转体动作，还可以传高飞炮。

4. 拦截

拦住对方队员进攻时的跑动线路和为同伴做掩护的移动线路，必要时将对方拦腰抱住，破坏对方移动线路。凡是本方队员抢得花炮后，对方队员前来围抢时，此时除上前掩护或转移花炮外，对对方队员进行拦截也是必要的。另外，凡是攻方队员进入罚炮区前必须进行有意拦截，不使其进罚炮区进攻炮台，或在罚炮区为同伴掩护。

5. 奔跑

奔跑分直线跑和曲线跑两种，它既是持炮攻炮台的有力手段、不可缺少的主要途径，也是防守拦截时必备的基本素质，因此奔跑的训练是不可缺少的。在奔跑训练中主要是侧身跑训练，即一边跑进，一边观察周围攻防队员的情况。

（1）快速跑进训练。主要是急起急停，一般以 30 m 快速跑为主。

（2）曲线跑。曲线跑须以侧身跑为主，在训练中要有突起突停的变速跑。

（3）变向跑。包括直线变向和曲线变向跑。其目的是摆脱防守，攻炮台成功。

6. 抱腰

抱腰的动作简单，关键是掌握使用的时机。为了抱得紧，可用自己的手抓住自己的手腕而围抱对方的腰部，切忌做任何抱摔的动作而犯规。在拦截中，尽量迅速抱对方腰部不使其跑进或掩护。

7. 拉手

拉手有多种情况：一是攻方双手持炮于腹前，守方拉开一手，便可抢夺炮；二是守方抱住攻方队员的腰协同队友抢夺炮，以拉手来解脱对方的抱腰。

8. 发界外炮与发任意炮

一场抢花炮的比赛，发界外炮与发任意炮的机会是相当多的。其发炮的动作与传炮相同，所不同的是掩护、摆脱跑空位接炮的配合。经常进行练习，配合便会默契，发炮要求不但平稳而且要到位。

9. 抢断炮

（1）教练员传快攻时的高空炮，两人同时起动作侧身跑进以争接高空炮，即两人一组排成两路纵队，教练员不停地向前抛空中炮，两名队员同向前跑进争抢。

（2）队员排成两路纵队，中间相隔 5~8 m，教练员任意向前传高炮，两路纵队中的排头队员向前跑进抢空中炮。抢断炮的训练，既提高进攻间的传接炮技术，也提高防守队员抢断炮的能力。

10. 罚点炮

罚点炮可由任何一位场上进攻队员执行。一般每队至少要训练 2~3 名罚点炮手，不必人人都练。根据《抢花炮竞赛规则》规定：罚方可任选一名运动员站在罚点炮线后，用手将花炮投向花篮。罚中得 1 分，罚不中，则由对方队员在端线外发界外炮。罚点炮的关键是动作的稳定性与心理素质训练。

休闲保健篇

第十一章　部分休闲体育项目

第一节　轮滑

一、轮滑简介

Roller skating，曾经有很多汉化版本，但是今天，我们统一叫轮滑，但并不否定之前的叫法，因为这些都是正确的。轮滑鞋分为双排轮滑（Quad Roller Skating）和单排轮滑（Inline Roller Skating），两种类型的轮滑鞋又有着各自的项目，由于“文革”等原因，国内轮滑领域发展较晚，没有经过系统发展的后果导致了项目不完善，以至于国内玩家偏向于直排轮滑，认识不完整导致认为双排轮滑的落伍，而国内有不少说法是有双排基础想练单排，或双排转单排之类的都是片面的，非常外行的说法，双排轮滑和单排轮滑作为运动器材都有着很高的国际地位，因为这是两种不同的运动器材。轮滑是很棒的代步工具，就像山地车和公路车的关系一样，双排轮滑的代步是和长板不相伯仲的，所有轮滑鞋代步，尤其是速滑鞋的刷街性能最为实用。

（一）起源

最早的 1100 年的溜冰鞋是利用骨头装在长皮靴脚掌上帮助猎人也能在冬天进行的打猎的游戏，由苏格兰人 Dutchman 于 1700 年爆炸性地创造了第一对溜冰鞋。他希望能在夏天模拟出冬天溜冰，于是把敲钉的线轴长条木附在他的鞋子上。在这一年在爱丁堡组成了第一个溜冰俱乐部。第一款直排轮滑鞋的出现在 1760 年，一位伦敦乐器制造商约瑟夫·梅林决定制造金属有轮子的长靴。

1819 年，M.Peitibled 于法国发明专利中记载了第一双单排滑轮鞋，那双鞋的构造是由 2~3 个轮子组成一直线，但是这一构想却未达到预期的“流行”以不了了之收场。1823 年，在伦敦，Robert John 设计了一双溜冰鞋称它“rolito”，放置了五个轮子成一排地在这一双鞋的底部。

1863 年，美国人詹姆士发明了第一双双排溜冰鞋，四个轮子分前后两组，两个轴穿起两个轮子。四个轮子上的轴承可以使轮子很稳定地转动，可以做转弯、前进和向后的各种动作，这就是现在广为流传最为广泛使用的旱冰鞋，成为轮滑球、花样轮滑、果酱溜冰（jam skating）和极限轮滑的运动器材，而且是果酱溜冰、花样轮滑专属运动器材。

（二）国际项目分类

1. 花样轮滑

花样轮滑文化均是由花样轮滑发展而来的花样轮滑运动比赛项目。包括男、女单人滑；男、女双人滑；舞蹈（男、女双人）三项。单人滑包括规定图形。花样轮滑来自花样滑冰（Figure Skating）是亚洲运动会（Asian Games）的正式比赛项目。运动员穿着脚底装有 4 个并排轮子的轮滑鞋，靠自身力量在木质地板上滑行，表演预先以技术动作为基础编排的节目，由裁判组评估打分、排出名次。花样滑冰比赛按选手水平高低与参赛范围，分为不同的级别（从初学者到奥运会）与不同的规模（从地区赛、全国赛到国际赛）。花样滑冰这项运动由成立于 1892 年的世界性滑冰运动管理机构——国际滑冰联盟管理。

2. 常见动作

CLASS A SPINS A 级旋转动作包括以下 9 种。

（1）Lay over Camel（any edge）侧身（飞燕）驼转。

（2）Camel-jump-Change-Camel（飞燕）驼转跳接（飞燕）驼转。

（3）Sit-jump-Change-Sit 蹲转跳接蹲转。

（4）Camel-sit-Camel（combination）（飞燕）驼转接蹲转接（飞燕）驼转。

（5）Jump Camel 飞跃（飞燕）驼转。

（6）Jump Sit 飞跃蹲转。

（7）Inverted Camel（any edge）后仰（飞燕）驼转。

（8）Heel Camel Spin（forward or backward）脚跟（后轮）（飞燕）驼转。

（9）Broken Ankle Spin（forward or backward）断踝旋转。

3. 自由式

Free Style，其中最有代表性的就是 Slalom，即平地花式（简称平花）。平地花式和花式刹停都是自由式轮滑的子项目。

平地花式包括花式绕桩和速度过桩。世界轮滑皇帝圣巴斯蒂安（Sebastien Laffargue）简称 SEBA，可以说是 Slalom 的鼻祖。以障碍滑雪为灵感基础，再加上轮滑特有的元素，才慢慢发展成了现今的 Slalom。

休闲轮滑就是俗称的刷街。是一种穿着轮滑鞋漫步于室外，感受轮滑带给人的轻松、愉快和自在的轮滑形式。它主要以休闲健身为目的，放松自我，舒畅心情。

FSK 是一种由多种轮滑形式混合而衍生出的特殊的轮滑形式。集合了休闲、刷街、花式刹车、花式跳跃、旋转等元素。大致分为野街和场地两种玩法。野街就是在刷街的过程中融入速降、花式跳跃等其他轮滑形式，使得野街的魅力无穷。场地 FSK 主要就是在一定的场地内花式刹停、花式旋转等，当然也有其他的轮滑形式融汇进去。

4. 速降

一种相对较刺激的类似速滑的轮滑形式。一般选择在比较陡峭的公路或山路进行。速降者在佩戴好全套护具之后，靠路面的倾斜给予动力，人体自由下落，感受风驰电掣般的刺激。

速降轮滑（Down Hill Roller Skating），分为两个组别，双排轮滑组别和单排轮滑组别，还有衍生项目障碍速降和速降轮滑衣，是极限运动里非常有代表性的运动项目，所使用的轮滑鞋都是特制轮滑鞋，两种组别分别拥有各自的锦标赛。

5. 轮滑球

轮滑球被誉为轮滑项目的最高境界。值得注意的是双排轮滑球赛使用的是真正的圆球，而单排轮滑球赛使用的是球饼。

轮滑球是一项不直接接触球的运动。比赛队员穿着双排轮或单排轮进行比赛。比赛双方各上 4 名场上队员和一名守门员。该项运动起源于 1896 年的英格兰。尽管轮滑曲棍球起源于英格兰,但这项运动在一些拉丁语系国家例如西班牙、葡萄牙和阿根廷更加流行。这些国家都有职业俱乐部,如巴塞罗那、波尔图和拉科鲁尼亚,有超过 5 000 名的职业球员从事这项运动。轮滑球运动通过国际奥委会的承认成立世界赛事。1992 年,双排轮滑组别的轮滑球登上巴塞罗那奥运会的运动场,也是唯一的奥运会轮滑项目。

6. Jam Skating

双排轮滑结合 locking、popping、hip-hop、breaking、free style 等舞种成为一种新兴的潮流街头文化在美国发展。Jam skating 于 20 世纪 70 年代在美国随着 disco 的兴起而盛行,因此曾经也叫 roller disco。

随着 20 世纪 80 年代 disco 的热潮逐渐退却, Jam skating 开始加入霹雳舞等元素,之后随着美国街头文化的兴起, Jam skating 逐渐加入街舞(hip-hop、breaking、popping、locking、jazz、house、reggae、c-walk 等)、拉丁、现代舞、芭蕾舞等各类舞蹈。同时由于其他花样百出的新运动项目的诞生, Jam skating 同时应势加入中国武术、印度瑜伽、艺术体操、巴西战舞、墨尔本曳步舞、跑酷、轮滑(花样轮滑、平花轮滑、轮舞等)等各类观赏性才艺融于一体并逐渐演变成 21 世纪的 Jam skating。

二、轮滑技巧

(一)基本站立

1)丁字站立;2)八字站立;3)平行站立。

(二)停止技术

1)T 形停止法;2)双脚急停;3)向后滑行停止法。

(三)速度的因素

1. 站姿

第一种是普通的平行站立,即将两只脚平行稍窄于肩,双膝微弯以保持重心,以脚踝的力量控制好不要让脚左右摆动,要保证轮子垂直地面。穿专业平花鞋平行站立时因为鞋的结构设计影响,两脚会自然地向外压外刃。第二种是丁字形站立,即一只鞋的最后一个轮子抵在另一只鞋的第二和第三只轮子之间,双膝微弯,双腿之间稍有间隙,以保持重心,仍然是以脚踝控制鞋子。

2. 起步

从 T 字形站姿起步,让一只脚保持前进姿势,脚尖向前,另一只脚向身体侧后方蹬地推出,就会有向前进之力量。此时身体的重心应完全放在前脚上,身体稍向前倾,这样后脚的发力收回过程才能顺畅。后脚收回后,换另一只脚向身体侧后方蹬出,重心位置依然放在前脚上。

3. 滑行

滑行时为保持较好的平衡,要尽量屈膝弯腰,目的是稳定重心和便于发力。

4. 身体的重心

滑行时身体的重心要始终稍向前倾,随着两脚的不断交替,重心要不断转移。当一只脚向侧后方蹬出时,身体重心必须完全放在另一条腿上,这样才能保证蹬出的腿很顺畅地收回来。当这条腿收回落地时，重心马上转移到这条腿上，再把另一条腿蹬出。切记每次蹬腿时身体重心都要完全放在另一条腿上。

5. 滑行姿势

双膝微弯，身体稍向前倾以保持重心。滑行速度越快，屈膝弯腰的幅度越大。标准的速滑姿势为双手自然背后，背部与地面平行，大腿与小腿弯曲角度不大于120°。

6. 停止

以上述姿势滑行，双脚靠近保持平行，有刹车块的脚稍稍向前，使两脚距离相差约有半个脚，提起脚尖直到刹车块碰触到地面，然后慢慢将重心移到有刹车块的脚，增加压力，直到停下来。

（四）轮滑练习

轮滑是一项极易掌握的体育运动，任何人都能很快地学会它。但对很多人来说，初次接触轮滑时，心理上会产生一种畏惧感——担心摔跤。其实，只要简单地掌握一些轮滑的方法和技巧，就能把这项运动变成乐趣。

初学轮滑者一定要有耐心，请记住以下禁忌：滑行前不做准备活动、不戴护具、滑行后立即喝水。初学时一定要注意培养正确姿势，滑行时腰、膝、踝关节保持自然弯曲，降低身体重心，身体失去平衡时要向下蹲。

平衡是掌握轮滑的基础，掌握平衡是非常重要的。初学者可以通过控轮练习来慢慢掌握平衡，控轮练习的目的就是尽快熟悉脚下的鞋和轮子，找到轮上的感觉，找到平衡。

具体的做法是：

1. 原地错步

双腿自然弯曲保持重心，两脚一前一后错开，交错幅度视个人身高而定，两脚尖错开的距离以一肩宽为宜。两脚交错后两脚仍然保持平行，两脚尖朝前。身体保持原地不动，待重心稳定后两脚收回，换脚错开，要领同上。要点：每错开一步要等重心稳定后，即身体不再乱晃，方可收回再做下一步。

2. 原地高抬腿

首先将重心移至一条腿上，另一条腿尽可能高地缓缓向上提膝，不要有滞空停留，缓缓落下。此过程中身体要始终保持正直，不可乱晃，待身体稳定后再换另一条腿抬起，要领同上。要点：循环过程中要始终保持身体正直不乱晃，抬腿落腿时尽可能慢，高度尽可能高。

3. 平行行走

首先平行向身体的一侧横向迈出该方向的一条腿，跨度视个人身高而定，以1.5倍的肩宽为宜。待身体稳定后向迈出的方向收回另一条腿，平行站立姿势站好。此过程要保持身体的稳定，不可前后乱晃。待身体稳定后再向同一方向走四步，要领同上。此方向走五步后，再向相反方向平行行走五步，要领同上。

（五）基础姿势

标准速滑基础姿势简称“静蹲姿势”。姿势要领：两脚平行且两脚尖向前，两脚打开约一拳宽；膝盖弯曲下蹲，大腿与小腿角度约110°~120°，小腿与地面角度约60°~70°，膝盖之间的距离与脚保持同宽；弯腰俯身抬头向前，脊椎自然弯曲不僵直，保持背与地面平行，头抬起目视前方7~10 m处地面；双臂自然背后。

（六）直线滑行

1. 分解直线滑行练习

静蹲姿势准备。首先身体将重心转移至一条腿上，另一条腿用脚内侧向斜后方蹬地，蹬地后迅速收回至静蹲姿势自由滑行，此过程中上身始终保持静蹲姿势，不能变。接着重心转移到另一侧，换另一条腿蹬地，左右如此往复练习，要领同上。

2. 直线滑行练习

了解直线滑行练习，只是蹬出脚收回至静蹲姿势时不必再保持静蹲姿势自由滑行，而是一条腿蹬出收回后另一条腿马上再蹬出收回，如此循环练习，重心、姿势的要领、要点同分解直线滑行练习。

3. 直道滑行的摆臂动作

滑行过程中加入摆臂动作的目的和我们陆地上跑步、走步摆臂的原理是一样的，都是为了更好地保持平衡以达到平稳加速的目的。

直线滑行时的摆臂：两臂用力一前一后摆动，摆幅高度为向前摆时手的高度不超过面部，以视线以下为佳；向后摆动时，手要从身体下面过再向上摆动，手臂伸直，尽量向身体内侧收，不要太向外打，摆动高度为尽可能向后摆的一个自由高度。

弯道时的摆臂：入弯时弯道内侧的手臂自然背后，外侧的手臂用力摆动以保持平衡。此时摆臂的幅度可稍减小。

第二节　高尔夫球

一、高尔夫球运动概述

（一）高尔夫球运动的起源与发展

高尔夫球是一项古老的贵族运动，起源于 15 世纪初的苏格兰，距今有 600 多年的历史。从 1457 年开始，高尔夫球运动被欧洲人带到世界各地。19 世纪 20 年代，这项运动被传入亚洲。早期的高尔夫球运动因受场地、器材等因素的限制，多在王公贵族中进行。随着社会的进步和经济的发展，人们对精神生活的追求越来越高，高尔夫球运动的参与者越来越多。高尔夫的英文全称“golf”恰好是由绿色、氧气、阳光、步履 4 个英文单词的首字母组成。它代表着一种新的运动方式：在充满新鲜空气和阳光的绿草地上，徐徐步行，挥动球杆，完成融技术、力量、智慧于一体的完美一击。高尔夫球运动目前已成为风靡世界的体育运动项目。随着人们生活水平的不断提高，高尔夫球运动越来越受到人们的喜爱。

（二）高尔夫球运动的健身价值

高尔夫球是以运动员挥杆击球进入球洞来完成比赛的一项运动。击球的远度取决于运动员挥杆的速度与力量，经常进行高尔夫球运动能有效地发展人体腰部与手臂的力量。准确击球入洞，要求运动员对场地草纹、地形、速度与距离关系的准确判断及用力的均匀和眼睛、球、目标三点一线的瞄准。经常进行高尔夫球练习能使人体神经的反应敏感性与肌肉的协调性得到充分发展。高尔夫球运动有很强的欣赏性。在高尔夫球比赛中，运动员静如松、动如箭的洒脱动作体现出了一种高雅的风范，与球场上的蓝天、白云、绿草构成的和谐风光融合在一起,能给人一种赏心悦目的美妙感受,使人的精神得到极大的满足与放松。

(三)高尔夫球运动的场地及器具

1. 场地

高尔夫球的运动场地多修建在略有起伏的开阔地,场地表面都是草坪,场地还根据需要配有小溪、树林、沙坑、小桥等。标准球场面积60~100公顷,宽度不定,场地中设18个球洞,每个洞的场地内部有开球台、球道。

场地中18个环道的长度各不相同,其标准杆数也不相同,一般210~250码以内为3杆,251~477码为4杆,470~575码为5杆。18个球道的总杆数为72杆。击球入洞数与标准杆数相同称par,低于标准杆数1杆称birdie,高于标准杆数1杆称Bogey。

2. 器具

高尔夫球运动的基本器具有球、球杆、球杆袋、球座、手套、球鞋等,球杆分木杆和铁杆两种。有多种号码的球杆,球杆的角度不一样,杆的号码越大,击球越高,反之号码越小,击球越远。

二、高尔夫球的基本技术

(一)站位

根据球的位置、击球方向和使用球杆的不同,站位也不同,其中正脚位是基础。

(二)击远距离球

用1号杆在球台上开球时,球的位置正对左脚脚跟,头应该在后方,此时球是用球座支起的,击球的杆是在通过振弧最低点6~9 cm处才击到球,这样击出的球可减少球的旋转,能击出高而远的球。

(三)击近距离球

打好近距离球是提高成绩的重要因素。击近距离球有臂起球和起波球两种。打臂起时用9号杆,两脚站近,面部朝向球沿,握杆位置离杆把顶端1英寸,击球时振弧几乎是直上直下,向球的背部砍击。打起波球时,身体略转向洞方向,两脚基本靠拢,重心在右脚,两手握手杆把顶端下面,自然振杆,左臂伸直,以右臂和手腕做枢纽,右肘紧靠身体,杆面始终正对目标,向目标击送球。

(四)拨推技术

拨推技术因个人体形、年龄、能力而异。打球的姿势千差万别,必须经过反复练习,才能掌握适合自己的拨推技术。

(五)注意事项

1)握杆姿势舒服;2)振杆要流畅,动作不宜过大;3)击球的背部正中点;4)根据场地特别是草的生长方向判断瞄准方向;5)击球时头部不要动,击球后不要立即抬头看球。

此外,高尔夫球基本技术上还有打上坡球、下坡球、深草球、草垛球、绕树球、土地球、沙坑球、逆风球、顺风球等多种技术。

三、高尔夫球比赛规则

高尔夫球的比赛形式有球洞数比赛和杆击数比赛两种。球洞数比赛以入洞数计胜负,多者为胜,杆击数比赛则是完成一场或几场比赛后,以累计杆数定胜负,少则为胜。以上两种比赛多以 4 人为一组参加比赛。

除正式的重大比赛外，通常进行的是友谊赛。友谊赛中采用让分法，即在比赛后给水平较低的选手减去一定的杆数，使比赛诸方势均力敌，所让杆数称 handicap，让杆数的决定有特殊的规定。高尔夫球场也有小型的，如空中三孔洞场地。

（一）总则

（1）高尔夫球比赛是依照规则从发球区开始经一次击球或连续击球将球打入洞内。

（2）对球施加影响除按规则行动外，球员或球童不得有影响球位置或运动的任何行为。

（3）商议的违反规则。球员不得商议排除任何规则的应用或免除已被判决的处罚。

（二）基本通则

（1）虽然高尔夫球有许多规则，然而最基本的不外乎下列两点。

1）参赛者务必在公平的条件下进行比赛。2）比赛过程中必须能客观地处理对自己有利的状况。

（2）至于其他各项规则，都是基于以上两点基本原则所制定的。遵守规则由自己做起，高尔夫球规则虽是由高尔夫球协会所制定的，但绝大多数仍是由选手本身执行实际上的管理。当比赛进行时，每位选手皆负有使比赛公平公正之责任；并且基于公平竞争的精神，每一位选手应要求自己成为一位遵守规则的裁判。

（3）以击球方式将球打进洞。

1）打高尔夫球的最基本原则就是将一颗球自球台连续打击至其进洞为止。简而言之，即是由第一杆开始，接着第二、第三杆，重复地击球，将球打进洞，除此之外便别无他法。若是拿着球移动，或是利用投掷、滚地等方法，都是违反规则的。2）待球处于静止状态后，始继续进行比赛。当球被击出后，不论是在何种状态下行进，都应该等到球处于静止状态后才可继续进行比赛，此乃高尔夫球不变的法则，绝对不可触摸或挪动球的位置，亦不能为求便于挥杆而改变周遭的环境。

（三）比杆赛与比洞赛

高尔夫球的比赛形式有比杆赛及比洞赛两种，无论是职业赛或业余赛均以比杆赛的形式较为常见。所谓比杆赛，就是将每一洞的杆数累计起来，待打完一场（18 洞）后，把全部杆数加起来，以总杆数来评定胜负；比洞赛亦是以杆数为基础，然其不同于比洞赛的是以每洞之杆数决定该洞之胜负，每场再以累计之胜负洞数来裁定成绩。

（四）正确的判断和处理

1. 界外

界外系禁止打球之地区，常以界桩或围篱标示。界外之界限应以界桩（不含支架）或围篱内侧最靠近地面点决定。如在地上以标线标示界外时，界外线系垂直向上向下延伸，且线之本身即作界外论。

2. 遗失球

下列情况即可认定为遗失球。

（1）球员或其同队、或彼等之杆弟在开始找球后 5 min 仍找不到球；或是虽经找到，但球员无法辨认是否为其所用之球。

（2）球员按规则已用另一球当作比赛球，而未寻找其原球。

(3)球员已自可能为原球所在地,或较原球位靠球洞之点击出代替球,因此该代替球(原球可能在水障碍以外遗失、出界了而以代替之球)即成为比赛球。

3. 水障碍(包括侧面水障碍)

水障碍指任何海、湖、池塘、河川、沟渠、地面排水沟或其他露天水渠(不论其中有无积水),以及其他类似者。

(1)凡在水障碍界限内之陆地或水、地属于水障碍的部分。水障碍之界限系垂直向上延伸,用以标明界限所用的界桩、界标皆算在障碍内。

(2)水障碍(除侧面水障碍外)应以黄色界桩或标线标明界限;侧面水障碍则是以红色界桩或标线界定。

(3)水障碍中的球。向水障碍方向打出之球,是否在障碍以内或障碍以外遗失,乃是一项涉及事实的问题。如认为系障碍内遗失者,必须有证据证明球确落入障碍内;如无确定之证据时,则应视为遗失球,按规则处理之。

(4)如球落入、触及或遗失在水障碍中(不管球是否位于水中),球员要受一杆之处罚,并依下列方法处理。

1)尽可能在接近上次击球之原位打次一杆。2)在原球最后通过该水障碍边缘之一点与球间之直线,在水障碍后方抛球,至于应离水障碍后方多远处抛球并无限制。3)球落入、触及或遗失在侧面水障碍中时,可以选择下列特别措施:在障碍外距原球最后通过之水障碍边缘;或距离球洞相等距离之另一边水障碍边缘;在两支球杆长度以内抛球。球应抛下及停留在不得较原球最后通过水障碍之边缘地点更接近球洞处,按规则,所捡起的球不可擦拭。

第三节 攀岩运动

一、攀岩运动简介

(一)攀岩运动的起源与发展

攀岩运动是由登山运动中派生出来的现代竞技体育运动项目。它起源于18世纪末期的"阿尔卑斯运动",即登山运动。由于攀登高山对普通人来说是相当困难的,为了让人们了解登山运动,体会登山运动的魅力,让人们有更多的机会去参与这项运动,一些热爱登山运动的登山家把惊险、刺激且有非凡观赏性的攀登悬崖峭壁的技术、方法移到郊外的自然岩壁、室内的人工攀岩壁上。

作为一项体育项目的攀岩运动,于20世纪50年代起源于苏联,是军队中作为一项军事训练项目而存在的。在此之前, 1948年苏联在国内举办了首届攀岩锦标赛,这也是世界上第一次攀岩比赛。1976年,苏联举办了首届国际攀岩比赛。这时期举行的各种形式的攀岩赛事,都是以自然岩壁为主。但由于受场地、天气、交通等因素的限制,岩壁运动并没有得到良好的发展。直至1985年,法国人发明了由可以自由装卸的仿真沙子、石头、玻璃纤维和其他原料混合制成的岩壁,才实现了人们要把天然岩壁搬到城区的设想。

人工岩壁的出现,加速了攀岩运动的发展。1987年,国际攀登联合会(UIAA)规定,国际比赛必须采用人工岩壁,同年在法国举办了首届人工岩壁比赛。1989年,首届世界杯攀岩分站赛分别在法国、英国、西班牙、意大利、保加利亚和苏联举行。1991 年,举行了首届攀岩锦标赛。1992 年,举行了首届世界青年攀岩锦标赛。在亚洲,攀岩运动发展较晚。1991 年 1 月,"亚洲竞技攀登联合会"在中国香港成立,标志着亚洲攀岩进入了一个新的阶段。1992 年 9 月,在韩国汉城举办了第一届亚洲攀岩锦标赛,攀岩运动开始得以快速开展和普及。在我国,攀岩运动起步较晚,但发展迅速。1993 年,攀岩比赛被国家体委列入正式比赛项目,此后每年都举行一次全国锦标赛。同年 9 月,第一届全国攀岩锦标赛在长春举行。

(二)攀岩运动的分类

1. 按地点分类

(1)自然岩壁攀登,即在野外攀爬天然生成的岩壁。一般是开发和清理过的难度或抱石线路。自然岩壁攀登的优点是:可以接近自然,充分体会攀岩的乐趣;岩壁角度、石质的多样性带来攀登线路的千变万化;由于岩壁固定、线路公开,且可长期保留,所以自然岩壁的定级可经多人检测对比,成为攀岩定级的主要依据。但由于野外岩场地处偏僻,交通不便,时间和金钱花费都较大,线路开发也比较费力。线路开发时间长后会老化。

(2)人工岩壁攀登,即在人工制造的攀岩墙上攀登,包括室内攀岩馆和室外人工岩壁。人工岩壁攀登的优点是:对攀岩者安全性较高;交通方便,省时省力;不可预见因素少,可以定期训练或进行专项训练;人员密集,便于交流切磋。另外,人工岩壁可以对线路进行保密性设置从而成为攀岩比赛的主要形式。但由于缺少特殊地形,创意性少,自由发挥余地小,支点的可调性使得人工岩壁线路常变,定级主观性更强,准确度偏低,相对自然岩壁线路问题会比较尖锐。人工线路难度越大对力量要求越高。

2. 按比赛形式分类

(1)难度攀岩,以攀岩线路的难度来区分选手成绩优劣的攀岩比赛。难度攀岩的比赛结果是以在规定时间里选手到达的岩壁高度来判定的。在比赛中,队员下方系绳保护,带绳向上攀登并按照比赛规定,有次序地挂上中间保护挂索。比赛岩壁高度一般为 15 m,线路由定线员根据参赛选手水平设定,通常屋檐类型难度较大。

(2)速度攀岩,如同田径比赛里的百米比赛充满韵律感和跃动感,按照指定的线路,以时间区分优劣。

(3)抱石比赛,线路短小,难度较大,需要较好的爆发力和柔韧性。比赛设置结束点和得分点,抓住得分点并做出一个有效动作得分,双手抱住结束点 3 秒得分。比赛一般 4~6 条线路,一条线路 5 min 时间。判定名次首先看结束点的多少,如果结束点同样多看得分点数量,最后看攀爬次数。

(4)室内攀岩,是在一个高而大的房间内设置不同角度、不同难度的人工岩壁,在上面装有许多大小不一的岩石点,供人用四肢借助岩点的位置,手攀脚登。室内攀岩的难易程度可由人直接控制。岩壁也分为人工岩壁和天然岩壁。

此外,按攀登形式分类,攀岩可分为自由攀登、器械攀登、顶绳攀登和先锋攀登;按照比赛性质,可分为完攀、看攀、红点攀登、速度攀岩和大圆石攀岩等。

二、攀岩运动的技术装备

攀岩运动是一项具有一定危险性的运动,要在安全范围内进行,就必须要求技术装备符合攀岩运动的需要。开展攀岩运动，进行攀岩训练之前应了解攀岩运动技术装备的性能、保养及其作用。攀岩的装备主要有两种用途：一类是用来保证此项运动的安全，另一类则为了让攀登者的表现更出色。前者包括主绳、安全带、铁锁、保护器、扁带、快挂、岩石塞、岩钉、膨胀钉、挂片、冲击钻、抱石垫、头盔等；后者主要有攀岩鞋、镁粉袋等。

（一）个人装备

1. 攀岩服装

攀岩运动队服装的一个基本要求就是能防风。服装的透气性和耐磨性也很重要。这类服装的材料是由一些导水性极强的材料制成的，具有独特的速干性。在攀岩过程中，由于衣服里面会积聚大量的汗液，很容易着凉而引发感冒，在登山或极地探险活动中还会造成冻伤，这类材料在很大程度上解决了这一问题。为了解决保暖的问题，可以穿上抓绒材料制成的夹克和背心。为了应付多变的天气，在出发的时候还必须配备一件好的外套，外套层服装习惯上也称为全动能外套，它是户外运动服装中非常重要的部分，能为我们的身体减少一切不必要的损伤。它们的款式有短风衣或束腰夹克式样，大部分还带有帽子，内里服装的不足都可以靠这一层来弥补。

2. 攀岩鞋

一种专门为攀岩而设计的“小鞋”。用特殊的橡胶包裹着可能用到的脚部的各个部分（脚尖、脚掌内外侧、脚跟），是一种摩擦力很大的专用鞋，穿起来可以节省很多体力。

3. 安全头盔

头盔可保护头部，防止落石等东西坠落时的意外撞击。

（二）技术装备

1. 主绳

主绳即攀登绳，当攀登者的体力透支、耐力不足或通过困难线路时而产生跌落，绳子可以起到确保安全的作用。它是由高强度的尼龙绳按特殊的方法纺织而成，结构上由绳心、绳壳两部分组成，具有较大的延展性，可以吸收大部分跌落时所产生的冲击力，从而减低对攀爬者的伤害。攀岩一般使用直径 9~11 mm 的主绳，其标准长度通常为 50 m/条。

2. 绳套

在保护系统中做软性连接，主要有机械缝制和手工打结两种。一般机械缝制的绳套可抗拉力达到 22 kN，而手工打结就很难达到 20 kN。

3. 安全带

穿在攀登者身上，承载因攀登者脱落或下降而产生的重量和冲力。安全带的腰带为受力部分，其余腿带等则为了舒适、便利而设计。主要是为攀登者和保护者提供一种舒适的、安全的固定。安全带分为可调式和不可调式两种。

4. 镁粉及粉袋

镁粉的使用主要是在室内攀岩，以防手出汗时出现手滑现象或吸收岩壁表面的水分，以增大摩擦力。为了较方便使用，镁粉一般存放在粉袋里，粉袋系在安全带上，在攀登难度大的岩壁或线路时使用。

5. 上升器

在单绳技术中解决向上运动的器械，可左手握和右手握，适用于不同用手习惯的攀登者。

6. 保护器

在保护和下降过程中，通过它与保护绳之间产生的摩擦力来减少操作者所需要的握力。

7. 铁锁和快挂

用于连接主绳与安全带。

8. 螺栓

现代竞技攀登一般用直径 3/8~1/2 英寸的膨胀螺栓，这是一种拉起式螺栓，也是现有最好的岩石作业用螺栓之一，适用于各种岩石表面，其安装容易、简便且牢固。

9. 岩锥

固定于岩壁上的各种锥状、钉状、板状金属材料做成的保护器械，可根据裂缝的不同而使用不同形状的岩锥。

10. 保护垫

在岩壁的下面，都会放一块保护垫，在下降或脱落的时候可以起到减震和保护的作用，减少脚后跟和脚踝扭伤的危险。

11. 挂片

随着竞技运动的迅速流行，出现了大量新式螺栓挂片，从初级的、手工的到光滑而结实的专用挂片都有。使用者应注意挂片上是否有裂痕或变形。

三、攀岩的基本方法

1. 身体姿势

攀登岩石峭壁时身体要自然放松，以 3 个支点稳定身体重心，而重心要随攀登动作的转换而移动，这是攀岩能否稳定、平衡、省力的关键。要想身体放松就要根据岩壁陡缓程度，使身体和岩壁保持一定距离，靠得太近，会影响观察攀岩线路和选择支点。但在攀登人工岩壁时要贴得很近。在自然岩壁攀登时，上、下肢要协调舒展，攀岩要有节奏，上拉、下蹬要同时用力，身体重心一定要落在脚上，保持面向岩壁、三点固定支撑、直立于岩壁上的攀登姿势。

2. 手臂的动作

手在攀登中是抓住支点、维持身体平衡的关键，手臂力量的大小直接影响攀登的质量和效果。因此，一个优秀的攀岩运动员必须有足够的指力、腕力和臂力。对初学者来说，在不善于充分利用下肢力量的情况下，手臂的动作就显得更为重要。手臂如何用力，在人工岩壁攀登和自然岩壁攀登时情况不同，前者要求第一指关节用力抠紧支点的同时，手腕要紧张，手掌要贴在岩壁上，前臂也要随手掌紧贴岩壁而下垂，在引体时，手指（握点）有下压抬臂动作。其动作规律是，重心活动轨迹变化不大，节奏更为明显。但攀登自然岩壁时其动作就变化很大，要根据支点不同采用各种用力方法，如抓、握、挂、抠、扒、捏、拉、推压、撑等。

3. 脚的动作

一个优秀攀岩运动员的攀登技术发挥的好坏，关键是两腿的力量是否能充分利用。只靠手臂力量攀登不可能持久。脚的动作要领是，两腿外旋，大脚趾内侧贴近岩面，两腿微屈，以脚踩支点维持身体重心，在自然岩壁支点大小不一和方向不同的情况下，要灵活运用。但要切记，膝部不要接触岩石面，否则会影响到脚的支撑和身体平衡，甚至会造成滑脱而使膝部受伤。另外，在用脚踩支点时，切忌用力过猛，并要掌握用力的方向。

4. 手脚配合

凡优秀攀岩运动员，上、下肢力量是协调运用的。对初学者或技术还不熟练的运动员来说，上肢力量显得更为重要，攀登时往往是上肢引体，下肢蹬压抬腿而移动身体。如果上肢力量差，攀登时就容易疲劳，表现为手臂无力，酸疼麻木，逐渐失去抓握能力。失去抓握能力后，即使有好的下肢力量，也难以继续维持身体平衡。所以学习攀岩，首先要练好上肢力量，上肢又要以手指和手腕、手臂力量为主，再配合以脚腕、脚趾以及腿部的力量，使身体重心随着用力方向的不同而协调地移动。

四、攀岩运动保护技术

进行攀岩练习时，安全始终是放在第一位的，只有在充分保证生命安全的前提下，才能充分享受攀登带来的快乐。攀岩的保护技术包括结绳技术、保护点保护装置的安装技术及保护方法。

（一）结绳技术

利用打结使绳索之间、绳索与其他装备之间相互连接的方法，称为结绳技术。在攀登过程中，绳子要与其他保护装备、固定点及绳子自身发生各种连接，以解决各种实际需要，它是攀登、保护技术中最为重要的技术。结绳方法是否运用得当，直接影响绳索使用的质量和效果，以及安全性能。绳结有各种各样不同的用途与打法，以下图解介绍几种常用的结绳方法。

1. 单结

一般多用于绳头打结及一些不重要的绳结。单股或双股都可以打，图为双股单结。

2. 平结

平结又称为方结，在各种绳结类型中，平结使用频率最高，也最为人所熟知。常用于直径相同绳索之间的连接，连接一条绳的两头，多做终结用。

3. 布林结

常用的结绳方法，又称人结、织布结、共同结、套结等。由于它易结易解，现常用于固定绳结，如在攀岩上方保护时连接保护支点。最好在绳头再打单结。

4.“8”字结

“8”字结又称 8 字通过结，主要用于绳头结和两根绳子的连接，保险效果比单结强并且容易解开。在绳索中段打 8 字结，可用双股方式。

5. 双套结

双套结又称丁香结。可用于固定，也用于攀登和下降。

6. 中间结

中间结又称蝴蝶结。结组时可用中间结直接套在中间队员安全带上做保护作用。

7. 混合结

混合结又称单衣结。用于不同直径绳索之间的连接。可分为混合结和双混合结。

8. 交织结

交织结又称渔翁结、水手结、紧密结、天蚕结，用于直径相同绳索之间的连接。双交织结，又称葡萄藤结。

（二）保护点保护装置的安装

保护点的设置就是将保护的绳索固定好，保护者用绳索与合理的固定点连接，一旦攀登者坠落或其他状况发生时，保护者才不致发生危险。

设置保护点所需的装备主要有：绳套、铁锁、刮片、膨胀螺栓、岩石锥、机械塞等。使用辅助绳来安装保护系统，方法多种多样，本书着重介绍以下两种方式。

第一种：这种方式可以平均分担受力，而且当一个固定点脱了另一个还会拉住，在交叉的固定点处做这样的保护装置是比较安全的。两个固定点的角度最好是 60°。

第二种：将绳套打成绳结，安装成保护系统。在绳套上打一个 8 字结或单结。

（三）天然固定点的选择与安装

天然固定点的选择如下：决定受力方向后，在受力方向上找出适当、牢固的物体，一般选择树干、大石头、岩角等。

固定点的安装：防止岩石的棱角割断绳索，必要时要加上垫布。固定点的测试，注意安全第一。操作时一定要用安全可靠的绳结系住。

（四）保护方法

1. 上方保护

保护支点在攀登者上方的保护形式。在攀登者上升过程中，保护人不断收绳、使攀登人胸前不留有余绳，但也不要拉得过紧，以免影响攀登者行动，这点在登大仰角时尤应注意。上方保护对攀登者没有特殊要求，发生坠落时冲击力较小，较为安全。进行上方保护时，使用的器材一般有安全带、铁锁和下降器。保护人收绳时，应注意随时要有一只手握住下降器后面的绳索，只抓住下降器前面的绳子是难于制止坠落的。

2. 下方保护

保护支点位于攀登人下方的保护方式。没有上方预设的保护点，只是在攀登上升过程中，不断把保护绳挂入途中安全支点上的铁锁中。这是领先攀登人唯一可行的保护方法，实用性较大，而且是国际比赛中规定的保护方法。但这种保护方法要求攀登者自己挂保护，一旦发生坠落时，坠落距离大、冲击力强，因此一般由技术熟练者使用。

（五）攀岩安全注意事项

尽管有保护设施，但还是存在一定的危险性，初学者一定要注意安全。要谨记：在没老师指导的场合下，不使用不熟悉的器材；在没有绳子确保下，不做任何危险的攀爬；攀岩前要做好热身，以免拉伤肌肉或韧带。在岩场上，除要保证自己安全外，还要考虑别人的安全以及遵守基本的攀岩道德。

（1）抛下绳索前，必须大喊“抛绳”后才抛下。

（2）在任何东西掉落时，必须立刻大喊落石通知，尽量避免造成落石伤人。

（3）绝对禁止踩踏绳子，这是尊重自己和别人生命的表现。

（4）不要抛掷任何攀岩器材。

（5）攀完后应向确保者道谢。

（6）离开岩场时，带走带来的所有东西（包括垃圾）。

第四节 定向运动

一、定向运动的概述

（一）定向运动的概念

定向运动就是利用地图和指北针到访地图上所指示的各个点标，以最短时间到达所有点标者为胜者。

（二）定向运动的分类

1. 定向越野

定向越野组织方法比较简便，是开展最为广泛的一种定向运动。运动员在到达的每一个点标处使用打卡器打卡，打卡系统不仅能证实是否按顺序正确到访，还能记录到访时间。

2. 接力定向

在接力比赛中，比赛的线路分成若干段（国际比赛通常为四段），每名选手完成其中的一段，各段参赛选手的成绩相加为该队团体总成绩。为便于观众欣赏各选手之间的激烈竞争，接力定向的场地必须设置一个中心站，各段选手的交接在中心站以触手方式进行。

3. 记分定向

记分定向通常以个人方式进行。在比赛区域内预先设置许多检查点，并根据地形的难易程度、距离远近、点的位置的相互关系不同而赋予每个检查点以不同分值。选手在规定时间内寻找若干或全部检查点，积分最高者为胜者。

4. 专线定向

专线定向与其他定向活动的最大区别是在地图上明确地标出了比赛的线路。运动员必须按这些规定的线路行进，并将途中遇到的检查点位置标绘到图上去，成绩以所用时间的长短和检查点位置标绘的准确程度来确定。

5. 五日定向

这是瑞典独有的一项特别吸引人的比赛项目。比赛共进行五日，比赛线路由若干段组成，每段都单独记录个人的成绩，最后再算出总成绩。在百余公里的多条比赛线路中，除设置了许多检查点之外，还设有若干营地，供运动员和观众休息和参加丰富多彩的文化娱乐活动。

6. 夜间定向

这是定向运动的一种高难度的比赛形式，在视觉不良的夜间进行，增加了比赛的难度，但同时对观众和选手自己增加了刺激和吸引力。

7. 滑雪定向

滑雪定向可以按个人、团体或接力比赛等形式进行。滑雪定向活动中，选手需要使用滑雪装具（非机动的）来进行。供比赛用的滑道，需要使用摩托雪橇来开辟，同一比赛线路上的滑道通常不止一条，以便于选手自行选择。

8. 山地自行车定向

山地自行车定向运动中的交通工具为山地自行车，一般在半山区进行，其与定向越野的规则基本相同。

二、定向越野技能

（一）地图和指北针

1. 地图

大多数森林定向图的比例尺为 1∶10 000（即地图上的 1 cm 相当于实际地形中的 100 m），公园定向地图一般为 1∶5 000/4 000（1 cm 相当于实际地形中的 50 m/40 m）。定向地图中颜色和符号的含义如下。

（1）黑色。表示人造景观，如建筑物、道路、小径和岩石等。

（2）棕色。等高线和路径颜色，表示山丘、小坑、高速公路和主干道等。

（3）蓝色。表示任何有水的地方，如湖泊、溪流和泥沼等。

（4）绿色。表示被植被覆盖，浓密而难通过的地区，绿色越深，越难通过。

（5）白色。表示普通的林区，容易通过。

（6）黄色。表示空旷地，易于奔跑。

（7）紫色。表示线路。

2. 指北针

（1）标定地图

标定地图是为了使越野地图的方位与现行的方向一致，先使指北针的定向箭头“f”朝向地图上方，并使箭头两侧的平行线与地图上的磁北线重合（或平行），然后转动地图，使指针北端正对磁北方向，此时地图即已标定。

（2）确定行进方向

指北针直尺边切目标方向线（目标点在前，站立点在后）。转动分度盘，使磁北标定线与图上的磁北线重合（或平行）。移开地图，并将指北针平持于胸前适当位置，转动身体，使磁针与定向箭头重合，目标点即在前进箭头所指的方向。

（二）线路选择

选择最佳线路，不仅安全，而且省体力、省时间，一般遵循如下规则。

（1）有路不越野。尽量选择沿道路行进。在道路上容易确定站立点，使人更具信心；地面相对平坦，有利于提高奔跑速度。

（2）走高不走低。如果不得不越野，要尽量站在高处（如山脊、山背等）行进，避免在低处（如山谷、凹地等）行进。地势高，展望好，便于确定站立点和保持行进方向。高处通风、干燥，荆棘、杂草、虫害及其他危险少。在山脊这样的地方，常常会有放牧、砍柴的人踏出的小路，利用它，便于提高运动速度。

三、定向越野的比赛规则

（一）犯规

有下列行为之一者即为犯规，应取消比赛资格。

1）有意妨碍他人比赛（包括犯有同一性质的其他任何不良言行）者；2）蓄意损坏点标、点签和其他比赛设施者；3）比赛中搭乘交通工具行进者；4）未通过全部检查点，而又伪造点签图案者。

（二）违例

有下列行为之一者被视为违例，应给予警告。裁判人员将根据违例的性质和程度，采取从降低成绩直至取消比赛资格的处罚。

1）在出发区越位（提前）取图和抢先出发者；2. 接受别人的帮助，如指路、寻找点标、使用点签者；3）为别人提供帮助，如指路、寻找点标、使用点签者；4）为从对手的技术中获利，故意在比赛中与对手同路或跟进者；5）故意不按比赛规定顺序行进者；6）不按规定位置佩戴号码布者；7）有其他违反比赛规则行为者。

（三）成绩无效

有下述情况之一者，比赛成绩将被判为无效。

1）有证据表明在比赛前勘察过线路者；2）未通过全部检查点，即检查卡片上点签图案不全者；3）点签图案模糊不清，确实无法辨认者；4）在检查卡片上不按规定位置使用点签者；5）在比赛结束（指终点关闭）前不交回检查卡片者；6）超过比赛规定的终点关闭时间（检查点一般也在同一时间撤收）而尚未返回会场者；7）有意无意地造成国家或他人的重大经济损失和破坏自然风景者。

第十二章　养生保健

第一节　体适能

一、健康的定义

世界卫生组织（WHO）宣布，现代“文明病”的发病率大幅度上升，营养过剩和生活方式疾病已成为威胁人类健康的“头号杀手”。据世界卫生组织发表的《1998年世界健康报告》公布：发展中国家和发达国家都面临着相似的健康问题。1995年美国人口的死亡致因中，排在前六位的分别是：心血管疾病、癌症、脑血管疾病、慢性肺病、意外事故、肺炎流行性感冒；其中冠心病（Coronary Herat Disease）在美国和许多发达国家排在死亡原因的第一位。在我国城市人口死亡致因中，排在前六位的分别是：恶性肿瘤、脑血管疾病、心脏病、呼吸系统疾病、损伤和中毒、消化系统疾病。

现代人的文明病并非由细菌或病毒所引起的，而是由生活上的压力与紧张以及营养的失调，再加以缺乏运动，长久累积引起的。诸如心肺疾病、血管硬化、中风、高血压、糖尿病、肥胖症、腰背及关节疼痛等，无一不影响到个人的健康状况。这些病的原因都是长期缺乏运动，从而导致心肺功能衰弱而影响血液循环的通畅及摄氧量的不足。现代社会竞争激烈，心理上的压力、紧张因素更使这些文明病雪上加霜，精神上的影响使生理病情的恶化难以避免。

健康是人类社会的宝贵财富，是人类生存和发展的重要保障。随着科学技术与人类社会的发展和时代的变迁，现代的科学健康观念告诉我们，健康不仅是四肢健全、没有疾病，健康是一种在身体、精神、行为和道德意识上适应人类日常生活、工作、学习、娱乐、休闲的“身心合一”的完美状态。其中，具有良好的体适能（Physical Fitness）是身体健康的最重要标志之一，是人类享受生活、提高工作效率和增强对紧急突发事件应变能力的重要物质基础。世界卫生组织于1948年在其宪章里提出了健康的新定义：“健康不仅是没有疾病和衰弱状态，而且是保持生理、心理和社会适应的完美状态。”

二、体适能的定义

体适能一词来自英文的physical fitness，最早出现在半个多世纪前由当时“美国健康、体育、休闲协会”（American Association of Health，Physical Education and Recreation）组织和制定的《国家青年适应能力测试》（National Youth Fitness）的文件当中。体适能指人们具有胜任日常工作，从事休闲生活，应付突发状况的身体能力，足以适应环境的需求，达到身心舒适的状态。

人体各组织器官在正常情况下能发挥其有效的机能，以适应日常的工作及生活环境，并有应付紧急事故的体适能。基本上这样的体适能是来自心血管（循环系统）、肺脏功能、肌肉（力量和耐力）、柔软度（关节活动范围）等功能的有效运作。所以心肺循环功能、肌力、肌耐力及关节活动范围的柔软度被列为体适能基本要素，但近年来由于脂肪过高而逐渐直接或间接危害到人体健康，故身体脂肪百分比也被视为体适能的一个重要因素。体适能可由下列五要素评价，分别为肌力、肌耐力、心肺耐力、柔软度、身体成分组成。目前，香港体适能总会衡量健康体适能的五大要素包括以下内容。

（1）心肺耐力（cardiorespiratory endurance）。心肺循环系统能够有效地为肌肉提供足够的氧气及养分。

（2）肌力与肌耐力（muscular strength & endurance）。肌肉系统能够有效地工作，如保持身体姿态、走路、慢跑及快跑。

（3）身体肥瘦组合（body composition）。身体净重与脂肪的比例。

（4）柔软度（flexibility）。身体各关节能有效地活动到最大范围的能力。

（5）神经肌肉松弛（neuromuscular relaxation）。指身体能够有效地放松或减轻不必要的紧张。

从体适能的学术出发点来看，体适能包括体育、运动、休闲活动三部分。体适能可以是知识及技术上的传授，也可以是借着运动、游戏、竞争而达到身体适应生活的效果；也可以是欢悦地、自愿地、建设性地利用休闲时间。体适能活动没有高竞技运动中为求胜而不择手段的训练方法，而是追求个人的身心健康，应对日常生活的需要。

健康体适能主要由那些与人体健康水平密切相关的体适能要素组成，通常主要包括心血管适能（cardiovascular fitness）、体脂含量（percent of body fat）、肌肉适能（muscular fitness）和柔韧适能（flexibility）。其中，心血管适能反映由心脏、血液、血管和肺组成的血液运输系统向肌肉运送氧气、能量物质同时维持机体从事体力活动的能力。

由于拥有良好心血管适能的人通常也具有较好的运动耐力和有氧运动能力，因此，心血管适能有时又称为心血管耐力（cardiovascular endurance）或者有氧适能（aerobic fitness）；体脂百分比是指人体内所含脂肪占体重的百分比；肌肉力量（muscle strength）是指骨骼肌收缩时依靠肌紧张来克服和对抗阻力的能力，通常以对抗和克服最大阻力的重量、力矩或做功功率表示；肌肉耐力（muscle endurance）是指骨骼肌维持长时间运动的能力，一般以定量运动负荷的次数、负荷持续时间或者输出功率变化来表示；柔韧适能是对机体单个关节或者多关节活动范围的测度，通常由骨关节结构和肌肉、韧带以及关节囊的长度和伸展性等因素决定。此外，著名的健康体适能研究专家鲍切尔德和沙费尔德还根据健康科学与临床医学的多年研究成果建构了新的健康体适能体系，并在此基础上开展健康体适能的研究。与以往的健康体适能“四要素模型”相比，新提出的健康体适能共包括 22 项检测项目，分属身体形态、肌肉、运动、心肺、代谢五个不同的构成要素。

健康体适能主要由那些与人体健康水平密切相关的体适能要素组成，通常主要包括心血管适能、身体组成、肌肉适能和柔韧适能等，其中心肺耐力适能与身体成分对健康具有非常重要的意义。

心肺耐力适能即心、肺及循环系统能够有效地为肌肉提供足够的氧气及养分，它是五项要素中最重要的适能。众所周知的心血管疾病的发病基础是动脉粥样硬化，一些慢性疾病（高血压、高脂血、糖尿病、肥胖等），共同的原因是缺乏运动。提高心肺耐力就要提高有氧运动能力，有氧运动可以提高心脏泵血功能，加大心脏每搏输出量。提高高密度脂蛋白，减轻动脉粥样硬化，防治高血压，改善心肌供血，降低安静时心率，减轻心脏负担，提高胰岛素受体敏感度，降低血糖水平。这些对减少体重，提高心肺功能都有相当大的助益，是现代人最重要的适能，也是评估体适能优劣最重要的指标。

身体成分适能也可以说是身体适当的体脂百分比。当人体的体脂百分比过高时，我们的健康和体适能受到相当大的威胁，同时罹患心脏病、高血压、糖尿病、中风、脂肪肝、高脂血胆固醇等疾病的概率较正常人高很多。国内体成分用于评定人体的胖瘦十分精确。即使同等身高体重的两个人，他们的身体成分也是不一样的，评价一个人是否真正肥胖，主要依据体成分中体脂百分比的高低。体脂百分比是衡量肥胖程度的最重要指标，过低的体脂百分比会导致女性不孕。每个人都有自己的体脂百分比。在体成分的测量当中，还包括浮肿指数、肌肉形态指标、营养状况、基础代谢率等，这些指标能较为全面地反映身体的体成分组成状况。

柔韧适能即身体各关节能有效地活动到最大范围的能力。影响柔软性的因素除了关节本身的结构外，还有肌肉、肌腱、韧带、软骨组织和皮肤。柔软性适能好的人，其肢体的活动范围较大，且在不借助外力的情况之下，身体扭转、回旋、弯曲、伸展都比较轻松自如，能避免因用力而造成肌肉拉伤或关节扭伤等运动损害。

三、健康与体适能的关系

健康反映了身体、精神和社会的完好状态，强调了对社会的适应力。体适能是指身体对生活、运动和环境等因素的应变能力，强调的是一种应变力。由此可以看出，健康的好坏可以决定体适能水平，而与健康有关的体适能状况反过来也影响机体的健康水平。

健康是人类共同的追求。人们对健康的要求也根据物质水平的变化而变化，在刚能解决温饱的发展中国家，人们以不得病和有病能得到医治而满足。在发达国家和地区，人们不再满足于躯体没有疾病，而要求精神愉快，心情舒畅，工作和学习、生活上乐观进取，能与他人建立良好的人际关系，追求精神世界的丰富，认为这才是健康的满足，这也正是体适能提出的意义所在，它适应现代高度文明化社会的发展需求，符合人们追求健康、保持身心愉悦的新理念。

人的机体是一个统一的、互相密切协调的整体，“体适能”是该整体各种能力的一种综合体现，它是人们生活、劳动的物质基础，是发展生产力的一种重要潜能。与健康有关的体适能不仅是身体维护自身健康的基础，还是机体保证愉快完成日常工作和降低慢性疾病发生的前提。从一定程度上来说，提高与健康相关的体适能水平，是达到整体健康的根本途径。

美国在相关研究上有着很长的历史，学科发展得比较完善，科研水平较高，不乏精辟的学术思想和先进的实验方法。美国体适能研究中心指标体系的形成和确立，归根结底决定了对体适能的定义和理解。1945 年著名的生理学家库尔·顿提出体适能三要素：1）体格；2）机能能力；3）运动能力。美国生理学家克拉克（Clarke）把体适能定义为精力充沛地完成日常工作而不过度疲劳的一种体力状态。与概念相对应的指标体系，最初仅限于运动能力方面，从形式到内容都是和提高运动成绩紧密联系，主要是用来测量“跑、跳、投的熟练性”。

四、体型的影响因素

（一）年龄和性别

年龄、性别是影响身体成分的生物学因素。青春发育期前的青少年肥胖，男女之间没有太大区别。肥胖呈匀称性发展，也有人把这种肥胖称为全身性（匀称性）肥胖。青春发育期开始至性成熟期，男性与女性所发生的肥胖就逐渐发生了许多不同的变化。脂肪首先在女性的臀部沉积，然后脂肪逐渐向女性腹部、下腹部、胸部乳房等部位沉积，四肢脂肪相对减少，身体上部和下肢不成比例，远远望去有些女性体形就像一只上面大、下面小的“高脚酒杯”，亦称腹型肥胖。进入更年期后，女性体形的这种改变往往变得更加明显。需要提醒的是：当女性肥胖者进行减肥治疗的时候，体内脂肪的减少首先也是从四肢脂肪减少开始的，因此有些女性肥胖者刚开始减肥时，腹型肥胖的体征可能表现得更为明显，但随着减肥过程的持续，这种体征会逐渐有所改善。

进入性成熟期的肥胖男性，脂肪分布以颈项、躯干和头部为主，有些肥胖男性的腹部由于脂肪的逐渐沉积而隆起，形成“啤酒肚体征”。为什么人到中年特别容易发胖，原因在于：1）中年以后身体能量消耗逐渐减少；2）中年期随着社会地位改变，应酬相应增多，加之工作得心应手、生活条件改善，使能量摄入过多，消耗明显减少；3）男性中年或女性绝经期后，内分泌功能减退，基础代谢率下降，以车代步多，主动运动少。现代人体内积聚脂肪的能力高于体内消耗脂肪的能力，这是人类进化过程中自然选择的结果，而在今天这个可随时获得丰富食品的社会，中年人由于稍微地过食引起能量正平衡的积累就会引起肥胖症。

（二）运动

运动对改变身体成分的影响最大，其中运动方式、运动频率、运动强度都是影响身体成分的重要因素。运动减肥的机制包括：耐力运动消耗脂肪，适度运动降低食欲，增加基础代谢和抑制脂肪生成。

（三）健康的饮食及良好的生活习惯

不同营养素的摄入和补充方式等也会影响到身体成分的比例。一些研究发现，遗传对于个体体重和体脂差异的贡献仅仅为 25%~40%。具有潜在肥胖遗传素质的个体在食物缺乏时或体力活动量大的情况下可能变瘦，而无肥胖遗传的个体，在高热量食物摄入或无体力活动的情况下可能变胖。

五、身体成分测试与评价

身体成分是反映人体内部结构比例特征的指标，只有具备成分之间以合理的比例存在，才能维持机体的正常结构和功能。针对身体成分的研究，不仅有助于了解能量消耗、能量储存和脂肪代谢等过程的变化特征，而且有利于了解身体成分伴随成长发育的变化规律。根据个体测量结果，可以进一步实施追踪性服务研究，提出科学的、有针对性的个性化干预方案。

身体成分的主要研究内容为：身体脂肪，脂肪过多、过少或分布不合理都会严重影响体质。人体含水量的高低直接影响到人体体液的构成比例，也就间接影响到电解质平衡；肌肉含量，对其评价的主要目的是评价骨骼肌的含量及功能状况，为预防衰老、控制体重提供参考依据;无机盐含量,辅助评价人体体液及骨骼肌的机能状况。

身体成分的测量,可以准确地评价人体的肥瘦程序。同样体重的人,由于身体内肌肉、脂肪的含量不同,肥胖程度是不同的。体重的大小并不能真正反映一个人是否肥胖。身体脂肪所占的百分比,是评价一个人是否真正肥胖的主要依据。身体成分的测定结果,将成为确定是否需要减肥的依据。

体脂百分比是评价身体成分的主要指标,但由于测定体脂百分比需要专用的仪器,测定技术也比较复杂,故可将与身体成分有一定相关的身体质量指数(BMI)和肥胖程度作为参考指标。

身体成分(body composition)指组成人体各组织、器官的总成分,其总重量就是体重。一般分为脂肪和非脂肪两部分。

(1)体脂百分比(body fat percent)。身体脂肪的重量称体脂重量。主要包括分布在皮下、器官内部和周围某部位脂肪的总和。

(2)去脂体重(Fat Free Mass)。是指身体内所有非脂肪组织的重量。

(3)腰臀比(Waist Hip Ratio)。是指腰围与臀围测量值的比例(腰围/臀围),是身体成分评价中常用的简易指标,主要反映腰部和臀部脂肪分布的情况,将 WHR 高者称为中心型脂肪分布,WHR 低者称为周围型脂肪分布。一般以两侧肋缘与僻嵴间的中点水平为腰围的测量部位,以臀部最突出处为臀围的测量部位。我国多数专家认为:腰臀围比值大于 0.72 时可认为肥胖。美国运动医学会(American College of Sports Medicine)推荐的正常范围:男性 0.75~0.85;女性 0.70~0.80。

(4)身体质量指数(BMI),是以相对于身高的体重,来衡量体 IR 是否超重的常用指标,在一般情况下,与体脂百分比有一定关系,但并不能真正反映人体内的脂肪含量占体重的百分比。目前国际最常利用身高和体重之间的比例去衡量人是否过瘦或过胖, BMI 指数愈高,患上肥胖与相关疾病的发病率也就愈高。

BMI 适用于体格发育基本稳定以后的成年人。1997 年世界卫生组织规定肥胖的国际标准是: BMI≥25 kg/m^2 为体重过重, BMI 在 25~29.9 kg/m^2 之间为预胖型, BMI≥30 kg/m: 为肥胖。肥胖分三级: I 级肥胖 BMI 30~34.9 kg/m^2, Ⅱ级肥胖 BMI 35~39.9 kg/m^2, Ⅲ级肥胖 BMI≥40 kg/m^2。

第二节 养生运动

一、八段锦

八段锦,是在导引和五禽戏之后发展起来的简单易行的保健体操。由于锻炼效果好,而且不受环境场地的限制,随时可做,运动量适中,因而受到人们的喜爱。

(一)提地托天理三焦

预备势:立正。

一动,左脚向左侧横上一步,两腿屈膝成马步;同时两臂侧平举,高度同肩;然后两臂屈肘,两掌经脸前平摆至胸前,掌指相对,掌心朝下;目视前方。

二动，上动略停，两脚伸膝站起；同时两掌内旋翻腕，经面前向头上托起，掌指相对，掌心朝下；目视两掌。

要点：两掌心尽力上托，并与伸膝协调一致。

三动，上动略停，两脚屈膝成马步，上体前俯；同时两臂屈肘，两掌经面前下按，高度同踝，掌指朝前；目视两掌。

四动，上动不停，两掌向左，经前向右，再向后沿顺时针方向划平圆三次；然后两掌变拳，拳心朝后；上体抬起；目视前方。

要点：划圆时，应以腰带臂，动作柔和连贯。

五动，上动略停，两腿伸膝站起，同时两臂屈肘上提，至胸前两拳变掌，两掌经面前内旋上托，至头顶上方，掌指相对，掌心朝上，目视两掌。

要点：两臂屈肘上提如提物状，并与两腿蹬伸协调配合。

六、七、八动与三、四、五动同，唯八动在两臂屈肘上提至胸前变掌后略停。

还原：左脚收回至右脚侧，同时两掌经面前向上、向两侧分开下落至两大腿外侧成预备势，目视前方。

“三焦”是指人体躯干的上、中、下三个部位的内脏，上焦指的是胸腔，中焦指的是腹腔，下焦指的是盆腔。

（二）左右开弓似射雕

预备势：立正。

一动，上体左转，左脚向左上一步并屈膝成左弓步；同时两臂前平举，右手握拳，拳眼朝上，左手拇指翘起，其余四指第一、二指节回屈（如拉弓弦状），手心朝左；目视前方。

二动，上动不停，上体右转，腿屈右膝成马步，同时右臂屈肘向右侧平拉，左臂沉肩，直臂外撑；目视左方。

三动，上动略停，两腿略伸膝站立，同时上体略左转，两臂放松略前伸；目视左前方。

四动，上动不停，上体略右转；两腿屈膝成马步，同时，右臂屈肘向右侧平拉，左臂沉肩，直臂外撑；目视左方。

要点：前撑后拉需用力，并应尽量拉开。

五、六、七、八动与一、二、三、四动同，唯方向相反。

还原：左右各做两次，然后还原成预备势。

（三）调整脾胃臂单举

预备势：立正。

一动，上体左转，左脚向左上一步并屈膝成左弓步；同时左掌外旋上提收至腰侧，掌心朝上，右掌经前左上摆动，至左肩前成摆掌，掌心朝下；目视前下方。

二动，上动略停，上体右后转，左脚蹬地，右腿屈膝成右弓步；同时，右掌随转体经前、右向后搂摆，左掌沿耳侧向头上方撑出，掌指朝右；目视左掌。

要点：右掌搂摆时，上体略前俯，以加大搂摆幅度；左臂撑直，并与左腿成一条直线。

三动，上动略停，上体略左转，左右肩臂略放松回撤；目视前方。

四动，上动不停，上体右转，同时，两掌用力向外撑出；目视左掌。

五、六、七、八动与一、二、三、四动同，唯方向相反。另外，左右交替时，前举之臂需先屈肘摆掌后,再向前搂摆。

还原:左右各做两次,还原成预备势。

(四)五劳七伤向后瞧

预备势:立正。

一动,上体左转,左脚向左上一步屈膝成左弓步;同时,左掌外旋上提收至腰侧,掌心朝上,右掌经前向左上摆,至左肩前成摆掌,掌心朝下;目视前下方。

二动,上动略停,上体右后转,左脚蹬地,右腿屈膝成右弓步;同时右掌随转体经前、右向后搂摆,左掌沿耳侧向头上方撑出,掌指朝右;然后,头用力右后转,并略停片刻;目视左脚跟。

要点:两掌尽量外撑,腰部拧紧,头尽量向右转摆。

三动,上动略停,头左转还原向前方;左臂屈肘于胸前,左掌下落至右肩前成摆掌,掌心朝下,同时右臂屈肘,右掌外旋上提收至腰侧,掌心朝上;目视前下方。

四动与二动同,唯方向相反。

还原:左右各做两次,然后还原成预备势。

(五)摇头摆尾去心火

预备势:立正。

一动,左脚向左横上一步,略宽于肩,两脚尖朝前;上体前俯,两手分别抓握左右踝关节,拇指在里;目视两脚中间。

二动,上动略停,右腿略屈膝,左腿向右蹬伸,使臀部向右侧摆;同时头部向左侧摆动;目视左脚外侧。

三动,上动不停,右腿伸膝蹬直,臂部回摆至原位,同时头部也摆回原位;目视两脚中间。要点:摇头、摆尾应与腿部的屈伸协调一致。

四、五动与二、三动同,唯方向相反。

还原:左右交替各做四次,然后起身还原成预备势。

(六)双手搬足除心疾

预备势:立正。

一动,左腿屈膝提起,两手抓握左脚掌;目视左脚。

二动,上动略停,右腿膝略屈,重心略下降;同时,左腿缓缓伸膝向前蹬出,高度同髋,脚尖朝上;目视前方。

要点:双手搬足要抓紧脚掌;外蹬要缓慢并与支撑腿的屈膝、重心的下降协调配合。

三动,上动略停,左腿屈膝回收并下落,当左脚下落至垂直面时,双手松开,左脚继续下落至地面支撑成预备势。

四、五动与一、二动同,唯搬右足。

还原:左右交替各做两次,然后还原成预备势。

(七)攥拳怒目增气力

预备势:立正。

一动,左脚向左横上一步,两腿屈膝成马步;同时两臂屈肘上提,两掌变拳抱于腰间,拳心朝上;目视前方。

二动，上动略停，两腿伸膝蹬直；同时上体略前俯，两拳变掌经下向前伸出，高与肩平，掌心朝下；目视两掌。

三动，上动不停，两腿屈膝成马步，上体抬起；同时，两臂屈肘快速后拉，两掌边后撤边变拳握紧至腰侧成抱拳，拳心朝上；目视前方。

要点：两拳要握紧，并与马步协调一致。马步抱拳时，两目尽量睁大，怒视前方。

还原：左右交替各做两次（交替时需经过预备势），然后还原成预备势。

（八）马上七颠百病消

预备势：立正。

一动，左脚向左横上一步，两腿屈膝成马步；同时，两掌外旋，两臂前平举，高度同肩；然后两臂屈肘，使大小臂折叠，大臂下落至垂直，两掌在屈肘的同时变拳，停于肩前，拳心朝后；目视前方。

二动，上动略停，两脚伸膝站起，两脚前脚掌着地，脚跟抬起，上体略向前俯；两拳变掌边内旋边向前平伸，高于肩，手背相对；目视前方。

三动，上动不停，两脚屈膝下蹲，全脚着地成马步；同时，两臂屈肘回拉，两掌外旋，并变拳收至胸前，左前右后如勒马式；目视前方。

要点：上肢的勒马式与下肢的骑马式协调配合。

四动，上动略停，两脚前脚掌着地，脚跟提起，然后迅速落下；目视前方。

要点：两脚跟提慢落快；全身保持放松。

还原：如此重复进行，共颠七次后，还原成预备势。

二、五禽戏

五禽戏最初的动作主要是模仿虎的扑动前肢、熊的伏倒站起、鹿的伸转头颈、猿的脚尖纵跳、鸟的展翅飞翔。模仿这五种动物的动作，不仅能锻炼四肢的筋骨，而且能使五脏六腑得到全方位的运动。

五禽戏由 5 种动作组成，分别是虎戏、熊戏、鹿戏、猿戏、鸟戏，每种动作都模仿了相应的动物动作。每种动作都是左右对称地各做一次，并配合气息调理。

（一）虎戏

虎戏包括虎举和虎扑两个动作，在神韵的体现上要表现出作为百兽之王——虎的威猛。神发于目，虎视眈眈；威生于爪，伸缩有力；神威并重，气势凌人。

（1）准备动作。脚跟靠拢成立正姿势，两臂自然下垂，两眼平视前方。

（2）虎举。这是手形的变化。首先五指充分展开；在手指第一、二关节处弯曲，掌心外凸，成虎爪；随后手臂内旋，小指先弯曲，其余四指依次弯曲握紧拳。三个环节变化要先后分明，变化清晰。握拳要紧，松开要慢，反复体会。

（3）虎扑。这也是手形的变化。虎扑的手形主要有握空拳和虎爪。当双手上提或在体前画弧时，一般都是手握空拳，这时五指弯曲，大拇指指腹压在食指上；而当手臂充分向前伸出或下扑到尽点时，展开空拳，手指第一、二关节弯曲，掌心外凸，成虎爪。可以反复在体前画弧练习，体会手形在运行过程中的转换。

(二)熊戏

熊戏由熊运和熊晃组成,主要运动腰腹中焦。以腰为轴带动四肢,动作姿势合理转换,是完成动作质量好坏的关键。首先,要理解腰腹部的运动变化特征,表现在腰腹的立圆松紧摇转和左右挤压晃动。其次,就是在腰腹的带动下,身体的其他部位与之协调配合,相辅相成。熊运的核心部位在腹部丹田,以脐中为圆心,以内动向外延伸,带动躯干做立圆摇转,两手轻附于腹前,随之运行。熊晃可分为两个部分:首先是提髋、屈腿、落地,提髋为紧,屈腿为松,落地为实;落地后,随着腰腹的左右转动,带动两臂的前后摆动,协调自然,不拘不僵。熊戏起到按摩内脏,运化丹田的功效。

1. 熊运

可先领会腰腹摇转的要领,再练习两手在腰腹部位的画圆,最后掌握以腰腹摇转带动两手画圆的协调配合。

(1)腰腹摇转。开始时,两手可以自然下垂于体前,体会腰腹的立圆摇转。腰腹摇转的动力源来自丹田内气的运转。这种运动的方式和钟表的运转十分相似,钟表运转的动力源来自发条的弹力,内气运转好似发条的弹力;脐中就像钟表的中轴,而躯干就像钟表的分针,是中轴的运动带动了分针的运行,上体也是随腰腹摇转而进行运动,下肢就像时钟的底座,保持相对稳定,不能随着躯干的摇转而晃动,其目的就是为了使腰腹能最大幅度地进行竖直摇转。当摇转到下半圈时,含胸松腹,身体顺势向下摇转,挤压肝脾、肠胃;当摇向上半圈时,提胸收腹,展开腹壁,使肝脾、肠胃脏器上提。腰腹摇转要做到圆活、连贯、均匀、自然。

(2)两手画圆。熊戏的手形为手握空拳,四指弯曲,大拇指压在食指的第一指节上。两手虎口相对,靠近,但不能相碰。以肚脐为圆心,两手绕肚脐画圆,间距约 10 cm。画圆时,肩不能上耸,两手轻附腹部运转,画圈要圆,速度要匀。这一练习的目的,仅仅是为了明确两手运行的线路和位置,在完整的动作中,两手的运行是由腰腹摇转带动的。

(3)协调配合。力发于腰,腰腹摇转带动两手画圆,以顺时针摇转为例。起始,髋部和下肢相对固定,身体放松,重量压于腹部,两臂自然下垂,手成熊掌,虎口相对,放于脐下,轻附腹前。随着腰腹摇转,两手被牵动,向左、向上、向右、向下,绕肚脐画圆。腰腹摇转和两手画圆,在速度、角度上均要相互对应,同步一致。

2. 熊晃

可先练习下肢向前移步,要掌握提髋的技巧和落步的沉稳,再体会腰腹带动两臂的摆动,最后掌握移步、转腰、按臂的协调配合。

(1)提髋、移步。可先练习交替提髋,运动腰侧肌群,熟练后再练习向前移步。两脚开立,约与肩宽;两肩保持水平,身体重心移向右侧,收提左腰侧肌群,牵拉左髋向上,脚离开地面;腰侧肌群放松,脚原地顺势落下,全脚掌着地踏实,使震动感上传至髋部。左右交替练习,直至熟练。提髋时要防止提肩,恰恰相反,此时肩宜下沉,使两肩仍能保持水平。随后练习两脚向前移步。左腿提髋后,腰侧肌群随即放松,微屈腿弯膝,重心左移,脚顺势落下,脚尖朝前,全脚掌着地踏实,踝膝关节放松,使震动感上传至髋部,体现熊步的沉稳厚实。再按同样的要求提右腿向前,左右交替向前移步,体会提髋为紧、屈腿为松、落地为实的技术要点。

(2)转腰带臂。两脚开立,比肩稍宽,膝微屈。左腰侧下压,沉肩垂臂,随即左腰侧放松,身体向右转足,左肩前靠,带动左臂向前摆动,同时右肩向后,带动右臂向后摆动;然后右腰侧下压,沉肩垂臂,随即右腰侧放松,身体向左转足,右肩前靠,带动右臂向前摆动,同时左肩向后,带动左臂向后摆动。此时,要体会腰部两侧紧压与松提的交替变化,带动两肩如车轮上下摇转,两臂随之前后摆动。

(3)配合协调,向前迈步。完整动作的顺序应该是:提左髋,松腰胯,屈腿膝,移重心,落地沉,震腰胯;压左腰,即放松,转体右,靠左肩,摆臂前,坐重心,压右腰,即放松,转体左,靠右肩,摆臂前,再压左腰,即放松,转体右,靠左肩,摆臂前;然后提右髋,向前迈步。腿为底盘,厚重沉稳;腰为中轴,左右转动,臂为垂柳,随风摆荡。

(三)猿戏

1. 猿提

(1)上体动作。

1)手形变化。主要是"掌"和"钩"之间的变换。两臂内旋,手掌在腹前背屈,手指伸直分开,再快速旋腕撮拢捏握成"猿钩",意在锻炼"神经—肌肉"反应的灵敏性。然后,钩手再慢慢地变掌,旋腕幅度逐渐加大。反复练习。2)两手提按。两掌旋腕捏握成"猿钩"后,屈臂上提至胸前,虎口相对,两手间距为5~10 cm,钩尖朝下。然后,钩手变掌,虎口相对,掌心向下,按至腹前。3)耸肩团胸。掌握两手提按和掌钩变化后,可以进入上体动作的完整练习。当两手上提至胸前时,肩上耸,脖下缩,收腹提肛,形成上下合力;含胸团背,肩臂内夹,形成左右合力。此时,上下左右的向内合力汇集于一点,即胸部膻中穴处,再转头眺望肩后。动作做到位后,头转正,凝视正前方。再虚领顶劲,沉肩松腕,舒胸落肛,两手下按至腹前。反复体验躯干松紧开合动作,并和呼吸相配合。缩脖耸肩,含胸团背,挤压胸腔,虚领顶劲,沉肩松腹,舒展胸腔,可以起到按摩心肺脏器、增强呼吸功能、改善脑部供血的作用。

(2)提踵直立。

猿提是五禽戏功法中唯一的提踵直立动作,经常锻炼能有效地增强腿部力量,提高平衡能力。猿提的提踵直立,要意念头顶百会处先向上领起,牵动身体,收腹提肛,脚跟离地;下落时,意念下行,松腹落肛,气沉丹田,全身放松,脚跟着地。要使身体平衡,首先在提踵、下落的过程中,身体重心要上下保持垂直运动。其次,身体向上时,意念头顶上领,同时两膝伸直,对提高稳定性有一定的帮助。提踵直立可以单独练习,待掌握平衡技巧后,再和上体动作相结合,进行完整练习。这样,不仅可以加快完整动作的掌握,而且可以体悟到动作的细节,提高练功效果。

2. 猿摘

猿摘是五禽戏功法中比较复杂的一个动作。手形、步形较多,运行线路较长,还要前进后退,需要眼神配合。

(1)动作意境。

密林之中,果树之上,一只猿猴,精神饱满,灵机无限。它向后一跳,左顾右盼,寻找果实,忽而发现远处树叶掩映之处藏着一枚鲜艳的蜜桃,于是就屈膝下蹲,蓄力向上跃起,一手抓住身旁的树枝,借力一荡,纵身而上,舒胸展腹,另一手屈腕摘桃,紧握在手。然后,屈身后坐,手托鲜桃,注目细看,心旷神怡。

（2）上肢动作。

1）手形变化。猿摘的手形主要有钩、拳（握固）、掌的变化。钩除了要求五指指尖捏拢外，还要屈腕下扣，摘桃时，握钩要快速敏捷。为了体现功法内涵，猿摘中的握拳选用了握固，握固有助于思想安宁，同时也可避免因握拳而使劲用力，因此以轻握为妥。掌在动作的变化过程中，有着不同的用法，猿摘中按顺序出现的掌法有摆掌、抄掌、按掌、搂掌、甩掌、托掌等。2）运行线路。上肢运行的线路、方向比较复杂，有前摆、画弧、下按、上挥、伸屈等变化。运动方向基本上在 45° 的斜方向进行。动作变化依照意境的发展而进行。以左式为例：动作起始，左手成钩手置于腰间，右手前摆，掌心向下，自然放松。

（3）下肢动作。

为了调整熊晃向前行走的距离，猿摘按同样的步数向斜后方撤步，这样功法结束时基本可以回到原地。下肢动作有进有退，无论进退，步法都要轻灵，表现出猿猴灵活敏捷的特点。

（四）鹿戏

鹿戏由鹿抵和鹿奔两个动作组成。鹿抵要掌握手臂的运行线路和手指的相应变化，还要顾及手臂运动和迈步出脚的运动方位。鹿奔要掌握提腿前迈的步幅大小以及握拳扣腕的手形变化，尤其要注意重心后坐，上体形成背部“横弓”和脊柱“竖弓”，还要注意换步时脚掌要富有弹性，不僵不滞地交替着地动作。

1. 鹿抵

手形变化。鹿角是鹿戏的一个基本手形。做鹿角时，要求五指伸直展开，然后将中指和无名指弯曲扣紧，拇指用力外张，食指和小指伸直。鹿抵演练时，手形交替变换，先握空拳，再变鹿角，握空拳时要松，变鹿角时要紧，变换过程不能突然加速，要逐渐握拢和展开。

2. 鹿奔

首先可以练习两手同时向前画立圆，模仿鹿向前奔跑的动作；然后手握空拳，两臂前平举，反复练习两臂内旋动作，要求做到两臂伸直，掌背相对，拳变鹿角，手指向前；然后还原。两手握空拳上提，向前上方画半个立圆，两臂平举，扣腕，然后两臂内旋前伸，拳变鹿角，再由鹿角变握空拳，两臂下落，完成向下的半个立圆，还原。上肢动作要做得好，需要掌握运行过程中的松紧变化。两臂向前画立圆时，在腰腹的带动下，松柔连贯，两臂内旋前伸时，要尽力转肩内夹；最后松肩下落于体侧。

（五）鸟戏

鸟戏的上下肢运行线路与其他戏相比，略显简单。上肢运行的线路虽然幅度较大，但只要把握好两臂升降开合的要点，就比较容易掌握；下肢主要是平衡动作，无论直腿后抬还是屈膝前提，只要注意将身体重心落在支撑腿上，动作就能保持稳定。

1. 左式

（1）左脚向前迈进一步，右脚随之跟进半步，脚尖虚点地；同时两臂慢慢从身前抬起，掌心向上，与肩平时两臂向左右侧方举起，随之深吸气。

（2）右脚前进与左脚相并，两臂自侧方下落，掌心向下；同时下蹲，两臂在膝下相交，掌心向上，随之深呼气。

2. 右式

右式同左式，唯左右相反。

第三节 常用养生方法

一、分类

传统养生学的内容非常丰富，按《实用中国养生全书（养生方法卷）》中分类，可分为以下5类。

1. 情感调谐

人的情绪可以改变人的行为和活动方式，改变人的脏腑功能状态，从而导致生理或病理方面的变化。情感调谐法主要讲述如何将消极的情绪因势利导地转化为积极情绪，以保证人精神与心理上的健康。情感调谐包括：1）自我调谐；2）人际关系；3）宗教、自由。

2. 生活起居

《素问·上古天真论》指出："上古之人，饮食有节，起居有常，不妄作劳，故能形与神俱，而尽终其天年，度百岁乃去。"这段经文对饮食、生活起居如何进行养生提出了精辟的论述，是很具有现实指导意义的。

3. 饮食调理

"民以食为天"，饮食调理就是从养生角度，向人揭示各种食物的营养价值和其疗、补作用。饮食调理主要包括：保养脾胃、饮食有节、因人因时因地制宜、忌口等。

4. 劳动运动

华佗说："人体欲得劳动……动摇则谷气得消，血脉通病不生。"劳动养生法就是根据这一原理，通过劳动和各种运动强身健体，祛病延年的养生方法。劳动运动包括：1）劳动健身；2）古代健身运动；3）现代健身运动。

5. 经络穴位

经络穴位养生法是运用针刺、艾灸、按摩等中医学的治疗手段进行养生的一种方法。针刺可以刺激人体的经络、穴位，起到调整脏腑、疏通经络的作用；艾灸是借助艾火的热力，对人体各部位经络、穴位进行推拿，而起到运行气血、梳理经络、健身祛病的功效。三种方法各有所长，运用时，可以根据需要酌情选用。

二、四季养生之道

1. 原则

春季是阳气上升，万物发育的季节，春季的养生在于吸收春阳和暖之气，以助生理机能的生长，以顺应春之阳气，活动肌肤，舒展筋骨，协调五脏六腑，春季保健要注重协调抑制肝阳上升。

夏季是万物茂盛的季节。夏季的养身在于吸收夏长华实之气，应增强脏腑活动，促进气血流通。炎热要强化心脉的功能，以促进血脉循环，血脉贯通。

秋季是萧瑟的季节，秋季寒气逐渐上升，阳光减少。因而，肃秋宜收敛神气，特别应润养废气，霜降之后，更要注重协调气息，可以缓解秋凉对人体的不良影响。

冬季是万物收藏的季节。此时人们应防避寒气，多沐浴阳光。摩擦肌肤，活动躯体肢节，在冬季人们要特别注重肾脏、筋骨、肢体的保养。

2. 春季全养

春季多风，乍暖还寒，昼夜温差大，人们易患感冒和其他疾病，旧病也易复发。春季的养生须从衣食住行等方面进行全面考虑。多摄入含蛋白质、糖和各种维生素丰富的食物，要加强锻炼，提高机体免疫能力。

3. 夏季养阳

夏季炎热，人体阳气活动旺盛，排汗较多，人们通常爱避暑纳凉，忽视了阳气的保养。夏季养生着重养阳，应从六方面考虑。1）调精神。重在精神调节，遇事应泰然处之，切忌大喜大悲；2）慎起居。应做适当调节，清晨要早起；3）节饮食。注重饮食调节，不能饿极而食，饮水不宜过多；4）巧运动。通过各种有益运动来活动筋骨；5）重食疗。常食公鸡、大枣、胡桃等食物，能收到益气强壮的功能；6）借药治。可适当服用益气补阳药物来养阳度夏。

4. 秋季防燥

人们秋天鼻干、咽干、皮肤裂现象增多，为防“燥气”伤人，首先要加强锻炼，不同年龄、不同体质的人可选择不同锻炼的项目。其次要注意科学安排工作与休息时间，活动量不宜过大。注意饮食调节，可以多喝水、淡茶、豆浆、牛奶等饮料，多吃萝卜、番茄、雪梨等润肺生津的食物。

5. 冬季进补

现代医学认为，进补可增强人体免疫功能，提高代谢能力，但要根据自己身体的具体情况进补，不能过度，身体健康的正常人有时会因为进补不当而带来负面效应，因此进补时要因人而异，科学进补。

第四节 运动损伤的预防及处理

在体育运动中，容易造成人体组织或器官在解剖上的破坏和生理上的紊乱，称为运动损伤。对运动损伤发生的原因、发病规律、预防措施、治疗效果和康复时间的研究，有利于改善运动条件，改进体育锻炼的方法，提高运动成绩，使锻炼者身心得到更好的发展。

一、运动损伤的原因

（1）思想上认识不足。许多锻炼者在体育活动时，忽视运动安全，对受伤的危害性认识不足，不能积极采取各种预防措施。一些青少年既缺乏经验，又盲目或冒失地进行运动，或在活动中出现畏难、紧张情绪，注意力不集中，这些都是造成受伤的重要原因。

（2）缺乏准备活动或准备活动不合理，是造成损伤的首要原因。

（3）教学、训练、组织方法上存在缺陷。在体育教学和训练中，体育锻炼指导者和练习者未能了解实际情况，对运动练习的内容、难度和负荷量安排不当，组织管理混乱；缺乏必要的措施和监督，运动场地、设备上存在着安全隐患，运动保护装备不完善。

（4）身体状态不佳和不良的心理状态。睡眠或休息不好；患病、伤后初愈、酒后以及身体疲劳，生理功能和运动能力下降，情绪低落，此时参加运动就很容易因肌力较弱、反应迟钝、身体协调性差而受伤。如有争强好胜、自控能力差等不良心理状态，参加运动时也很容易造成损伤。

（5）不良气象因素的影响。气温过高，易发生中暑和疲劳；气温过低，易发生冻伤及导致肌肉僵硬；潮湿、高温，易大量出汗，发生肌肉痉挛或虚脱；光线不良，易使人反应迟钝。

此外，不重视恢复、忽视营养、缺乏保护和自我保护意识，均可导致运动损伤的发生。

二、运动损伤的预防

1. 加强思想教育

要加强安全教育，强化预防运动损伤重要性理念的教育；传授体育保健学基本知识；运动中强调注意力的集中；注重培养学生良好的道德行为。

2. 做好合理、充分的准备活动

每次运动前都要养成做好准备活动的习惯。准备活动的量应根据个人特点、气候条件、运动项目特性而定。准备活动时间一般在 5~10 min，可以先进行柔韧练习，逐一活动身体各个关节，再开始慢跑或其他活动。刚开始活动时，动作应由缓而快，用力由轻到重。

3. 制定科学的计划，合理安排训练内容

应根据年龄、性别、健康状况和运动能力进行分组训练，不同组别练习的内容、难度和负荷应不尽相同，并注意及时调整。

4. 掌握正确的技术

任何一个运动项目都有它特定的基本技术要求。熟练地掌握基本技术不仅可以促进运动成绩的提高，形成牢固的技能、技巧，而且对预防运动损伤有着十分重要的作用。

5. 要注意身体发出的警告

当发现身体疲乏、焦虑、长时期思想不能集中、肌肉经常有时断时续的酸胀疼痛感受时，应意识到这是身体发出的警告，若置之不理，则可能受伤，或小伤酿成大伤。

6. 加强自我保护

在进行具有一定风险项目的练习时，如游泳、器械体操、投掷、攀岩、轮滑等，组织者一定要加强保护措施，并对练习者传授自我保护的方法。

此外，在体育活动过程中，要加强医务监督，加强对运动场地的安全管理，选择和使用规范的运动装备。这些措施，对预防发生运动损伤是十分必要的。

三、常见运动损伤的处理

1. 挫伤

这是指钝性暴力直接打击到身体某部分而引起的闭合性损伤。一般性挫伤可使伤部出现疼痛、肿胀、皮下淤血、功能障碍等，严重挫伤可合并出现其他器官和组织的严重损伤。

受伤 24~48 小时内，应止血、消炎、防肿、镇痛。用冰块、冷水、冷气雾镇痛剂等进行冷敷，然后加压包扎；受伤 48 小时后，方可理疗、按摩、针灸、中药外敷、封闭等。当肿胀和压痛消失后，可采用按摩、理疗、功能锻炼以促进功能恢复。

2. 肌肉拉伤

准备活动不充分，肌肉的温度、弹性、黏滞性还没有达到剧烈运动的要求，或在剧烈运动中肌肉收缩过猛、负荷过重，都可造成肌肉拉伤。轻者伤后次日才有感觉；重者伤处有一凹陷，疼痛，肿胀，肌肉痉挛，出现局部功能性障碍。

急性期用冷敷、加压包扎，抬高伤肢；中后期可采用理疗、外敷伤药、按摩等；同时，应加

强功能锻炼。若肌肉完全断裂，应尽早手术缝合。

3. 关节韧带扭伤

关节韧带扭伤指锻炼中由于外力使关节活动超出正常生理范围，造成关节周围的韧带拉伤、部分断裂或完全断裂，这称为关节韧带扭伤。关节中最易扭伤的首先是踝关节和膝关节韧带，其次是腕、肘、掌指、腰、肩关节韧带。

韧带扭伤或部分纤维撕裂，即冷敷、敷药、压迫包扎、按摩、热敷、理疗等。韧带断裂，应尽快到医院进行缝合或固定处理。

4. 关节脱位

在外力作用下，使组成关节的各骨之间的关节彼此失去正常对合关系，即关节脱位。关节脱位一般会同时引起关节囊撕裂和关节周围的韧带肌腱及其附着组织的损伤。受伤后脱位关节疼痛、肿胀，活动功能丧失。严重的有时可能使血管、神经受损，或伴有骨折。

关节脱位发生后，首先进行止痛抗休克，然后固定脱位关节。如果不具备整复技术，则不可随意做整复手术，以免增加患者新的痛苦。应做简易处理后迅速护送到医院进行整复。

5. 疲劳性骨膜炎

疲劳性骨膜炎指一种应力性损伤。多见于初参加运动训练的青少年。足尖用力跑跳过多，场地太硬，动作不正确，落地缓冲不够等等，造成肌肉不断牵拉骨膜，骨膜与骨质的正常结构遭到破坏，或因身体重力和支撑面相互反作用于小腿骨，产生应力性改变而致伤。刚参加运动训练的青少年，由于在较硬的地面上跑跳过多、运动量过大，可引起此症，出现隐痛、压痛、局部凹陷性水肿、灼热或硬性突起。

早期外敷新伤药，用弹力绷带包扎，减少运动负荷，2~3 周后可自行愈合。症状严重者要停止训练，采用理疗、按摩、针灸、中药熏洗等方法治疗。

6. 骨折

骨折是由于外力的作用，破坏了骨的完整性和连接性。骨折分为闭合性和开放性骨折。其症状是伤肢出现剧烈疼痛、肿胀、皮下淤血、变形，不能活动、站立和行走等。严重的骨折常常伴随有出血和神经损伤，产生休克、发烧、口渴、便秘等症状。

发生骨折后必须及时、正确和认真对待，要利用一切可以利用的物件如木板、扁担、木棍等，将骨折处固定。如有休克，应先抗休克，然后处理骨折。如伤口出血，应先止血，再包扎固定。搬运伤肢时，动作要轻，要适当牵引。四肢骨折固定要露出指（趾）尖，以便观察血液循环情况。如发现指（趾）尖苍白、发冷、麻木、疼痛、浮肿和呈青紫色等症状时，应松开夹板重新固定，然后送医院处理。

7. 擦伤

这是指受外力摩擦所致的表皮组织的损伤。皮肤组织被擦破后，有出血或有组织液渗出。

创口较浅、面积较小的擦伤，可用生理盐水或清水清洗创口，用酒精棉将创口周围皮肤消毒，局部涂抹红汞或紫药水即可，无须包扎。若发生大面积擦伤，创口内有异物，则要清洗创口，清除异物，然后用凡士林纱布覆盖并包扎创口，必要时注射破伤风抗毒血清。

8. 皮肤撕裂伤

皮肤撕裂伤指由于钝物冲击或碰撞所引起的表皮或软组织的损伤。其伤口的边缘不整齐。多发于身体与硬性物的撞碰中(包括人与人),在眉弓、下颌部、头皮、面部等易见。

若创口较小,消毒处理后,用创可粘粘合即可。若创口较大,则需止血,缝合伤口,必要时注射抗菌素。

9. 鼻出血

运动中鼻部受撞击,可发生鼻黏膜破损而引起鼻出血。

一旦鼻出血,应立即用拇指和食指在鼻翼外面捏住鼻子(患者用嘴呼吸),数分钟后,鼻血即可止住。有条件的可用消毒脱脂棉塞入鼻孔内,再用手捏住鼻子,也可用冷毛巾或冰袋冷敷额部。

10. 脑震荡

脑震荡是指当头部受到打击或与硬物相撞时,引起的暂时意识和机能障碍,表现为短暂的意识丧失,不超过 30 min。清醒后不能回忆起受伤的情况,同时还伴有恶心、呕吐、耳鸣、无力、多汗等。

患者平躺,安静休息,头部冷敷,身上保暖。昏迷者可掐人中、内关、足三里等穴,无严重症状者,应休息至头痛、头晕消失。昏迷超过 4 min,耳、鼻、口内有出血者,或清醒后头痛剧烈、呕吐者应立即送医院治疗。呼吸停止者,立即施行人工呼吸。

四、急救措施

急救是对一些突发的疾病、意识丧失、急性中毒,和一些慢性疾病骤然急性发作所采取的一系列紧急治疗措施。掌握一些简单的急救方法,对挽救生命、改善病情、预防并发症及进一步治疗有着极其重要的作用。

(一)急救的基本原则

(1)急救时必须抓紧时间迅速进行,对一些危重病人要一边进行抢救,一边通知医生。

(2)急救一般就地进行。如有出血则立即止血,窒息病人应立即施行人工呼吸,心脏骤停的病人应立即进行心肺复苏。

(3)如需紧急手术治疗或需转送医院者,应就近转送,并做好身体保暖,及时供氧。

(4)在急救时必须保持清醒的头脑,抓住重点,首先处理最有可能危及生命的情况。

(5)熟练掌握各种急救方法,在缺乏急救设备时,要善于就地取材。

(6)抢救病人时动作要轻,尽量避免增加不必要的痛苦,注意保护、固定受伤部位。

(二)急救方法

1. 心肺脑复苏

心肺脑复苏是针对呼吸心跳停止的急症危重病人所采取的抢救关键措施,即胸外按压形成暂时的人工循环并恢复心脏的自主搏动,采用人工呼吸代替自主呼吸,快速电除颤转复心室颤动,以及尽早使用血管活性药物来重新恢复自主循环的急救技术。近年来,人们发现心肺复苏成功的关键不仅是呼吸和心脏的恢复,最重要的是中枢神经系统功能的恢复,而且只有脑功能的正常恢复才能称为完全复苏,因此才有了心肺脑复苏这个名称。

实施心肺脑复苏时,应首先判断伤员的呼吸和心跳情况,一旦确定呼吸、心跳停止,应立即采取以下步骤进行心肺脑复苏。

1）要保持呼吸道通畅。

用最短的时间，将伤员领口、领带、围巾等解开，迅速清除伤员口鼻内的污泥、土块、痰、呕吐物等异物，使呼吸道通畅。呼吸道的通畅是一切人工呼吸能够生效的先决条件，也是复苏工作的首要任务。最简单有效的方法是气道开放三步法：头后仰、张口、推下颌。

2）口对口人工呼吸。具体步骤如下。

①应先保持伤员的呼吸道通畅，一手压迫于伤员前额保持头部后仰，同时以拇指和食指将伤员的鼻孔捏闭，另一只手托下颌。②将伤员的口张开，急救者深吸一口气，吸毕对准伤员口部用力吹入。③看伤员胸部起伏方为有效。④脱离伤员口部，放松捏鼻孔的拇指、食指，看胸廓复原。⑤感到伤员口鼻部有气呼出。⑥连续吹气两次，使伤员肺部充分换气。

2. 心脏复苏

判定心跳是否停止，可摸伤员的颈动脉有无搏动，如无搏动，立即进行胸外心脏按压。实施胸外心脏按压时，伤员必须平卧，必要时还可将下肢抬高，以增加回心血量。伤员背部必须有坚实的地面或其他物体支持。具体步骤如下。

（1）急救者用一只手的掌根部按在伤员胸骨中下 1/3 段交界处。另一只手压在该手的手背上，双手手指均应向上方翘起，不能平压在胸壁。

（2）双肘关节伸直，利用体重和肩臂力量垂直向下挤压，使胸骨下陷 4 cm 左右。

（3）略停顿后在原位放松，但手掌跟不能离开心脏定位点。

（4）连续进行 15 次心脏按压。

（5）再口对口吹气两次后按压心脏 15 次，如此反复。

3. 实施心肺脑复苏的注意事项

（1）防治并发症。

复苏并发症有急性胃扩张、肋骨或胸骨骨折、肋骨软骨分离、气胸、血胸、肺损伤、肝破裂、冠状动脉刺破（心脏内注射时）、心包压塞、胃内反流物误吸或吸入性肺炎等，故要求判断准确、监测严密，处理及时，操作正规。

（2）注意心脏按压与放松时间的比例和按压频率。

试验研究证明，当心脏按压及放松时间各占 1/2 时，心脏射血最多，获最大血流动力学效应。而且按压频率由 60~80 次/min 增加到 80~100 次/min 时，可使血压短期上升 60~70 mmHg，有利于心脏复跳。

（3）心脏按压用力要均匀，不可过猛。

按压和放松所需时间相等。每次按压后必须完全解除压力，胸部回到正常位置；心脏按压节律、频率不可忽快、忽慢，保持正确的挤压位置；心脏按压时，观察伤员反应及面色的改变。

4. 心肺脑复苏有效的表现

（1）颈动脉搏动。心脏按压有效时，可随每次按压触及一次颈动脉搏动。若停止挤压，脉搏仍然搏动，说明病人自主心跳已恢复。

（2）面色转红润。复苏有效时，病人面色、口唇、皮肤颜色由苍白或紫绀好转，变红润。

（3）意识渐恢复。复苏有效时，病人昏迷变浅，眼球活动，出现挣扎，或给予强刺激后出现保护性反射活动，甚至手足开始活动，肌张力增强。

（4）出现自主呼吸。应注意观察，有时很微弱的自主呼吸不足以满足肌体供氧需要，如果不进行人工呼吸，则很快又停止呼吸。

（5）瞳孔变小。复苏有效时，扩大的瞳孔变小，并出现对光反射。

（三）几种常见的骨折急救

1. 上臂骨折

（1）边牵引，边放好伤肢的位置。牵引的做法是：一人双手握住前臂近肘弯处，另一人双手握住患者的手腕。握前臂的人，慢慢地用力，往下的方向拉（假如病人站着）。拉时，必须顺着伤肢原来的位置成一条直线，切不可猛然拉动。握住病人手腕的一手，要逐渐把前臂一点点地弯曲，使患者的前臂弯成直角，并使上臂渐渐向身体靠拢，病人伤肢手心紧贴胸壁。这样做，伤肢不会痛，且能放在合适的位置上。固定包扎时，要一直保持这种姿势。

（2）用夹板固定伤肢。用两块夹板把伤肢夹在中间，使伤肢不能活动。夹板最好有长短多种，按病人上臂长度来选用。为了贴住伤处不痛，每块夹板贴住伤肢的一面，最好放上棉花垫或旧布块（紧急时，干毛巾也可以），外用绷带或布条缠好。另找一块三角巾（布条、绳子都可代用），兜住前臂，吊在颈项上。手掌应贴胸，比肘高 7 cm 左右较好。为了避免伤肢随便移动，再找一块三角巾，把伤肢和胸壁一起捆住，接头打在腋窝前面。没有夹板时，树枝、木棍、雨伞等都可代用。

2. 前臂骨折

（1）牵引。一手握住病人的上臂，顺着前臂的方向往上拉；另一手拉住病人的手，也顺着前臂的方向向下拉。拉时要缓慢而轻，逐渐加力，使两头断骨离开。前臂伸直之后可以固定。

（2）夹板固定。用宽约 8 cm、长约 46 cm 的两块夹板各裹上棉花（同上臂骨折相同）。一块放在前臂的手心面，一块夹在前臂手背面，两块夹板把整个前臂夹住（包括手在内），两块三角巾折成宽条（或用布条），把夹板捆住。接着一手捏住上臂，另一手握住两块夹板，轻轻将前臂放平（即肘弯曲），手心贴胸，手应略高于肘。用宽三角巾把前臂悬挂在颈项上。如果一时找不到木片，可用书报代替。

3. 大腿骨折

（1）牵引。一手先托住伤腿足跟；另一手拉住足背，顺着大腿方向（这是指病人仰卧时的方向）牵拉伤腿，用力要大，但须缓慢，一点点地加力。如果要提起伤腿，除了一人牵引，还需要有一人在大腿下面和小腿肚处托住，然后提起。

（2）夹板固定。先将伤腿伸直，和健肢并拢，两肢碰在一起。用 4~7 块三角巾（叠成宽条）或宽布条（围巾、毛巾也可以），一条放在心口处，一条放在大腿根，一条放在膝盖，一条放在小腿。三角巾都要摊平，压在身子下面，两头在身子两旁外露。找两块窄长木板条（一块较短）。每块木板的一头用棉花垫（毛巾或叠好的布块）包住。长的一块塞入腋窝，短的一块塞入胯下。两块木板，正好夹住大腿的内外两面。如没有两块木板，有长的一块也可，但需多一块三角巾，把双足捆绑在一起。用几块棉花垫塞在肢体旁和脚脖处，以免突出的骨块相碰产生疼痛。接着，分别给每块三角巾的两头打结，固定夹板。

（3）搬运。找三个人，并排单腿跪地，跪在病人同一边的身旁。一人托头和上背；一人托腰和臀部；一人托住大腿和小腿。一齐起立，一起放下，将病人仰放在担架上，然后抬送至医院。

4. 小腿骨折

（1）牵引。方法和大腿骨折的处理方法相同。

（2）夹板固定。找一块长木板条，一面垫上棉花或衣服，外缠布条，用来贴在伤腿的外方或下方，夹板的一头放到大腿上部，另一头放到足跟。用四条三角巾分别放在大腿、膝盖上下方，脚脖子上方，连腿带夹板一齐扎紧。注意固定带放置的位置，一条在脚脖子上方，另外两条在膝关节的上下，最后一条放在大腿根，一共四条。夹板外面要用布块或软毯裹住。伤肢放在夹板上，把各条带子逐一捆绑住伤肢，打结固定。用两块夹板，各用布条或软毯裹住；一块夹板放在伤肢内侧，另一块放在外侧。将夹伤肢的两块夹板，也用四条宽布条捆绑固定。

（3）运送。病人应该仰卧在担架上，运送至医院。

5. 脊柱骨折

（1）颈椎骨折要用衣物、枕头挤在头颈两侧，使其固定不乱动。

（2）如伤者被瓦砾、土方等压住时，不要强拉硬拽暴露在外面的肢体，以防加重血管、脊髓、骨折的损伤。应立即将压在伤者身上的东西搬掉。

（3）如胸腰脊柱骨折，应使伤者平卧在硬板床上，身体两侧用枕头、砖头、衣物塞紧，固定脊柱为正直位。

（4）搬运时需三人同时工作，具体做法是：三人都蹲在伤者的一侧，一人托肩背，一人托腰臀，一人托下肢，协同动作，将病人仰卧位放在硬板担架上，腰部用衣褥垫起。

（5）身体创口部分进行包扎，冲洗创口，止血，包扎。完全或不完全骨折损伤，均应在现场做好固定且防止并发症，要以最快的方式送往医院，在护送途中应严密观察。

6. 烧伤和烫伤的急救

（1）烧伤的应急处理。

1）尽快脱去着火的衣服，特别是化纤衣服，以免着火的衣服和衣服上的热液继续发挥作用，从而使创面加大、加深。2）用水将衣服上的火浇灭，如附近有水池可跳入附近水池或者河沟内。3）迅速卧倒，慢慢地在地上滚动以压灭火焰。不要让伤者在衣服着火时站立或奔跑呼叫，以免增加头部和面部的烧伤后的吸入性损伤。4）迅速离开密闭和通风不良的现场，以免发生吸热性损伤和窒息。5）用身边的如毯子、雨衣、大衣、棉被等阻燃材料或不易燃烧的材料，迅速覆盖着火处，使之与空气隔绝。

（2）烫伤的应急处理。

1）对只有轻微红肿的轻度烫伤，可以用冷水反复冲洗，再涂些清凉油就行了。2）烫伤部位已经起小水泡的，不要弄破，可以在水泡周围涂搽酒精，用干净的纱布包扎。3）烫伤比较严重的，应当及时送医院进行诊治。4）烫伤面积较大的，应尽快脱去衣裤、鞋袜，但不能强行撕脱，必要时应将衣物剪开；烫伤后，要特别注意烫伤部位的清洁，不能随意涂搽外用药品或代用品，防止受到感染。正确的方法是脱去患者的衣物后，用洁净的毛巾或床单进行包裹。

附录一 《国家学生体质健康标准》测试的操作方法

一、身高

1. 测试方法

受试者赤足，立正姿势站在调整好的身高计的底板上，上肢自然下垂，足跟并拢，足尖分开约成60°，足跟、骶骨部及两肩胛区与立柱相接触，躯干自然挺直，头部正直，两眼平视，耳屏上缘与两眼眶下缘最低点呈水平位。测试人员站在受试者右侧，将水平压板轻轻沿立柱下滑，轻压于受试者头顶。测试人员读数时双眼应与压板水平面等高进行读数。读数以"cm"为单位，精确到小数点后一位。测试误差不得超过0.5 cm。

2. 注意事项

（1）严格掌握"三点靠立柱""两点呈水平"的测量姿势要求，测试人员读数时两眼一定与压板等高。

（2）水平压板与头部接触时，松紧要适度。

（3）测试身高前，受试者不应进行体育活动和体力劳动。

二、体重

1. 测试方法

受试时，将杠杆秤放在平坦的地面上，调整点至刻度尺水平位。受试者赤足，男性受试者身着短裤；女性受试者身着短裤、短袖衫（或背心），站于秤台中央，测试人员放置适当砝码并移动游标刻度尺至平衡。读数以kg为单位，精确到小数点后一位。电子体重计数显示数值即可。测试误差不超过0.1 kg。

2. 注意事项

（1）测量体重前，受试者不得进行剧烈体育活动和体力劳动。

（2）受试者站在秤台中央，上、下杠杆秤时动作要轻。

（3）每次使用杠杆时均需校正。测试人员每次读数前都应校对砝码重量，避免出现差错。

三、肺活量

1. 测试方法

各种肺活量计在每次使用前都必须进行测试检验，仪器误差不得超过3%。使用电子肺活量计时，首先将肺活量计接上电源，按电源开关，肺活量计通电并进入工作状态。测试时先将口嘴装在叉式管的进气端，受试者手握叉式管，保持导压软管在叉式管上方位置（以免口水或杂物堵住气道），面对肺活量计站立，头部略后仰，尽力深吸气，直至再不能吸气为止;然后将嘴对准口嘴,以中等速度和力度深呼气直到不能呼出为止。此时液晶显示器上显示的数值即为肺活量毫升值。测试两次,选取最大值作为测试结果。记录以“mL”为单位,不保留小数。

2. 注意事项

(1)测试前受试者应了解测试方法和工作要领,可做必要的练习。

(2)受试者吸气和呼气均应充分,呼气不可过猛,并防止嘴与口嘴接触部位漏气,防止用鼻呼气。呼气时允许弯腰,但呼气开始后不得再吸气。测试人员应注意观察,防止因呼吸不充分、漏气或再吸气影响测试结果。

四、50 m跑

1. 测试方法

受试者至少两人一组测试。站立起跑,受试者听到“跑”的口令后开始起跑,发令员在发出口令时要摆动发令旗,计时员视旗动开表计时,受试者躯干到达终点线的垂直面停表,记录以秒为单位。

2. 注意事项

(1)受试者测试时最好穿运动鞋或平底布鞋,赤足亦可,但不得穿钉鞋、皮鞋和塑料鞋。

(2)发现有抢跑者,要当即召回重跑。

(3)如遇风时一律顺风跑。

五、立定跳远

1. 测试方法

受试者两脚自然分开站立于起跳线后,脚尖不得踩线,然后两脚原地同时起跳,不得有垫步或连跳动作。丈量起跳线后缘至最近着地点后缘的垂直距离。每人试跳3次,记录其中最好一次成绩。读数以“cm”为单位,不计小数。

2. 注意事项

(1)发现犯规时,此次成绩无效,3次试跳均无成绩者,再跳至取得成绩为止。

(2)可以赤足,但不得穿钉鞋、皮鞋和塑料鞋测试。

六、坐位体前屈

1. 测试方法

受试者上体垂直坐,两腿并拢伸直,两脚平蹬测试纵板,两脚尖分开10~15 cm,上体前屈,两臂伸直向前,用两手指尖轻轻地向前推动游标,直到不能前推为止,保持这一姿势3秒。测量3次,取最大值,以“cm”为单位,数值精确到小数点后一位。

2. 注意事项

(1)测试前应做短时间的热身运动。

(2)测试中动作要缓慢,以避免受伤。

(3)身体前屈,两臂向前推游标时,两臂用力要均匀,两腿不能弯曲。

七、1 000 m 跑（男）、800 m 跑（女）

1. 测试方法

受试者至少两人一组进行测试，站立式起跑。当听到“跑”的口令后起跑。计时员看到旗动开表计时，当受试者的躯干到达终点线垂直面时停表。记录以“秒”为单位。如 4 分 10 秒 11 读成 4 分 10 秒，并记录下来。

2. 注意事项

（1）受试者测试时最好穿运动鞋，赤足亦可，但不得穿钉鞋、皮鞋和塑料鞋。

（2）发现有抢跑者，要当即召回重跑。

（3）如遇风时一律顺风跑。

八、仰卧起坐

1. 测试方法

受试者全身仰卧于垫上，两腿稍分开，屈膝呈 90° 左右，两手指交叉贴于脑后。另一同伴压住其踝关节，固定下肢。受试者起坐时，两肘触及或超过双膝为完成一次。仰卧时两肩胛必须触垫。测试人员发出“开始”口令的同时开表计时，记录 1 min 内完成次数。1 min 到时，受试者虽已坐起但肘关节未达到双膝者不计该次数，精确到个位。

2. 注意事项

（1）如发现受测者借用肘部撑垫或臀部起落的力量起坐时，该次不计数。

（2）测试过程中，观测人员应向受测者报数。

（3）受测者双脚必须放于垫上。

附录二 《国家学生体质健康标准》评价指标与评价标准

表 1 大学生体质健康标准评价指标与分值

评价指标(测试项目)	分值	备注
身高标准体重	10	必测
肺活量体重指数	20	必测
1 000 m 跑(男)、800 m(女)、台阶试验	30	选测一项
坐位体前屈、掷实心球、仰卧起坐(女)、引体向上(男)、握力体重指数	20	选测一项
50 m 跑、立定跳远、跳绳、篮球运球、足球运球、排球垫球	20	选测一项

注:身高标准体重测试项目为身高、体重,肺活量体重指数测试项目为肺活量,握力体重指数测试项目为握力。

表 2 大学男生身高标准体重评分表 (体重单位:kg)

身高段	营养不良	较低体重	正常体重	超重	肥胖
	50 分	60 分	100 分	60 分	50 分
144.0~144.9	<41.5	41.5~46.3	46.4~51.9	52.0~53.7	≥53.8
145.0~145.9	<41.8	41.8~46.7	46.8~52.6	52.7~54.5	≥54.6
146.0~146.9	<42.1	42.1~47.1	47.2~53.1	53.2~55.1	≥55.2
147.0~147.9	<42.4	42.4~47.5	47.6~53.7	53.8~55.7	≥55.8
148.0~148.9	<42.6	42.6~47.9	48.0~54.2	54.3~56.3	≥56.4
149.0~149.9	<42.9	42.9~48.3	48.4~54.8	54.9~56.6	≥56.7
150.0~150.9	<43.2	43.2~48.8	48.9~55.4	55.5~57.6	≥57.7
151.0~151.9	<43.5	43.5~49.2	49.3~56.0	56.1~58.2	≥58.3
152.0~152.9	<43.9	43.9~49.7	49.8~56.5	56.6~58.7	≥58.8
153.0~153.9	<44.2	44.2~50.1	50.2~57.0	57.1~59.3	≥59.4
154.0~154.9	<44.7	44.7~50.6	50.7~57.5	57.6~59.8	≥59.9
155.0~155.9	<45.2	45.2~51.1	51.2~58.0	58.1~60.7	≥60.8
156.0~156.9	<45.6	45.6~51.6	51.7~58.7	58.8~61.0	≥61.1
157.0~157.9	<46.1	46.1~52.1	52.2~59.2	59.3~61.5	≥61.6
158.0~158.9	<46.6	46.6~52.6	52.7~59.8	59.9~62.2	≥62.3
159.0~159.9	<46.9	46.9~53.1	53.2~60.3	60.4~62.7	≥62.8
160.0~160.9	<47.4	47.4~53.6	53.7~60.9	61.0~63.4	≥63.5
161.0~161.9	<48.1	48.1~54.3	54.4~61.6	61.7~64.1	≥64.2
162.0~162.9	<48.5	48.5~54.8	54.9~62.2	62.3~64.8	≥64.9

续表

身高段	营养不良	较低体重	正常体重	超重	肥胖
	50分	60分	100分	60分	50分
163.0~163.9	<49.0	49.0~35.3	55.4~62.8	62.9~65.3	≥65.4
164.0~164.9	<49.5	49.5~55.9	56.0~63.4	63.5~65.9	≥66.0
165.0~165.9	<49.9	49.9~56.4	56.5~64.1	64.2~66.6	≥66.7
166.0~166.9	<50.4	50.4~56.9	57.0~64.6	64.7~67.0	≥67.1
167.0~167.9	<50.8	50.8~57.3	57.4~65.0	65.1~67.5	≥67.6
168.0~168.9	<51.1	51.1~37.7	57.8~65.5	65.6~68.1	≥68.2
169.0~169.9	<51.6	51.6~58.2	58.3~66.0	66.1~68.6	≥68.7
170.0~170.9	<52.1	52.1~58.7	58.8~66.5	66.6~69.1	≥69.2
171.0~171.9	<52.5	52.5~59.2	59.3~67.2	67.3~69.8	≥69.9
172.0~172.9	<53.0	53.0~59.8	59.9~67.8	67.9~70.4	≥70.5
173.0~173.9	<53.5	53.5~60.3	60.4~68.4	68.5~71.1	≥71.2
174.0~174.9	<53.8	53.8~61.0	61.1~69.3	69.4~72.0	≥72.1
175.0~175.9	<54.5	54.5~61.5	61.6~69.9	70.0~72.7	≥72.8
176.0~176.9	<55.3	55.3~62.2	62.3~70.9	71.0~73.8	≥73.9
177.0~177.9	<55.8	55.8~62.7	62.8~71.6	71.7~74.5	≥74.6
178.0~178.9	<56.2	56.2~63.3	63.4~72.3	72.4~75.3	≥75.4
179.0~179.9	<56.7	56.7~63.8	63.9~72.8	72.9~75.8	≥75.9
180.0~180.9	<57.1	57.1~64.3	64.4~73.5	73.6~76.5	≥76.6
181.0~181.9	<57.7	57.7~64.9	65.0~74.2	74.3~77.3	≥77.4
182.0~182.9	<58.2	58.2~65.6	65.7~74.9	75.0~77.8	≥77.9
183.0~183.9	<58.8	58.8~66.2	66.3~75.7	75.8~78.8	≥78.9
184.0~184.9	<59.3	59.3~66.8	66.9~76.3	76.4~79.4	≥79.5
185.0~185.9	<59.9	59.9~67.4	67.5~77.0	77.1~80.2	≥80.3
186.0~186.9	<60.4	60.4~68.1	68.2~77.8	77.9~81.1	≥81.2
187.0~187.9	<60.9	60.9~68.7	68.8~78.6	78.7~81.9	≥82.O
188.0~188.9	<61.4	61.4~69.2	69.3~79.3	79.4~82.6	≥82.7
189.0~189.9	<61.8	61.8~69.8	69.9~79.9	80.0~83.2	≥83.3
190.0~190.9	<62.4	62.4~70.4	70.5~80.5	80.6~83.6	≥83.7

表3 大学女生身高标准体重评分表 （体重单位:kg）

身高段	营养不良	较低体重	正常体重	超重	肥胖
	50分	60分	100分	60分	50分
140.0~140.9	<36.5	36.5~42.4	42.5~50.6	50.7~53.3	≥53.4
141.0~141.9	<36.6	36.6~42.9	43.0~51.3	51.4~54.1	≥54.2
142.0~142.9	<36.8	36.8~43.2	43.3~51.9	52.0~54.7	≥54.8
143.0~143.9	<37.0	37.0~43.5	43.6~52.3	52.4~55.2	≥55.3
144.0~144.9	<37.2	37.2~43.7	43.8~52.7	52.8~55.6	≥55.7
145.0~145.9	<37.5	37.5~44.0	44.1~53.1	53.2~56.1	≥56.2
146.0~146.9	<37.9	37.9~44.4	44.5~53.7	53.8~56.7	≥56.8
147.0~147.9	<38.5	38.5~45.0	45.1~54.3	54.4~57.3	≥57.4

续表

身高段	营养不良	较低体重	正常体重	超重	肥胖
	50 分	60 分	100 分	60 分	50 分
148.0~148.9	<39.1	39.1~45.7	45.8~55.0	55.1~58.0	≥58.1
149.0~149.9	<39.5	39.5~46.2	46.3~55.6	55.7~58.7	≥58.8
150.0~150.9	<39.9	39.9~46.6	46.7~56.2	56.3~59.3	≥59.4
151.0~151.9	<40.3	40.3~47.1	47.2~56.7	56.8~59.8	≥59.9
152.0~152.9	<40.8	40.8~47.6	47.7~57.4	57.3~60.5	≥60.6
153.0~153.9	<41.4	41.4~48.2	48.3~57.9	58.0~61.1	≥61.2
154.0~154.9	<41.9	41.9~48.8	48.9~58.6	58.7~61.9	≥62.0
155.0~155.9	<42.3	42.3~49.1	49.2~59.1	59.2~62.4	≥62.5
156.0~156.9	<42.9	42.9~49.7	49.8~59.7	59.8~63.0	≥63.1
157.0~157.9	<43.5	43.5~50.3	50.4~60.4	60.5~63.6	≥63.7
158.0~158.9	<44.0	44.0~50.8	50.9~61.2	61.3~64.5	≥64.6
159.0~159.9	<44.5	44.5~51.4	51.5~61.7	61.8~65.1	≥65.2
160.0~160.9	<45.0	45.0~52.1	52.2~62.3	62.4~65.6	≥65.7
161.0~161.9	<45.4	45.4~52.5	52.6~62.8	62.9~66.2	≥66.3
162.0~162.9	<45.9	45.9~53.1	53.2~63.4	63.5~66.8	≥66.9
163.0~163.9	<46.4	46.4~53.6	53.7~63.9	64.0~67.3	≥67.4
164.0~164.9	<46.8	46.8~54.2	54.3~64.5	64.6~67.9	≥68.0
165.0~165.9	<47.4	47.4~54.8	54.9~65.0	65.1~68.3	≥68.4
166.0~166.9	<48.0	48.0~55.4	55.5~65.5	65.6~68.9	≥69.0
167.0~167.9	<48.5	48.5~56.0	56.1~66.2	66.3~69.5	≥69.6
168.0~168.9	<49.0	49.0~56.4	56.5~66.7	66.8~70.1	≥70.2
169.0~169.9	<49.4	49.4~56.8	56.9~67.3	67.4~70.7	≥70.8
170.0~170.9	<49.9	49.9~57.3	57.4~67.9	68.0~71.4	≥71.5
171.0~171.9	<50.2	50.2~57.8	57.9~68.5	68.6~72.1	≥72.2
172.0~172.9	<50.7	50.7~58.4	58.5~69.1	69.2~72.7	≥72.8
173.0~173.9	<51.0	51.0~58.8	58.9~69.6	69.7~73.1	≥73.2
174.0~174.9	<51.3	51.3~59.3	59.4~70.2	70.3~73.6	≥73.7
175.0~175.9	<51.9	51.9~59.9	60.0~70.8	70.9~74.4	≥74.5
176.0~176.9	<52.4	52.4~60.4	60.5~71.5	71.6~75.1	≥75.2
177.0~177.9	<52.8	52.8~61.0	61.1~72.1	72.2~75.7	≥75.8
178.0~178.9	<53.2	53.2~61.5	61.6~72.6	72.7~76.2	≥76.3
179.0~179.9	<53.6	53.6~62.0	62.1~73.2	73.3~76.7	≥76.8
180.0~180.9	<54.1	54.1~62.5	62.6~73.7	73.8~77.0	≥77.1
181.0~181.9	<54.5	54.5~63.1	63.2~74.3	74.4~77.8	≥77.9
182.0~182.9	<55.1	55.1~63.8	63.9~75.0	75.1~79.4	≥79.5
183.0~183.9	<55.6	55.6~64.5	64.6~75.7	75.8~80.4	≥80.5
184.0~184.9	<56.1	56.1~65.3	65.4~76.6	76.7~81.2	≥81.3
185.0~185.9	<56.8	56.8~66.1	66.2~77.5	77.6~82.4	≥82.5
186.0~186.9	<57.3	57.3~66.9	67.0~78.6	78.7~83.3	≥83.4

注：当学生身高低于表中所列出的最低身高段的下限值时，实测身高需要加上与下限值之差，并且身高每低 1 cm，实测体重需加上 0.5 kg，再查表确定分值；当学生身高高于表中所列出的最高身高段的上限值时，实测身高减去与上限值的差值，身高每高 1 cm，其实测体重需减去 0.9 kg，再查表确定分值（表 2 同）。

表 4　大学男生其他单项评分类

等级	单项得分	肺活量体重指数	1 000 m（min·s）	台阶试验	50 m 跑（s）	立定跳远（m）	掷实心球（m）	握力体重指数	引体向上（次）	坐位体前屈（cm）	跳绳（次/min）	篮球运球（s）	足球运球（s）	排球垫球（次）
优秀	100	84	3′ 27”	82	6.0	2.66	15.7	92	26	23.0	198	8.6	6.3	50
	98	83	3′ 28”	80	6.1	2.65	15.2	91	25	22.6	193	9.0	6.5	49
	96	82	3′ 31”	77	6.2	2.63	14.4	90	24	22.0	186	9.6	6.9	46
	94	81	3′ 33”	74	6.3	2.62	13.6	89	23	21.4	178	10.3	7.3	44
	92	80	3′ 35”	71	6.4	2.60	12.5	87	22	20.6	168	11.1	7.7	41
	90	78	3′ 39”	67	6.5	2.58	11.5	86	21	19.8	158	12.0	8.2	38
良好	87	77	3′ 42”	65	6.6	2.56	11.3	84	20	18.9	152	12.4	8.5	37
	84	75	3′ 45”	63	6.8	2.52	10.9	81	19	17.5	144	12.9	8.9	34
	81	73	3′ 49”	60	7.0	2.48	10.5	79	18	16.2	136	13.5	9.3	32
	78	71	3′ 53”	57	7.3	2.43	10.0	75	17	14.3	124	14.3	9.9	29
	75	68	3′ 58”	53	7.5	2.38	9.5	72	16	12.5	113	15.0	10.4	26
及格	72	66	4′ 05”	52	7.6	2.35	9.3	70	15	11.3	108	15.6	10.7	25
	69	64	4′ 12”	51	7.7	2.31	8.9	66	14	9.5	101	16.6	11.2	23
	66	61	4′ 19”	50	7.8	2.26	8.5	63	13	7.8	94	17.5	11.7	21
	63	58	4′ 26”	48	8.0	2.20	8.0	59	12	5.4	85	18.8	12.3	18
	60	55	4′ 33”	46	8.1	2.14	7.5	54	11	3.0	75	20.0	12.9	15
不及格	50	54	4′ 40”	45	8.2	2.12	7.3	53	9	2.4	71	20.6	13.3	14
	40	52	4′ 47”	44	8.3	2.09	7.0	51	8	1.4	64	21.6	13.8	12
	30	51	4′ 54”	43	8.5	2.06	6.7	49	7	0.5	58	22.5	14.3	10
	20	49	5′ 01”	42	8.6	2.03	6.2	47	6	0.2	49	23.8	15.0	8
	10	47	5′ 08”	40	8.8	1.99	5.8	44	5	0.0	40	25.0	15.7	5

表 5　大学女生其他单项评分类

等级	单项得分	肺活量体重指数	1 000 m（min·s）	台阶试验	50 m 跑（s）	立定跳远（m）	掷实心球（m）	握力体重指数	引体向上（次）	坐位体前屈（cm）	跳绳（次/min）	篮球运球（s）	足球运球（s）	排球垫球（次）
优秀	100	70	3′ 24”	78	7.2	2.07	8.6	74	52	21.1	190	11.2	7.3	46
	98	69	3′ 27”	75	7.3	2.06	8.5	73	51	20.8	184	11.5	7.8	44
	96	68	3′ 29”	72	7.4	2.05	8.4	72	50	20.3	175	12.0	8.6	41
	94	67	3′ 32”	69	7.5	2.03	8.2	71	49	19.8	166	12.6	9.4	38
	92	65	3′ 35”	64	7.7	2.01	8.0	69	47	19.2	154	13.3	10.5	34
	90	64	3′ 38”	60	7.8	1.99	7.8	67	45	18.6	142	14.0	11.5	30

续表

等级	单项得分	肺活量体重指数	1 000 m（min·s）	台阶试验	50 m跑（s）	立定跳远（m）	掷实心球（m）	握力体重指数	引体向上（次）	坐位体前屈（cm）	跳绳（次/min）	篮球运球（s）	足球运球（s）	排球垫球（次）
良好	87	63	3′ 42″	59	7.9	1.97	7.7	66	44	17.7	137	14.6	11.9	29
	84	61	3′ 46″	57	8.0	1.93	7.6	63	43	16.3	130	15.6	12.5	27
	81	59	3′ 50″	55	8.2	1.89	7.5	61	42	15.0	122	16.5	13.2	25
	78	57	3′ 54″	52	8.3	1.84	7.4	58	40	13.1	112	17.8	14.0	23
	75	54	3′ 58″	49	8.5	1.79	7.2	55	38	11.3	102	19.0	14.9	20
及格	72	53	4′ 03″	48	8.6	1.76	7.1	53	37	10.1	98	19.8	15.6	19
	69	51	4′ 08″	47	8.7	1.72	7.0	50	35	8.3	92	20.9	16.7	17
	66	49	4′ 13″	46	8.8	1.69	6.8	48	33	6.5	86	22.0	17.8	15
	63	46	4′ 18″	44	8.9	1.63	6.6	44	31	4.1	78	23.5	19.3	13
	60	43	4′ 23″	42	9.0	1.58	6.4	40	28	1.7	70	25.0	20.8	10
不及格	50	42	4′ 37″	41	9.1	1.56	6.2	39	27	1.5	66	25.8	21.2	9
	40	41	4′ 37″	40	9.3	1.53	6.0	38	26	1.3	59	26.9	21.9	8
	30	39	4′ 44″	39	9.5	1.50	5.7	36	25	1.0	53	28.0	22.5	7
	20	37	4′ 51″	38	9.8	1.46	5.4	34	23	0.6	44	29.5	23.4	6
	10	35	5′ 00″	36	10.0	1.42	5.0	32	21	0.2	35	31.0	24.3	4

参考文献

[1] 姚继伟,李永杰,刘清藜. 体育与健康:3 版[M]. 北京:高等教育出版社,2011.
[2] 胡晓红,朱新良. 体育与健康[M]. 北京:科学出版社,2011.
[3] 张国庆,方安哲,林丽. 大学体育与健康[M]. 沈阳:东北大学出版社,2009.
[4] 季浏. 体育心理学[M]. 北京:高等教育出版社,2006.
[5] 韦俊芳,钱铁群,贺光伟. 公共体育教程[M]. 杭州:浙江大学出版社,2003.
[6] 乔跃进,刘春来,郭桂云,等. 体育与健康[M]. 北京:北京理工大学出版社,2009.
[7] 李开广,田磊. 体育与健康[M]. 北京:北京理工大学出版社,2011.
[8] 刘兆华. 运动营养学[M]. 北京:北京体育大学出版社,1998.
[9] 刘春来,刘雪峰. 体育与健康[M]. 北京:北京理工大学出版社,2011.
[10] 陈诚. 体育与健康[M]. 合肥:中国科学技术大学出版社,2011.
[11] 赵岳峰,吴红胤,赵少雄. 高职体育:3 版[M]. 北京:北京体育大学出版社,2011.
[12] 毛振明. 探索成功的体育教学[M]. 北京:北京体育大学出版社,2001.
[13] 孙麒麟,顾圣益. 体育与健康[M]. 上海:上海大学出版社,2010.
[14] 新编体育与健康教程编写组. 新编体育与健康教程[M]. 苏州:苏州大学出版社,2011.
[15] 陈永生. 体育与健康[M]. 重庆:西南师范大学出版社,2009.
[16] 毛振明. 体育教学论[M]. 北京:高等教育出版社,2005.
[17] 蔡晓波. 大学体育理论教程[M]. 南京:东南大学出版社,2001.
[18] 沈嘉炎. 球类运动竞赛学[M]. 北京:人民体育出版社,2004.
[19] 王则珊. 健美大全[M]. 北京:中国青年出版社,1988.
[20] 杨晓美,冯晓辉. 形体运动[M]. 北京:人民体育出版社,1997.
[21] 全国体育学院教材委员会. 武术/体育学院通用教材:2 版[M]. 北京:人民体育出版社,2007.
[22] 姜景平,曹永红. 武术运动[M]. 长沙:湖南科学技术出版社,2005.
[23] 王德炜. 大学体育——理论与技术教程[M]. 西安:西安交通大学出版社,2008.
[24] 全国体育院校教材委员会审定——游泳教材小组. 游泳运动[M]. 北京:人民体育出版社,2001.
[25] 中国羽毛球协会. 羽毛球竞赛规则[M]. 北京:北京体育大学出版社,2008.
[26] 中国武术百科全书[M]. 北京:中国大百科全书出版社,1998.
[27] 国家体委编. 中国体育年鉴(1986)[M]. 北京:人民体育出版社,1988.
[28] 王健. 运动技能与体育教学[M]. 北京:北京体育大学出版社,2009.
[29] 常生. 大学生体育与健康教育[M]. 北京:北京体育大学出版社,2012.
[30] 陶志翔. 网球[M]. 北京:北京体育大学出版社,2000.